U0553126

代表谈审计

叶青 著

人民出版社

让公众看懂审计报告

之前出了一本《代表谈财政》，目的是让人们知道财政分配。眼前的这本书是姊妹篇——《代表谈审计》，目的在于让大家看懂审计报告。看懂审计报告很重要，因为审计报告是审计人员受委托对被审单位进行审计之后的工作成果。

我之所以斗胆写这本书，是由于通过全国、省两级特约审计员的便利，让我频繁地接触了审计部门。代表、委员的身份，也有十分关心各级审计报告。

我虽然不在审计系统工作，但是，却与审计系统有千丝万缕的联系，甚至可以说是不解之缘。

我 1991 年 12 月加入中国民主促进会。从 1992 年开始，正式参加各项参政议政的活动。

中国民主促进会（简称民进）[1]，是以从事教育、文化、出版工作的

1 当中国民主促进会简称为“民进”时，很容易与台湾的“民进”搞混了。台湾民主进步党（简称民进党），是台湾一个大型政党。1986 年于“戒严时代”结束前率先成立，2000 年 5 月 20 日至 2008 年 5 月 19 日成为台湾的执政党，2008 年 5 月 20 日再度成为在野党。2016 年 5 月 20 日，民进党主席蔡英文正式就任台湾地区领导人，成为台湾地区首位女性领导人。

高、中级知识分子为主，具有政治联盟性质的政党。

民进创始人是抗日战争时期留居上海的部分文化教育界进步知识分子和工商业者，主要有马叙伦、王绍鏊、周建人、许广平、林汉达、徐伯昕、赵朴初、雷洁琼、郑振铎、柯灵等著名爱国民主人士。在敌伪统治时期，他们与中国共产党人一起，坚持抗日救亡斗争。抗战胜利后，他们积极参加反内战、争和平，反独裁、争民主的爱国民主运动，并根据斗争需要，于 1945 年 12 月 30 日在上海正式成立了一个以“发扬民主精神，推进中国民主政治之实践”为宗旨的政治组织，定名为中国民主促进会。

新中国成立以后，中国民主促进会是中华人民共和国八个参政的民主党派之一，是接受中国共产党领导、同中国共产党亲密合作、致力于建设中国特色社会主义事业的参政党。

对我来说，加入民主党派，极大地挖掘了我的人生潜能。在一次民进中央委员的培训班结业仪式上，我的发言题目就是，加入民进让我过上了两辈子。因为有许许多多的参政议政平台，而在审计系统的密切联系，就是一大平台。

我在 1995 年被推荐为湖北省审计厅第二届特约审计员，一直到现在我仍然是审计厅的特约审计员。主要与审计厅财政审计处合作。除了参加一年一度的全省审计工作会议，我还被授予湖北省审计厅特约审计理论研究员，主要是发挥我研究财政史的强项，重点研究财政审计史以及相关的审计课题，并被推举为湖北省审计学会副会长。

1997 年 6 月，经过 3 年的努力，我终于成为中南财经政法大学会计学院会计史大师郭道扬教授的博士生，对审计问题进行更为直接的研究。广义的会计史包括审计史。这使我在学术上与审计产生了密切的联系。我的博士论文的题目是《财政与会计关系史比较研究》，其中，自然绕不开政府财政与财政审计的关系。历史是沉淀的过去，对会计史、审计史的研究，也产生了一系列对现代审计的一些建议。

2003 年年初，组织部门在商量我到政府担任实职时，也是优先考虑审计厅，差一点成为审计战线的一员。只是由于当时的审计厅长还不习惯审计厅有一位党外副厅长而功亏一篑。而最终安排到省统计局。后来才发现，统计局更适合我这个爱“放炮”的人。

2003 年 3 月，我参加了十届一次全国人大会，我的第一个议案就是关于审计体制改革的建议。在十年的代表生涯中，也提了不少审计方面的建议。

2013 年 10 月 15 日上午，我很荣幸地在国家审计署的大会议厅接受了由刘家义审计长颁发的第四届特约审计员的聘书。此批特约审计员共有 12 位，分别来自民主党派、无党派与工商联，其中 11 位来自北京，就我一人来自京外。看来反映地方审计机构的情况与收集民众的审计诉求，我的责任特别重大。

2016 年 11 月，人民论坛等机构邀请 200 名专家，给一年之后的十九大提能够实施的建议。我一口气提了十条，其中，有每个省设立审计署特派办的建议。如果被接受，对审计系统来说，又是一件大事。

2017 年 4 月 1 日下午，媒体上有一条消息让我吃惊：山东省领导干部会议在济南召开，宣布中央关于山东省委主要领导调整的决定。中央决定：刘家义同志任山东省委委员、常委、书记。

国家审计署的审计长易人，这应该是中国审计事业的一件大事。我也正好动笔，写我的“代表系列”的第二本——《代表谈审计》。第一本是 2017 年 5 月由人民出版社出版的《代表谈财政》。

因此，我觉得我应该从一种特殊的、独特的角度来解读审计，这也是我的一些亲身经历。把这些写出来，是亲历者的一种责任。

可以预计，这是一本与众不同的审计学读物。

目 录

审计：达摩克利斯之剑

1. 什么是审计？

在古希腊有一个历史故事：公元前 4 世纪，西西里东部的叙拉古王狄奥尼修斯（公元前 430—前 367）打击了贵族势力，建立了雅典式的民主政权，但遭到了贵族的不满和反对，这使他感到虽然权力很大，但地位却不可靠。

有一次他向宠臣达摩克利斯谈了这个问题，并且用形象的办法向他表明自己的看法。他为了满足一下宠臣达摩克利斯的贪欲，把宫殿交托给他，并赋予他有完全的权力来实现自己的任何欲望。

这个追求虚荣、热衷势利的达摩克利斯在大庆宴会时，抬头看到在自己的座位上方天花板下，沉甸甸地倒悬着一把锋利的长剑，剑柄只有一根马鬃系着，眼看就要掉在头上，吓得他离席而逃。这时狄奥尼修斯王便走出来说道："（达摩克利斯头上）这把利剑就是每分钟都在威胁王上的危险象征，至于王上的幸福和安乐，只不过是外表的现象而已。"因此，人们用"达摩克利斯之剑"借比安逸祥和背后所存在的杀机和危险。

这把悬顶之剑，制约着剑下大权在握之人小心从事，否则会招来灭顶之灾。但是，如果你遵纪守法，就不会有事。

我在想，审计不就是对握有大权者的一种制约力量吗？因此，审计，就是这样的“达摩克利斯之剑”。全国人大研究室的研究报告中，也有过类似的比喻[1]。

南京审计大学学者尹平教授也表达了相同的观点，将我国现行国家审计称为“握剑的骑士”[2]。他说：审计机关行使处理处罚权。审计机关不仅行使独立的经济监督和行政监督，报告审计结果和审计工作，而且还具有对违反国家规定的财政、财务收支行为采取纠错、矫正、补偿（审计处理）和惩罚（审计处罚）等措施的权力。这与西方各国国家审计存在重要差异，西方诸国国家审计只有检查权和报告权，而没有处理处罚权或者没有直接的处理处罚权，有的国家审计仅有处理处罚建议权或司法移送权，由此审计被誉为“无剑的骑士”；而我国国家审计是“握剑”的，理应具有更大的威慑力和更高的权威性。

社会生活、治国理政、生态环境、军事国防等等，都离不开审计。

那么，什么是审计？

---

1 杨肃昌：《中国国家审计：问题与改革》，中国财政经济出版社 2004 年版。杨教授在序中说，他 2002 年春天看到了一份来自全国人大研究室的研究报告，报告说：“在政府部门存在的腐败现象已相当严重，并呈蔓延之态的形势下，审计机关适时从政府序列中脱离出来，以最高权力机关的机构出现，以人民的名义，更能理直气壮依法行使监督职权，提高监督质量，使审计监督作为一柄高高悬在这些管钱管物管人的政府官员头上的达摩克利斯之剑，有利于从源头上和制度上遏制并根除腐败，推动建立高效廉洁的行政机构。”

2 尹平：《论我国地方审计体制改革》，《审计与经济研究》2002 年第 5 期。尹平，生于 1959 年，广东顺德人，毕业于南京大学经济系和中南财经大学工商管理学院，经济学博士。南京审计大学原副校长，现为教授，博士生导师。

《中华人民共和国审计法实施条例》第 2 条对审计所下的定义是："审计机关依法独立检查被审计单位的会计凭证、会计账簿、财务会计报告以及其他与财政收支、财务收支有关的资料和资产，监督财政收支、财务收支真实、合法和效益的行为。"

《新大英百科全书》第一卷中说，审计是指原来负责提供资料的会计人员以外的会计专家，对企业活动、记录和报表所进行的检查活动。是指对国营企业、单位或个人由财务人员所掌管的账目进行审查，并证明其是否正确的一种行为。

有关文献记载的审计模式定义有两种表述：一是审计制度的内容、特点、管理方式等的集合，是不同审计主体所处政治经济制度、法律体制以及各自历史、文化、民族等演变的结果；二是审计导向性的策略、范围和方法等要素的总称，它规定了审计取证工作的切入点，即从何处入手、如何入手、何时入手等问题。

第一种表述是从制度层面对审计模式的定义，如西方各国已分别建立的立法型、行政型、独立型和司法型四种审计模式；第二种表述则从审计实务层面诠释审计模式。因此我准备从以下两方面来介绍现代国内外的审计发展过程。

从程序上看，审计是由国家授权或接受委托的专职机构和人员，依照国家法规、审计准则和会计理论，运用专门的方法，对被审计单位的财政、财务收支、经营管理活动及相关资料的真实性、正确性、合规性、效益性进行审查和监督，评价经济责任，鉴证经济业务，用以维护财经法纪、改善经营管理、提高经济效益的一项独立性的经济监督活动。

审计是一项具有独立性的经济监督活动，独立性是审计区别于其他经济监督的特征；审计的基本职能不仅是监督，而且是经济监督，是以第三者身份所实施的监督。

审计的主体是从事审计工作的专职机构或专职的人员，是独立的第三者，如国家审计机关、会计师事务所及其人员。

审计的对象是被审计单位的财政、财务收支及其他经济活动，这就是说审计对象不仅包括会计信息及其所反映的财政、财务收支活动，还包括其他经济信息及其所反映的其他经济活动。

审计的基本工作方式是审查和评价，也即是搜集证据，查明事实，对照标准，作出好坏优劣的判断。审计的主要目标，不仅要审查评价会计资料及其反映的财政、财务收支的真实性和合法性，而且还要审查评价有关经济活动的效益性。

2017 年 12 月 5 日下午，我借参加民进中央全会的机会，在京参加了一次“改革审计管理体制”的座谈会，武汉大学经济与管理学院王永海教授做了一个发言，给我留下了深刻的印象[1]。

他认为，国家审计是国家治理体系的重要组成部分，是维护国家公共利益的重要手段和方式，其重要作用主要表现在以下四个方面。

一是维护国家安全的重要制度安排。一方面，国家审计能及时提供国家政治、经济、军事、科技等方面的可靠信息；另一方面，国家审计能揭示经济社会运行中存在的薄弱环节和风险隐患，为维护国家安全和国家公共利益提出建议。我国国家审计积极借鉴国际同行在维护国家

1 王永海、彭祥云：《完善国家治理的重要手段和方式 运用国家审计维护公共利益》，《人民日报》2017 年 12 月 20 日。参加座谈会的还有中山大学副校长马骏、兰州大学教授杨肃昌、南开大学教授张继勋、北京国家会计学院院长秦荣生、南京审计大学党委书记晏维龙、中国社科院经济所所长高培勇、西南财经大学教授蔡春。

安全方面的成功经验，重点关注财政金融运行、地方政府性债务、金融机构内部治理和监管、国有资产安全和中小企业经营风险、资源能源和环境保护等领域，为保障国家安全提供可靠信息并提出相关建议。

二是防治腐败的有力工具。国家审计具有抑制国家公共权力被滥用的功能。国家审计机关对领导干部进行经济责任审计，让领导干部接受人民群众监督，可以有效维护国家公共利益。

三是保障民生的有效手段。为维护人民群众切身利益和国家公共利益，国家审计加大对涉及民生资金和政策的审计监督。“十二五”期间，我国审计民生及资源环保项目和单位 13 万个，通过上缴财政、促进滞留或截留资金拨付到位等方式，为国家增收节支 1107 亿元。2008 年四川汶川地震发生后，国家审计部门对救灾物资及灾后重建情况进行跟踪审计。截至 2010 年底，国家审计促进 2900 多个项目加快建设速度，节约重建资金或挽回损失 59.17 亿元。

四是深化经济体制改革的重要保障。国家审计采用政策调查、公共政策审计等方法对国家法律法规及方针政策落实情况进行监督检查，重点关注公共财政体制改革、国有企业改革、金融体制改革、投资体制改革等，从体制、制度层面查找出现问题的原因，并提出建设性意见和整改措施。

2. 监督体系的四个关系

在党的十九大报告的第十三部分中提到：改革审计管理体制，完善统计体制。构建党统一指挥、全面覆盖、权威高效的监督体系，把党内监督同国家机关监督、民主监督、司法监督、群众监督、舆论监督贯通起来，增强监督合力。

这些提法让人浮想联翩。我觉得党的十九大之后，审计有四个关系要处理好。

一是巡视与审计的关系。

媒体上的大量信息表明，在反腐败斗争中，巡视的贡献率高达60%，那么，审计的贡献率呢？审计的常态化、制度化、周期化的监督，是非常必要的。

巡视是党内监督的主要方式，是全面从严治党的利器。党的十九大报告提出，要深化政治巡视，坚持发现问题、形成震慑不动摇，建立巡视巡察上下联动的监督网。

党的十八大以来，巡视的利剑作用凸显。一个重要原因在于创新了巡视方式。

第一，实现全覆盖。中央十二轮巡视如期完成对省区市地方、中央和国家机关、国有重要骨干企业、中央金融单位和中管高校的巡视全覆盖。

第二，巡视具有灵活机动性。“三个不固定”破除了利益联盟，防止出现巡视机构被围猎的情况。

党的十八大后，巡视工作组织制度方面，最重要的一个创新就是实行了“三个不固定”。即中央巡视组的组长不固定、巡视对象不固定、巡视组与巡视对象的关系不固定。党的十八大以前，中央巡视组组长一般一届任期干 5 年。党的十八大以后，中央巡视组组长不再是“铁帽子”，建立了组长库，实行一次一授权、一次一任命。这也是一把悬顶之剑。

第三，明确巡视的性质是代表党中央进行政治巡视，巡视报告要向党中央汇报，威力彰显。

党的十八大以来，推动形成了反腐败斗争压倒性态势，全面从严治党取得突出成就。

与此同时，各级纪检监察机关把坚决整治人民群众身边的不正之风和腐败问题作为重中之重来抓。截至 2017 年 6 月底，共处分乡科级及以下党员干部 134.3 万人，处分农村党员干部 64.8 万人，百姓身边的“蝇贪鼠害”得到有效整治。

中央巡视组先后开展 12 轮巡视，共巡视 277 个党组织，对 16 个省区市“回头看”，对 4 个中央单位开展“机动式”巡视，在党的历史上首次实现一届任期巡视全覆盖。十八届中央纪委执纪审查的案件中，超过 60%的线索来自巡视。

5 年来，巡视全覆盖的格局已经形成，各省区市党委完成了对所属地方、部门和企事业单位党组织巡视全覆盖，市县巡察工作有序推进。通过巡视巡察发现的问题线索，各级纪检监察机关对 1225 名厅局级、8684 名县处级干部立案审查。

60%的线索来自于巡视，那么，审计在反腐败中起多大的作用？审计与巡视是如何配合的？这是大家都关心的一个问题。有专家指出，70%以上的腐败都是经济腐败案件，审计人员拥有在经济领域查找案件线索的专业优势，可以运用专业知识以及专门的技术方法，识别并揭露出腐败问题[1]。

第一，审计助力：以巡视为契机，推进审计成果充分运用。审计监督作为国家监督体系的一环，长期以来发挥着重要作用。但是，我们在

1 张正耀：《巡视监督与审计监督如何有机结合》，《中国纪检监察报》2016 年 7 月 20 日。

巡视工作中看到，审计发现的一些问题未得到应有的重视，不少审计成果被束之高阁，以至于“屡审屡犯”的现象频繁出现。

在每次巡视前期，巡视组通过调阅和分析审计报告，对尚未查处的问题进行梳理、分类，将违纪违规问题移交纪检机关和相关部门抓紧调查处理。这样做，可以取得事半功倍的效果，既可以节约时间和精力，提高巡视工作效率，又能够很好地起到“快速发现问题、形成有力震慑”的效果。

第二，巡视借力：根据巡视工作需要，适时安排对基层单位的审计。在地方巡视期间，巡视组根据工作需要，商请地方党委、政府，适时安排对县区党政主要负责人开展经济责任审计，对基层单位和重点项目开展专项审计。这样做，既可以使审计更有针对性、实效性，又可以借助审计的力量为巡视工作服务，实现巡视与审计的及时对接。

第三，监督接力：在审计的基础上发挥巡视优势，形成巡视成果。巡视和审计，同属上位监督，都肩负着推进党风廉政建设和反腐败工作的重要职责。两者又有所不同。审计是“业务体检”，巡视是“政治体检”。与巡视相比，审计存在着覆盖面不宽、刚性不够、手段有限等不足。一些问题在违法违规的表象下面，往往隐藏着腐败行为，仅靠审计难以深入触及。而巡视则具有政治性、宏观性、权威性的优势。

因此，巡视监督与审计监督有机结合，二者既可以有效对接，又可以优势互补，形成监督合力，拓展监督成果。实现巡视监督与审计监督有机结合，既有利于推进审计职能的发挥，又有利于增强巡视工作的针对性、实效性，增强“发现问题”的精准性、快捷性。

很明显，审计与巡视，是两支不同的队伍，互相配合，互相补充，让腐败分子无处躲藏。

二是经济体系与监督体系的关系。

也就是现代化经济体系与党统一指挥、全面覆盖、权威高效的监督体系的关系是什么？

党的十九大报告指出，中国特色社会主义已进入新时代，新时代的经济建设有了新的目标、任务和要求，其中最重要的任务就是建设现代化经济体系。现代化经济体系是由发展目标体系、经济主体体系、动力支撑体系三部分构成的。其中，经济主体体系又包括行为主体体系、产业体系、区域体系；动力支撑体系又包括创新体系、制度体系、开放体系。总的逻辑是：经济主体体系按照发展目标体系的要求，在动力支撑体系的推动和支撑下，建成现代化经济体系。

党的十九大报告强调，构建党统一指挥、全面覆盖、权威高效的监督体系，表明了这个体系的特点：一是由党统一指挥；二是从中央到地方，各个部门、行业系统都要覆盖到，不留死角、不留盲区；三是监督要有权威，做到立行立改，发现问题随时解决。

要实现监督贯通，各种监督方式之间一方面信息要畅通，另一方面体制机制要有效衔接。比如，党内监督和司法监督之间，在制度上不能够有冲突，不能相互抵消作用力。再比如，群众监督指的是发动人民群众监督党和政府，实现党的自我监督和群众监督的贯通，需要建立相对独立的举报平台。

因此，经济体系是基础，监督体系是保障，只有构建有效的监督体系，经济体系才能够得到健康的发展。改革开放40年的经验表明，只发展经济，不进行有效的监督，经济总量虽然也会上去，但是，代价极为沉重。经济越是发展，腐败活动越是频繁。经济发展与反腐败应该使用同样的力量。

三是监察委员会与审计系统的关系。

党的十九大报告提出，深化国家监察体制改革，将试点工作在全国推开，实现对所有行使公权力的公职人员监察全覆盖。这是党中央作出的一项重要战略部署，也是事关全局的一次重大政治改革。此次决定在全国推开国家监察体制改革试点工作，已经有了基础。之前在北京、山西、浙江三省市进行试点，取得了成效，积累了经验。这些经验和成效可以作为进一步在全国推开试点工作的基础，值得其余省区市参照。选择恰当的时机在全国推开国家监察体制改革试点，为完成 2018 年的确定目标——在全国人大换届期间成立国家监察委员会，选举产生国家监察委员会主任，任免国家监察委员会其他领导成员，构建自上而下的四级监督体系，打下了基础。

党的十九大报告提出，制定国家监察法，依法赋予监察委员会职责权限和调查手段，体现了我们注重用法治思维深化国家监察体制改革，顺应了全面依法治国的要求，有利于实现国家治理体系和治理能力现代化。国家监察体制是党和国家监督体系的重要组成部分，它解决了监督覆盖面不够的问题。

党的十八大以来，党内监督基本覆盖了所有主体，而监察过去是行政监察，覆盖不到立法、司法、政协、企事业单位等机构。改革国家监察体制就是为了加强党对反腐败工作的统一领导，实现对所有行使公权力的公职人员监察全覆盖，只有这样才能跟党内监督相衔接、相配合。这对于整合反腐败资源，构建起具有中国特色的国家监察体系，形成集中统一高效权威的监督机制，具有重要意义。

现在，人们关心的是，监察委员会与审计的关系如何？甚至很多人在思考，审计系统如果与监察委员会合为一体，效果又会怎么样？

国家监察委员会不是一个党的机构，它和党的机构“合署办公”；但它也不是政府机构，因为它已经从政府机构中独立出来，形成了一个跟政府“平行”的机构。因此，它就是一个国家监督机关。

中央将此次改革定性为重大的政治改革，是由“一府两院”变成“一府一委两院”，其中“一委”即国家监察委员会。而这个“一委”，对“一府”“两院”都有监督职责。

纪律检查委员会主要监督对象是党内领导干部，而监察委员会的监察对象是所有行使公权力的公职人员，不论是党员、民主党派还是无党派，只要是公职人员，都在监察范围之内。根据我国的公务员法，只要行使公权力、由财政供养，都算广义的公务员。因此，监察范围还包含法院、检察院、医院、学校等。

而审计部门的审计，是对相关单位的财政资金使用起到一个监督的作用，但是问责的权力并不在审计部门，他们的职责是发现问题，然后把问题移交给司法等相关部门去查处。这也就意味着，如果没有了其他部门依法依规的后续处理，那么审计部门所做的工作就会付诸东流。这是由我国审计的行政模式决定的。

四是审计与统计的关系。

在党的十九大报告的监督体系构建中，同时提到了审计与统计，说明两者都是重要的监督手段。过去，往往把统计简单地视为经济宏观调控的手段。现在看来，这是一种简单化的观点。

党的十八大以来，统计工作获得了前所未有的重视。

党的十八届四中全会对全面依法治国作出全面部署。党的十八届六中全会要求各级党组织和全体党员必须反对弄虚作假、虚报浮夸。《中国共产党纪律处分条例》规定，对于弄虚作假直接责任者和领导责任者依据情节严重程度，给予警告直至留党察看处分。

在我看来，2016 年无疑是“统计年”。

2016 年 3 月 16 日，监察部发出《关于五起统计违纪典型问题的通报》，具体是河北省卢龙县、山西省朔州市朔城区、安徽省淮北市烈山区、河南省卫辉市、贵州省织金县的统计违纪问题。有的虚报瞒报统计数据，有的伪造篡改统计资料，相关地方政府和统计等职能部门履职不力、监管缺位，有的甚至强令、授意或直接参与统计数字造假。

案件公布之后，新华社记者对我等 6 人进行采访。4 月 27 日，新华社《内参选编》（16 期）刊登《统计数据造假出现新特点误导决策影响公信》。6 人中只有我一人署名，其他 5 人只是“某地统计局负责人”“企业负责人”。

5 月 12 日后，中共中央、国务院领导同志习近平、李克强、张高丽在中央改革办《改革舆情信息》（53 期）“统计数据造假出现新特点”上作出批示。中央领导批示强调依法依规统计，汲取历史教训，殷鉴不远，防范统计作假、弄虚作假；强调伟大的目标，要靠实干来实现，而不是靠“数字”。

5 月 26 日下午，国家统计局召开全国统计系统座谈会，研究部署防范统计造假、弄虚作假和提高统计数据质量工作。

中共中央办公厅、国务院办公厅发文要求在 26 日，把中央领导的批示内容传达到县委书记、县长一级。晚上 8 点 15 分，湖北省委召开电视电话会，传达了中央领导的重要指示。此后一周，各级政府召开统计工作会议。各级党委、政府高度重视统计工作，增加经费、人员，加大统计执法力度。

在中央领导前所未有的关注之下，统计的春天来了。从过去被动关心统计，演变为主动关心统计。我称之为“统计风暴”。

2016 年 10 月 11 日下午，中央全面深化改革领导小组第二十八次会议召开。会议审议通过了《关于深化统计管理体制改革提高统计数据真实性的意见》。会议指出，防范和惩治统计造假、弄虚作假，根本出路在深化统计管理体制改革。要遵循统计工作规律，完善统计法律法规，健全政绩考核机制，健全统一领导、分级负责的统计管理体制，健全统计数据质量责任制，强化监督问责，依纪依法惩处弄虚作假，确保统计机构和统计人员独立调查、独立报告、独立监督职权不受侵犯，确保各类重大统计数据造假案件得到及时有效查处，确保统计资料真实准确、完整及时。

4 月 20 日，国家统计局举行统计执法监督局成立仪式。成立统计执法监督局是贯彻落实党中央、国务院关于统计事业发展战略部署的重要体现，是深化统计管理体制改革的重大举措，标志着全面依法统计依法治统工作开启了新的征程。

各地相应的法规处也要进行相应整合，有的可能要整合进入各地统计局执法监督局。另外有的地方此前成立了执法总队，也进行了整合。

比如，5 月 18 日，四川省委编办正式批复同意四川省统计局单设统计执法机构，将四川省执法总队单独设置并更名为四川省统计局执法监督局，为正处级内设机构，核定行政编制 10 名，其中新增行政编制 4 名。核定处级领导职数 1 正 2 副，其中，增核 1 正 1 副。

四川省统计局执法监督局的职责，包括参与调查和处理重大统计违法案件，检查指导基层统计执法工作；承办上级批转的统计违法案件和群众举报案件的调查处理；负责省级统计部门行政处罚决定的执行工作等。

2017年5月28日发布、8月1日实施的《中华人民共和国统计法实施条例》。

2017年6月26日上午，中央全面深化改革领导小组第三十六次会议召开。会议审议通过了《地区生产总值统一核算改革方案》《统计违纪违法责任人处分处理建议办法》。

会议指出，推动地区生产总值统一核算改革，要坚持真实准确、规范统一、公开透明的原则，改革核算主体，改革核算方法，改革工作机制，提高核算数据质量，准确反映地区经济增长的规模、结构、速度。

会议强调，制定统计违纪违法责任人处分处理建议办法，要对统计违纪违法行为发现、调查、行政处罚、案件移送提出程序性要求，明确对领导人员、统计机构及有关部门责任人员、统计调查对象、统计检查对象等违纪违法行为的认定。统计、组织和纪检监察部门要加强配合，各司其职，各负其责，严格按照党纪政纪有关规定作出严肃处理。

毫无疑问，这是一次对统计部门和统计工作具有重要意义的会议，释放了多重重要信号。尤其是对统计数据造假零容忍，绝不是说说就完了的事情。

这些年来，审计也受到了同样的重视。

2015年7月1日下午召开的中央全面深化改革领导小组第十四次会议，审议通过了《关于开展领导干部自然资源资产离任审计的试点方案》。

会议强调，开展领导干部自然资源资产离任审计试点，主要目标是探索并逐步形成一套比较成熟、符合实际的审计规范，明确审计对象、审计内容、审计评价标准、审计责任界定、审计结果运用等，推动领导干部守法守纪、守规尽责，促进自然资源资产节约集约利用和生态环境安全。要紧紧围绕领导干部责任，积极探索离任审计与任中审计、与领导干部经济责任审计以及其他专业审计相结合的组织形式，发挥好审计监督作用。

2015 年 8 月 18 日下午，中央全面深化改革领导小组第十五次会议召开。会议审议通过了《关于改进审计查出突出问题整改情况向全国人大常委会报告机制的意见》。

会议指出，改进审计查出突出问题整改情况向全国人大常委会报告的机制，目的是健全全国人大常委会监督工作制度，推进审计整改工作制度化、长效化，增强监督的针对性和实效性，更好发挥全国人大常委会的重要作用。全国人大常委会要把宪法法律赋予的监督权用起来，实行正确监督、有效监督，把听取和审议审计查出突出问题整改情况报告，同开展专题询问等监督形式结合起来，把督促审计查出突出问题整改工作同审查监督政府、部门预算决算工作结合起来，改进报告方式，加强督促办理，增强监督实效。

此后，这些工作得到了逐步的开展。比如，2017 年 11 月 29 日，湖北省十二届人大常委会第三十一次会议上，常委会组成人员对省人民政府关于 2016 年度省级预算执行和其他财政收支审计查出问题整改情况的报告进行了满意度测评。测评结果当场揭晓，为“满意”[1]。在我的记忆之中，这种测评不多。

报告显示，截至 9 月底，审计查出违纪违规问题共整改 170.74 亿

1 王馨、朱博、王子路：《湖北对审计查出问题狠整改严问责 748 人被追责问责》，《湖北日报》2017 年 12 月 6 日。

元，占应整改问题金额的92.15%。2017年，全省纪检监察机关继续加大审计发现问题同步追责问责工作力度，已有748人被追责问责。

更为关键的是，对本省一些重大的经济问题进行了系统全面的审计，取得了积极的效果。

——降成本：多方发力为企业减负。

省审计部门对17个市县25家规模以上工业企业成本负担状况进行了审计调查。调查结果显示，企业成本负担居高不下存在以下原因：原材料及用能成本较高、人工成本高位上升、制度性交易成本略有上涨等。

关于原材料及用能成本较高问题，湖北省发改、物价等职能部门积极采取有效措施，继续扩大电力市场交易范围和规模，完善电价执行方式，减少停产、半停产企业电费支出，减免部分电力服务项目收费，降低非居民用天然气价格，全年可减轻企业负担27.6亿元。

人社部门全面加大稳岗补贴发放力度，解决人工成本高位上升问题。截至8月底，共发放稳岗补贴5.33亿元。同时，各地积极落实国家社保降费减负政策，全年可为企业减负47.07亿元，较上年增长21.57%。

湖北省政府还及时出台《关于取消和调整行政审批项目等事项的决定》《关于取消、调整行政审批中介服务等事项的决定》，再取消、调整行政审批项目122项、行政审批中介服务事项53项，湖北省成为全国省级行政审批事项最少的省份之一。

——生态环保：关停采砂场1068处。

报告显示，关于违规养殖和排污破坏水资源环境问题，相关市县环保、水利、公安等部门组成联合执法专班，制定拆违截污整治方案，明确整改时间节点，确保2017年12月31日前全部整改到位。

——医保基金：追回挤占挪用资金1310.57万元。

2016年下半年，湖北省审计部门组织对13个市(州)、105个县(区)2015年至2016年上半年基本医疗保险基金进行了审计。

对审计时发现的医保费筹集征缴不到位的问题，4个市县29家企业5736名职工已全部参加医疗保险，7个市县参保企业补缴保费3114.64万元，12个市县征收机构补征欠费6706.44万元。对部分单位和个人挤占挪用、虚报套取医保基金的问题，相关地方政府、医保经办机构已追回挤占挪用资金1310.57万元；39个市县相关医疗机构、药店和个人已将违规套取资金上缴财政或纳入医保基金专户1445.1万元。

党的十八届四中全会指出："要完善审计制度，强化上级审计机关对下级审计机关的领导，探索省以下地方审计机关人财物统一管理。"2015年12月，中办、国办印发了《关于完善审计制度若干重大问题的框架意见》及《关于实行审计全覆盖的实施意见》等相关配套文件，明确了完善审计制度的路线图和时间表。

2016年12月5日下午，中央全面深化改革领导小组第三十次会议召开。会议审议通过了《关于深化国有企业和国有资本审计监督的若干意见》。

会议指出，深化国有企业和国有资本审计监督，要围绕国有企业、国有资本、境外投资以及企业领导人履行经济责任情况，做到应审尽审、有审必严。要健全完善相关审计制度，让制度管企业、管干部、管资本。国企国资走到哪里，审计监督就要跟进到哪里，不能留死角。审计机关要依法独立履行审计监督职责。

3. 审计与反腐败

审计，就是查账，查各种各样的凭证，查过之后，自然就有了判断：对或者错，于是乎，各种问题也就自然而然地暴露出来了。

因此，反腐败与审计、巡视、巡查等都有密切的关系，相互合作、相辅相成。但是，长期不懈的审计工作，是反腐败的基础。这也是国际上的成功经验。

2017 年 10 月 19 日上午，十九大新闻中心在梅地亚中心举行记者招待会，中央纪委副书记杨晓渡介绍，党的十八大以来，共立案审查省军级以上党员干部及其他中管干部 440 人，其中十八届中央委员、候补委员 43 人，中央纪委委员 9 人；厅局级干部 8900 余人，县处级干部 6.3 万人。处分基层党员干部 27.8 万人。追回外逃人员 3453 名，“百名红通人员”48 人落网[1]。党的十九大之后，这个数字增加到 51 个。

党的十八大以来，从审计工作报告中可以看出，查处的案件越来越多，涉案金额越来越大，涉案人员级别也越来越高。一些腐败案件呈现出群体性、集团化特点，涉外腐败问题也渐渐浮出水面，窝案、串案、案中案接连不断，腐败官员一查一批、一抓一串、一端一窝、件件触目惊心。这足以说明当前审计面临的反腐败形势相当严峻和复杂，审计反腐败任务仍然艰巨繁重。党中央已经下定了“猛药去疴、刮骨疗毒”的反腐败决心，审计也必须继续跟上，充分发扬“钉钉子”的精神，盯紧腐败问题不放松，牢记审计反腐无终点，审计反腐永远在路上。

---

1 《5 年反腐成绩单：查处省军级以上党员干部及其他中管干部 440 人》，新华网，2017 年 10 月 19 日，http://www.guancha.cn/politics/2017_10_19_431457_s.shtml。

近几年来，全国各级审计机关利用审计专业优势，向司法、纪检监察机关提供了大量的案件线索，相关人员被追究行政和刑事责任，充分发挥了审计机关在反腐败工作、维护财经秩序、打击经济犯罪中的作用。

2015 年底，中央印发《关于完善审计制度若干重大问题的框架意见》及相关配套文件，对完善审计制度、保障依法独立行使审计监督权作出了部署和安排。根据这一制度设计，对公共资金、国有资产、国有资源和领导干部履行经济责任情况实行审计全覆盖，到 2020 年，基本形成与国家治理体系和治理能力现代化相适应的审计监督机制，更好发挥审计监督作用。

审计全覆盖，意味着对权力的监督和约束又多了一张制度之网。审计报告揭的是真相、凭的是数据、认的是国法，一个个案例把滥用权力、以权谋私的行为暴露在“阳光”下，有助于推动形成不敢腐、不能腐、不想腐的有效机制，为权力健康运行设置防火墙和预警器。

2015 年审计查出问题金额达 2800 多亿元，既说明审计监督的有效性，也折射出反腐败依然面临严峻形势。各省审计机关的“成绩”也十分显著。

2016 年，四川省审计机关共向司法、纪检及有关部门移送违纪违法问题线索 569 件，涉及人员 570 人、金额 28.6 亿元，促进被审计单位制定整改措施、建立健全规章制度 660 项[1]。除此之外，四川省审计机关在 2016 年还通过审计促进增收节支和避免损失 252 亿元。这样一组含金量十足的数据，已足以说明审计监督也是正风反腐的一把“利剑”。

在“十二五”期间，湖北省累计审计 6.65 万个单位，查出各类违规、

1 仲健鸿：《四川审计去年向有关部门移送违纪违法问题线索 569 件》，四川新闻网，2017 年 2 月 28 日。

损失浪费问题金额1482.09亿元[1]。

其中，处理上缴财政和减少财政拨款478.29亿元，追回被挤占挪用资金368.35亿元，审计核减投资额453.22亿元。

五年来，湖北全省审计机关共移送各类违纪违规问题线索2364件，涉案金额230.62亿元，向纪检监察、司法机关移送处理4317人。其中，2013年至2015年，分别查出案件数400件、662件、881件，移送处理579人、1109人、1366人，查处案件力度一年比一年大，成效一年比一年明显。

我们再看看军队审计的"成绩"。

党的十八大以来，习近平主席对军队审计工作高度重视，先后40多次批阅审计工作情况、19次作出重要指示，关注了审计工作一系列重大理论和实践问题[2]。2016年12月，新修订的《军队审计条例》发布，一系列新思想新举措新变化跃然纸上。

党的十八大之后的五年，共审计全军和武警部队单位（部门）3万多个（次）、团以上领导干部9000多名，一批责任人被严肃问责……为强军兴军提供了有力监督服务保障。2016年，审计署就结合审计情况，对军委机关部门拟出台的政策法规和标准制度提出意见建议300多条[3]。

1 周舜尧：《湖北五年审计出问题资金1482亿》，《长江商报》2016年1月15日。

2 申纪文、赛宗宝：《十八大以来，全军审计战线推动改革建设综述》，搜狐网军事频道，2017年8月4日，http://www.sohu.com/a/162122895_262340。

3 新华社报道称，美国国防部2017年12月8日宣布，五角大楼史上首次财务审计即将拉开帷幕，届时将有2400名审计员对2.4万亿美元资产进行审计，包括人员、房地产和军火。美国每年把财政预算的最大份额划拨给国防部，而国防部从未接受过审计。虽然国防部的收支状况缺乏明确报告，但是这并未阻止美国国会批准2018财政年度创纪录的7000亿美元国防支出。国防部审计官员戴维－诺奎斯特说，我们将每年进行审计，定于11月15日发布审计报告。奥巴马政府2015年一份报告显示，国防部超100万名官僚及承包商各项费用占去约四分之一的国防预算。如果加以改革，有望节省1250亿美元。

因此，古今中外，腐败是一种世界性的现象，也是各国政府面对的头号顽症之一。正如杨时展教授对文硕教授的《世界审计史》一书的评论中所言："从历史上看，一个政权，审计一上轨道，就会政治清明，官守廉洁，一定昌隆；审计不上轨道，就会贪污不治，贿赂公行，一定衰败。"[1]

学术界对政府审计的反腐败功效予以高度的评价[2]。

一是政府审计反腐的作用。

比如，Siame 指出在政府采购、对外承包及上市公司破产清算等容易滋生腐败的领域，审计工作者发挥了他们独特的作用。

Busse 等进一步指出，由于对财务账目的熟稔优势，审计者可以从职业角度打击腐败，披露违规、违法或不合理的政府行为。

有的学者认为，当前国家审计在腐败治理中主要发挥以下作用，一是通过国家审计的威慑作用预防腐败；二是通过国家审计的正常开展揭露腐败；三是通过国家审计的结果运用惩治、抵御腐败；四是通过国家审计的建议功能完善体制机制，从源头上遏制腐败；五是通过国家审计机关和审计人员的良好自律，促进形成廉政文化氛围。

李明辉分析了审计对于腐败的预防、发现、惩戒以及预警、控制的意义，指出对审计反腐作用的理解，不应当仅仅停留在审计对于发现腐败的作用上，还应当注重发挥审计预防、惩治、预警、控制腐败的

---

1 杨时展（1913—1997），浙江衢州人，教授，博士生导师，中国著名会计大师。1936 年毕业于南京中央大学并留校任教。1936 年秋通过高等文官考试，分至国民政府主计处会计局工作。于 1997 年 10 月 10 日在武汉中南财经政法大学逝世。引自杨时展：《现代民主政治与现代国家审计》，http://www.kanzhun.com/zhichang/lunwen/579620.html。

2 李妍：《我国政府审计与腐败治理》，《商业会计》2016 年第 3 期。

功能[1]。

二是政府审计反腐的路径。

谭劲松、宋顺林等从国家审计与国家治理的理论基础出发分析了其实现路径，一方面，审计人员是检测欺诈性财务报告的专家，这使他们能有效地调查背后的腐败；另一方面，通过审计结果的公开和个体官僚的负责制使政府的威慑效应能得到强化。腐败是一个“病毒”，危害经济安全与社会和谐。因此，国家审计发挥着预防、揭示和抵御的“免疫系统”功能，来抵制和清除病毒。

免疫系统论，是国家审计是经济社会运行的“免疫系统”的简称。免疫系统论由审计署提出。刘家义审计长在2008年全国审计工作会议上讲话中予以明确：经过25年的实践探索和理论创新，我们逐步认识到，审计是国家政治制度不可缺少的组成部分，从本质上看，是保障国家经济社会健康运行的“免疫系统”。

吕君杰从政府审计防腐反腐、抑制腐败目标的实现路径分析，主要有三个路径：一是揭示路径，即通过揭示违规违法问题、发现腐败线索或揭露腐败行为来抑制腐败；二是问责路径，即通过问责机制或处罚措施来追究责任、打击腐败；三是抵制路径，即通过追查腐败原因、弥补制度或管理上的漏洞来抵制腐败的侵袭。

三是政府审计反腐的地位。

政府审计的核心问题是对政府及其代理人履行公共受托责任情况进行监督。我国的政府审计是直接受人民的委托，体现国家政治意志，审查国家各级政府财政收支和公共工程的效能、维护人民利益，保证国

1 李明辉：《政府审计在反腐败中的作用：理论分析与政策建议》，《马克思主义研究》2014年第4期。

家经济安全的国家治理工具。党的十八届四中全会提出“加强党内监督、人大监督、民主监督、行政监督、司法监督、审计监督、社会监督、舆论监督制度建设，努力形成科学有效的权力运行制约和监督体系，增强监督合力和实效”。审计监督被纳入党和国家监督体系的八大监督制度中，审计正处于一个前所未有的重要位置。

4. 审计与八项规定

我们再来看看，审计与八项规定的关系。

2012 年 12 月 4 日，中共中央政治局召开会议，审议通过了中央政治局关于改进工作作风、密切联系群众的八项规定。

八项规定，短短 600 多字，能够改变世界上规模最大的执政党，一个重要原因就是实现了“高处站位”和“细处着力”的有机结合，开启了一场正风肃纪、激浊扬清、刷新吏治的作风之变。

落实八项规定，从一开始就注重破立并举，坚持治标和治本相结合。铁面执纪、寸步不让，形成令违规者知畏知止、收敛收手的压倒性态势，在治标基础上更进一步、着眼长效，有针对性地创新制度设计，把改作风的经验通过党内法规的形式固定下来，形成能够施之长远的制度体系。与此同时，落实八项规定的过程，也通过触碰利益格局为改革扫除障碍。紧盯公款送礼，推动了财务管理改革；关注公车滥用，促进了公车改革；打击会所歪风，推动形成“亲”“清”新型政商关系……

有两组数据意味深长：全国查处的公款吃喝、送礼、旅游这三类问题，违纪行为发生在 2013、2014 年的占到 76.1%，大幅降到 2016 年的 7.2%；全国“三公”经费支出实现“四连降”，2016 年中央部门和地方分别比 2012 年下降 35%、50%。

2017 年 10 月 27 日，十九届中共中央政治局召开会议，审议《中共中央政治局贯彻落实中央八项规定的实施细则》。

中央八项规定实施以来，违规公款消费、随意铺张浪费等百姓深恶痛绝的不良风气得到有效遏制。截至 2017 年 8 月底，各级纪检监察机关共查处违反中央八项规定精神问题 18.43 万起，处理党员干部 25.02 万人，给予党纪政纪处分 13.61 万人，违纪行为从 2013 年起逐年大幅减少。这其中有审计系统的功劳。

为深入贯彻落实中央关于改进工作作风、密切联系群众，更好地发挥审计在国家治理中的“免疫系统”功能，监督检查中央精神落实情况，加大对领导干部权力运行的监督和制约力度，不断探索制度机制上的创新，就必须将落实中央八项规定相关要求作为今后一个时期审计重要内容。

中央八项规定就是要求各地勤俭节约、反腐倡廉精神的体现，也是审计监督的重要内容之一。同时更是依法治国的要求，所以，中央八项规定的贯彻落实就必须贯穿于整个审计工作中。

审计人员审查八项规定，可以说是手到擒来。在审计方式上可以与其他各类审计项目相结合，结合不同项目的特点将这项内容纳入审计事项，也可以采取审计调查、专项审计等方式进行，但是，领导干部经济责任审计此项内容应该是重要审计事项。

在审计内容和方法上：一是加强公务经费审计监督力度。加大对包括“三公”经费、配车用车、出国出境、会议庆典等各项公务经费使用情况的监督力度，揭示和查处违背国家产业政策和结构调整方针、严重铺张浪费、重大资源毁损等问题，严肃查处有令不行、有禁不止的行为，重点揭示管理和支出过程中存在的问题，促进各部门单位降低行政成本。二是将把“三公”经费作为市直部门单位预算执行情况的审计重点，并加大对“小金库”、虚假发票等问题的查处力度，综合评价分析各部门单位落实中央八项规定相关内容情况，促进提高财政资金使用绩效和反腐倡廉建设。三是进一步明确对“三公”经费、会议费、培训费的审计要求，细化审计内容；通过对比、分析数据作出综合评价，促进各部门单位严格落实中央八项规定，控制“三公”经费支出。同时，还将关注部门单位的财务管理、公务卡使用、政府采购、政府性债务等情况，重点审查有无违反规定和奢侈浪费等问题。四是强化对权力运行的监督和制约，加强审计机关惩治和预防腐败体系建设，把廉政风险防控融入审计风险防控，健全和完善审计执法责任追究制度，重点关注领导干部在任期间违规享受特殊待遇、利用职务之便谋取不正当利益、超标准配备公务用车等情况，并将其纳入审计评价内容。

5. 审计与五大事业

“五位一体”是党的十八大报告的新提法之一。经济建设、政治建设、文化建设、社会建设、生态文明建设——着眼于全面建成小康社会、实现社会主义现代化和中华民族伟大复兴，党的十八大报告对推进中国特色社会主义事业作出“五位一体”总体布局。如果说要总结党的十八大以来最大的成就之一的话，我觉得可以说是生态建设与文化自信。

那么，审计的全覆盖，就要至少实现对五大领域的全覆盖。

（1）行政审计

行政领域，是花钱极多而又极易发生腐败的领域，自然就是各级审计机构审计的重点。

党的十九大报告指出，要长期坚持、不断发展我国社会主义民主政治，积极稳妥推进政治体制改革，推进社会主义民主政治制度化、规范化、法治化、程序化，保证人民依法通过各种途径和形式管理国家事务，管理经济文化事业，管理社会事务，巩固和发展生动活泼、安定团结的政治局面。

民主政治作为一种制度安排，体现在相应的政治过程和政治机制中，它确保社会大众参与、影响政治过程的平等机会。

要达到这个目的，就必须有充分的审计力量。

国家审计以其特有的专业能力和客观独立的地位，在提供有关经济信息、提高政府对公共资源运用活动有关信息可靠性方面，有着特殊的优势，发挥着不可或缺的作用。

依据经济学的理论分析，公共资源分配与使用的政策决定虽然在政治理论上应该是集体选择的结果，但在现实生活中，集体选择的决策费用很高，往往使得许多人不愿参与可能影响其利益的每一个决策，而且，集体选择的结果可能是低效率的。因此，授权决策、由行政官僚系统行使公共资源管理的责任，成为各国政治体制安排的普遍现象。由此产生了新制度经济学提出的“代理问题”。

因此，国家审计既是政治民主的内在要求，又是实现政治民主的必要手段，是伴随经济发展而发生的政府治理制度变迁的催化剂[1]。

比如，离任审计，或称任期终结审计，是指对法定代表人整个任职期间所承担经济责任履行情况所进行的审查、鉴证和总体评价活动。

---

1 张立民、张阳：《国家审计的定位与中国政治民主建设——从对权力的制约和监督谈起》，《中山大学学报（社会科学版）》2004 年第 3 期。

同时，通过离任审计，客观评价法定代表人在任期内经济责任履行情况，可以为组织人事部门正确、科学地考核和任用干部提供重要而具体的根据。

（2）经济审计

经济审计也称节约审计，是指被审企业或部门有关资源利用方面的有效性所实施的审计。我国自1999年实施经济责任审计。

2015年我国首次开展对省委书记和省长的同步审计。同时，全国共对3万多名党政领导干部和国企领导人员进行经济责任审计，查出与被审计领导干部负有直接责任的问题金额2800多亿元，有800多名被审计的领导干部及相关人员被移送司法机关和纪检监察机关处理。这些数字再一次彰显了审计监督的反腐成效和威力。

2017年7月27日，中央纪委机关、中央组织部、中央编办、监察部、人力资源和社会保障部、审计署、国务院国资委联合印发实施《党政主要领导干部和国有企业领导人员经济责任审计规定实施细则》。

经济责任审计工作是伴随着我国经济、政治体制改革的不断深入和民主法治建设的大力推进，逐步建立和发展起来的。目前，全国各级审计机关对各级次、各类别领导干部的经济责任审计已经全面展开，包括省部级领导干部经济责任审计也已常态化、制度化，形成了以任中审计为主，任中审计与离任审计相结合的审计模式，逐步建立起了重要领导干部任期内的轮审制度。

据统计，2008年以来，全国共审计22万多人次。其中：省部级领导干部160多人次、地厅级4600多人次、县处级5万多人次、乡科级17万多人次。经济责任审计在加强干部管理监督和党的执政能力建设、推动反腐倡廉、促进经济社会科学发展等方面发挥了积极作用。

2008 年以来，通过经济责任审计，查出被审计领导负有直接责任的问题金额 1000 多亿元。查出领导干部涉嫌以权谋私、失职渎职、贪污受贿、侵吞国有资产等问题，被审计领导干部及其他人员共 2580 多人被移送纪检监察和司法机关处理。各级党委和组织人事等部门根据审计结果，对履行经济责任中存在问题、应当承担责任的 890 多名领导干部，给予免职、降职等组织处理以及撤职等其他处分；对绝大多数被审计领导干部，通过反馈结果、提出整改要求和建议，促进增强了依法履职和接受监督的意识。很多地方还把经济责任审计作为经济决策、人事任免、案件处理等的重要环节，健全了经济责任审计与干部考核任用相结合的机制。与此同时，通过经济责任审计，向各级党委、政府提交报告和信息 32 万多篇，提出审计建议 51 万多条，促进健全完善制度 2 万多项，为各级政府和相关部门决策提供了客观准确的信息和依据。

目前，各项供给侧结构性改革的措施，能否得到准确的执行，事关中国经济能否正确地执行。这是各级审计部门的重要工作。

2017 年 12 月 8 日，国家审计署发布 2017 年第三季度国家重大政策措施贯彻落实情况跟踪审计结果公告显示，跟踪审计促清退保证金、税款和违规收费 4.79 亿元。公告同时指出，在深化“放管服”改革、降低企业成本方面还存在政策措施落实不到位、违规收费等问题。

2017 年第三季度，审计署继续组织对 31 个省、自治区、直辖市（以下统称省）和 30 个中央部门、10 户中央企业进行跟踪审计，抽查了 1343 个单位 1914 个项目，涉及资金 4421.59 亿元，其中中央财政资金 278.04 亿元。

公告表明，针对以往跟踪审计发现问题，甘肃、黑龙江等 8 省和中国铁路总公司积极清退保证金、税款和违规收费 4.79 亿元。

具体来看，针对以往审计发现 23 个单位违规预留或未及时清退工程建设领域保证金 4.11 亿元的问题，安徽、江西、甘肃等 6 省相关部门成立专项清退小组，截至 2017 年 9 月，已退还保证金 4.05 亿元，已上缴财政或移交招标单位处理 653.39 万元。

针对应退未退企业资源综合利用增值税款 6985.03 万元的问题，黑龙江省桦南县国家税务局根据地方财力制订分期退税计划，已分三期全部退还企业，长期占压企业资金的问题得到有效解决。

公告还显示，针对违规收取评审费、检验费等 646.6 万元的问题，吉林省工程咨询服务中心、中铁检验认证中心等 4 个单位，截至 2017 年 9 月份，已退还违规收费 435.54 万元，并对 3 名相关责任人给予警示谈话等处理。

此阶段审计重点关注了有关地区和部门打好防范化解重大风险、精准脱贫、污染防治三大攻坚战的政策措施落实情况，继续关注有关地区和部门“三去一降一补”任务落实、“放管服”改革深化等方面的情况，以及以往跟踪审计发现问题的整改情况。从审计情况看，有关部门和地区结合实际主动作为，认真整改审计查出的问题，取得较好成效，但也存在一些相关政策措施落实不到位的情况。

（3）社会审计

中国经济的规模已经是世界第二，体量可观。有能力解决一系列的社会问题。因此，近几年来，改善民生的财政投入越来越大。要保证资金安全，也少不了审计队伍。

国家审计署发布的 2017 年第三季度国家重大政策措施贯彻落实情况跟踪审计结果公告中反映，此次审计共抽查了 71 个扶贫县（区、市、旗），涉及 897 个项目，278.81 亿元资金。11 省的 29 个州县落实易地扶贫搬迁、教育扶贫、健康扶贫、金融扶贫等扶贫政策不到位，存在将不符合条件人员列为易地扶贫搬迁对象、扶贫工程项目建设进展缓慢等问题。9 个省的 18 个县因资金统筹盘活不到位、项目推进缓慢等原因，3.55 亿元产业扶贫资金等闲置 1 年以上，其中 0.86 亿元闲置 2 年以上。

有关部门和地区通过积极整改以往跟踪审计发现的问题，推动改进相关工作。其中，湖南、陕西、四川、山东等 12 省采取及时清理更新贫困人口信息、补发漏补人员补贴和教育资助、追回违规挪用资金、出台涉农资金统筹整合实施办法等措施，推动精准扶贫。

2016 年，湖北省审计项目计划共安排政策落实跟踪财政、金融、行政事业、企业、农业、资源环境、社会保障、固定资产投资、涉外、经济责任审计事项 11 大类，共 17 个计划 670 个项目。

其中，在政策落实跟踪审计方面，重点关注创新创业、扩大有效投资、促进转型审计、推进新型城镇化、节能环保等重点领域政策措施的贯彻情况和效果，揭示和查处不作为、慢作为、乱作为等问题。

在行政事业审计方面，将对 20 个县（市）县级公立医院综合改革情况开展审计调查，对全省 50 所中等职业学校国家资助专项资金进行审计；在农业审计方面，将对 29 个县市区扶贫资金审计、三峡后续工作规划实施情况审计。

由于扶贫对象众多，简单的人工审计已经无法适应审计形势的需要了。因此，计算机审计、网络审计等方式得到了有效的应用。

2017 年，湖北省审计厅组织审计力量对全省 2016 年度扶贫资金和扶贫政策落实情况进行了审计。审计人员运用计算机审计技术，围绕扶贫政策的落实情况，通过模糊匹配和对比分析，对海量的基础数据进行了审查，准确查找审计“疑点”，极大提高了工作效率和审计质量，取得了较好效果。

一是采集相关数据。着重审查精准扶贫政策落实情况，按照“产业发展扶持一批”“社会保障兜底一批”“医疗卫生扶贫一批”“发展教育脱贫一批”等相关要求，重点关注落实产业扶贫、社保低保兜底、健康扶贫、教育扶贫等方面政策措施及进展情况。

进点之初，审计组利用三天时间，集中采集了扶贫办建档立卡贫困人口、贫困户产业发展奖补数据，民政部门低保、五保发放数据，人社、卫生等部门合作医疗、医保数据，教育部门学籍信息、寄宿制小学、初中生生活补助、高中生助学金、中高职学生“雨露计划”助学补助发放明细，残联等部门残疾人生活补贴、重度残疾人护理补贴发放明细等基础数据。

二是审计思路。

第一，贫困户自主发展产业奖补方面。

2016 年，T 县对自主发展种植、养殖等产业的贫困户按照一定标准进行奖补，审计组首先想到的是否存在非贫困户享受贫困户产业发展奖补的情况。将 T 县建档立卡贫困人口数据与贫困户自主发展产业奖补以姓名或身份证号码作为关联字段作对比分析，均得到 200 余行数据，这结果有点吓人，经与当地扶贫部门沟通，该县建档立卡贫困人口 7 万余行基础数据中，姓名或身份证号字段准确率无法保证，截至审计进点之日，当地扶贫部门通过技术校验手段，发现 7 万余行基础数据中身份证号码存在明显错误（非 15、18 位）或编码逻辑错误仍在 300 行以上。基础数据的准确性给审计工作带来挑战，于是审计组以乡镇、村组、姓名等为关键字段，排除同音不同字、同一乡镇村组但姓名相似

（如中间掉字，姓同名不同）等情况后，筛选出非贫困户享受贫困户产业发展奖补疑点数据近十条，经进一步核实，核实一户非贫困户享受贫困户产业发展奖补的情况。

第二，农村最低生活保障制度与扶贫开发政策衔接方面。

比如，将T县建档立卡贫困人口数据与民政五保金发放表作关联对比分析，因为民政五保金发放表中没有身份证号码字段，只能以姓名为关联字段。

类似的情况是，将T县建档立卡贫困人口数据与民政低保金发放表作关联对比分析，同样以姓名为关联字段。

第三，健康扶贫政策措施落实方面。

比如，将T县建档立卡贫困人口数据与购买新农合数据对比分析，两张表都有身份证号码字段，可以作为关联字段。

将T县建档立卡贫困人口数据与重度残疾人护理补贴发放数据对比分析，同样可以以身份证号码作为关联字段。按照湖北省的相关标准，重度残疾人护理补贴发放对象是残疾等级为一级、二级且需要长期照护的，补贴标准为每人每月100元。残疾人证号以18位公民身份证号加1位残疾类别代码和1位残疾等级构成，共20位，倒数第二位为残疾等级代码，倒数第一位为残疾类别代码。

第四，教育扶贫政策措施落实方面。

比如，将T县建档立卡贫困人口数据与《寄宿小学生生活费补助发放明细表》对比分析，以身份证号码为关联字段。

结果显示T县建档立卡贫困人口系统中有5949名小学教育阶段寄宿制小学生应享受生活费补助（1000元/人年），该县2016年实际只发放2554名寄宿制小学生生活费补助，还有3395名学生未享受生活费补助，涉及金额39.50万元。

同理，将T县建档立卡贫困人口数据与《寄宿初中生生活费补助发放明细表》《高中生助学金发放明细表》《“雨露计划”助学补助资金》分别对比关联分析，得到如下疑点数据：

T县建档立卡贫困人口系统中有2096名初中教育阶段寄宿制初中生应享受生活费补助（1250元/人年），该县2016年实际只发放1018名寄宿制初中生生活费补助，还有1078名学生未享受生活补助，涉及金额134.75万元。

T县建档立卡贫困人口系统中有1465名普通教育阶段学生应享受助学金(2500元/人年)，该县2016年实际只发放401名高中生助学金，还有1064名学生未享受国家助学金，涉及金额266万元。

T县建档立卡贫困人口系统中有391名中高级职业教育阶段学生应享受扶贫“雨露计划”助学补助资金（不低于3000元/人年），该县2016年实际只发放391名中高职学生“雨露计划”助学补助，还有61名学生未享受“雨露计划”助学补助资金，涉及金额18.3万元。

通过计算机审计方法，可以迅速筛选疑点数据，汇总以上四类情况，迅速锁定了T县部分非贫困户享受贫困户产业发展奖补政策及2595名五保、低保对象未纳入政策性保障兜底，1226名建档立卡贫困人口未纳入健康扶贫政策保障范围，5598名建档立卡贫困人口子女未纳入教育扶贫政策保障范围等问题，提升了审计工作的效率和质量。

（4）文化审计

财政的文化事业投入也不少。文化审计也是不可或缺的。

以上海为例。2014年2月至4月，上海市审计局对2011年至2013

年文化事业建设费的管理、使用和绩效情况进行了专项审计调查[1]。

2011 年至 2013 年，上海市文化事业建设费共征收 40.21 亿元，共统筹使用 37.23 亿元，主要用于学术理论及社会科学扶持、精神文明创建及社会宣传、重点文艺创作项目扶持、文艺院团发展扶持、具有品牌影响的重大文化活动扶持、公共文化服务体系建设及其他公益性文化事业扶持。

审计调查结果表明，文化事业建设费的投入，在发展上海市公益性文化事业、繁荣文化市场、扩大国际文化传播与交流、建设国际文化大都市、提升城市文化软实力方面发挥了积极的作用。同时，市委宣传部、市财政局等相关管理单位建立了相应的管理制度，文化事业建设费资金管理基本规范。但审计中也发现一些需要加以纠正和改进的问题。

一是部分项目支出预算安排不够合理。文化事业建设费预算中编入了应由公共预算安排的人员经费、公用经费等支出共计 1149.36 万元。东方社区信息苑部分设备未及时更新。由于市、区文化建设协调及相关管理机制不够完善，未及时安排设备更新改造计划，部分设备未能及时更新。“十二五”期间需进行设备更新的信息苑有 201 家，截至 2013 年底，仅完成 27 家，尚有 174 家需进行设备更新。

二是部分专项资金使用管理不够规范。部分文化事业建设费资助项目申报单位上报预算与实际偏差较大。如：2011 年至 2013 年，上海文化发展基金会评审的资助项目中有 148 个文化活动类项目上报预算共计 2.37 亿元（涉及补贴资金共计 5315 万元），实际项目支出共计 1.27

1 《上海市审计局关于本市文化事业建设费使用管理及绩效情况的审计调查结果公告》，《上海市审计局审计调查结果公告》2015 年第 1 号，2015 年 4 月 3 日，http://www.chinaacc.com/dffg/hu1504097934.shtml。

亿元。部分项目未按申报的计划时间完成，造成部分资助资金沉淀。截至2013年底，上海文化发展基金会评审的资助项目有74个未按计划完成，预算金额共计1.53亿元，实际支出仅为申报预算的37.60%，涉及资助资金2618.25万元。部分项目财务管理不规范。上海文化发展基金会管理的941个资助项目中，有213个项目受资助者未按规定对资助项目进行专户核算；有163个创作类项目未提交成果报告书或进行审计。对48家文化建设费使用单位中的4家抽查发现，2013年底结存在4家单位的文化事业建设费结余共计7373万元，未得到统筹安排使用。

三是部分文化事业建设费补贴的建设项目投资超概算。文化广场等3个已竣工交付使用的项目，由于建设内容超批准范围、提高装修标准、边设计边施工等原因，总投资超批准概算3.34亿元，增加文化事业建设费补贴支出1.68亿元。

（5）生态审计

现在经济发展的基本思路，被老百姓亲切地总结为“两山”，与过去的“两论”“两猫”相对应。

2005年8月，时任浙江省委书记的习近平同志在浙江湖州安吉考察时，提出了“绿水青山就是金山银山”的科学论断。

2017年10月18日，习近平同志在党的十九大报告中指出，坚持人与自然和谐共生。必须树立和践行绿水青山就是金山银山的理念，坚持节约资源和保护环境的基本国策。

2017年12月16日，《人民日报》发表文章《离任审计，审“钱”还审“绿”》。文章强调，以前离任只算经济账，现在还要再算一笔生态账。生态审计审的是当地的土地资源、水资源、森林资源、矿山生态环境治理、大气污染防治这五大类指标在任期内的变化情况。以前只要能把项目引进来就算本事了，至于是什么项目，那时候很难去讲究。领导提拔主要看 GDP，GDP 又得靠项目来拉动。

生态审计实际上要求我们首先必须以生态视角审视自己的决策行为，发展不能靠牺牲生态环境来换取，而是通过做大自然资源资产总量，实现经济效益转化。动态监控让审计结果得到充分运用，也让乡镇干部有了审核成本的观念，倒逼其切实发挥生态保护“守门员”的作用。

因此，最有效的方法就是在领导干部的不同时期，进行生态方面的审计。

客观地说，我国目前实行的领导干部离任审计制度，主要是针对经济方面的问题审计，比如有无因重大决策失误而使公共财产受到严重损失，有无以权谋私、贪污、挪用公款、行贿、受贿等违纪违法行为，有无违反财政、财务收支纪律的其他行为等。至于领导干部在任期内的生态建设工作开展得如何，当地生态环境是否得到了有效保护和改善，并不在审计之列。

要改变这种状况，就必须开展生态审计的试点工作。

目前，已有内蒙古、湖南、陕西、湖北、四川、广东、福建、山东、云南、江苏 10 个省份对领导干部自然资源资产离任审计进行了探索试点。

领导干部自然资源资产离任审计是指党政领导干部离任之后，审计部门对其任职期内辖区的土地、水、森林等自然资源资产进行核算。此项离任审计是为了防止领导干部只顾经济发展而不兼顾环境保护，目的是促进领导干部更好地履行自然资源资产管理责任和生态环境保护责任，因而被称为“生态审计”。实行领导干部离任生态审计制度，可以从制度层面矫正领导干部的政绩观，倒逼其增强做好生态建设工作的积极性、主动性。

最近30年的经济发展经验告诉我们：靠牺牲生态环境换取经济增长，是不可取的，也是不可持续的。经济发展可以慢下来，但是生态平衡却不能坏下去，因此，必须实行领导干部离任生态审计制度，强化领导干部对生态环境的重视度，加强离任追责，从制度上、管理上、源头上有效遏制住破坏生态环境的势头，让破坏生态行为无机可乘、无空可钻。

最近几年，一些地方的雾霾天气不断增多，一些地方的地下水遭到污染，都与“只重经济、不重环境”，只算“经济账”、不算“生态账”的发展观念和做法有着莫大关系。

2014年，武汉市率先在全省试点领导干部自然资源资产审计。到了2016年，武汉市审计局举全市审计之力开展城市水环境绩效审计，在审计理念上探索“六大转变”，力促经济社会绿色发展。

一是由单点离散审计向多点联动审计转变。打破各自为政的局面，克服单点离散审计的惯性思维，树立“统一管理、分工负责、多点联动”的审计理念，统筹组织全市审计资源，整合各层级审计资源，“同级审”与“上审下”相结合，实行大兵团作战，力求全方位、深层次反映城市水环境污染的问题。

二是由局部审计向局部与全覆盖审计相结合转变。认真贯彻全覆盖的审计要求，坚持全覆盖与突出重点相结合。强调“大格局”审计思维，特别是针对“大江、大河、大武汉”这一特点，以“供水、排水、污水”为主题，打破市区、行业界限，兼顾全市整体与各区局部特点的关系，共性问题统一处理，个性问题逐一分析，以点带面促进问题的发现和整改。

三是由静态审计向静态与动态审计相结合转变。针对水环境治理的长期性、连续性等特点，摒弃原有单纯的静态的审计理念，树立静态与动态相结合的理念，以历年电视问政、投诉、举报反映的问题为突破口，抓住当前社会关注度高、群众反映强烈的突出问题，以“审计之眼”关注两江四岸、水源地、湖泊、港渠的水环境污染问题，通过大量第一手证据，揭示老症结和新问题，针对当前水环境治理中机制制度存在的问题，提出科学合理的审计建议。

四是由财务审计向财务与专业技术领域相结合审计转变。在传统的财务账簿审计基础上，采用卫星遥感影像对比分析土地、水利、森林、大气质量变化，运用无人机技术设备查看湖泊、河流全貌和无法涉足的细节，出动大气质量、水环境应急监测车对企业排污、湖泊水质等进行现场抽检。

五是由微观审计向微观与宏观审计相结合转变。注重审计涉水行业水生态文明建设顶层设计、规划布局、相关制度，管理系统及相关的经济活动是否符合生态文明的要求，促进完善顶层设计；关注打通关键节点工程，促进完善系统工程建设；关注部门工作与全市整体工作的结合，找准部门间的症结，消除部门利益纠葛，促进水环境管理体制机制更加科学有效。

六是由绩效审计向绩效与促进履职尽责相结合审计转变。主动适应新常态下审计工作新形势、新要求，将绩效审计与促进履职尽责结合起来，探索创新以责任主体为主的新思路、新方法。针对存在的问题，找准责任单位、责任人，促进干部干事创业、履职尽责，消除水环境保护的“中梗阻”现象。

到 2017 年 11 月，武汉市已有 20 多名干部被问责追责和追究刑事责任，其中 8 人因生活污水收集系统建设推进不力被撤职处分。

6. 审计人员是啄木鸟

对贪腐分子来说，审计是一柄高悬的“达摩克利斯之剑”。但是对审计人员自身来说，审计是分析“过去数字”，以数字为线索，深挖数字背后存在的违规违纪的问题，为反腐败提供线索。审计人员犹如啄木鸟，找出各种肌体中的蛀虫，提高免疫能力。

2018 年 1 月 9 日在全国审计工作会议上，国家审计署总结了过去五年的工作成绩。我们可以从中看出，全国审计系统付出了巨大的代价。

一是中央一级预算单位实现审计全覆盖。

五年来，全国共审计 65 万多个单位，促进增收节支和挽回损失 2.5 万亿元，推动健全完善制度 2.38 万项，移送违纪违法问题线索 2.35 万件。具体来说：

——着力推动重大政策措施贯彻落实，促进提高发展质量和效益。自 2014 年 8 月起，审计署组织全国审计机关持续跟踪审计各地方、各部门贯彻落实中央政策措施情况及效果，密切关注供给侧结构性改革、“放管服”推进、营改增实施、重大项目落地、金融服务实体经济等情况，着力推动稳增长、促改革、调结构、惠民生、防风险。全国共促进 2.7 万多个项目开工、完工或加快进度；促进取消、合并、下放行政审批事项、资质认定、收费等 1700 多项。

——深入揭示和促进防范风险，着力从体制机制层面推动深化改革。全国共报送各类审计报告、专题报告等 120 多万篇，发布审计结果公告 5 万多篇；提出防范风险、完善制度、深化改革等方面建议 130 多万条，被采纳 99 万多条，推动建立健全规章制度 2.38 万项。

——严肃揭示重大违纪违法问题，强化对权力运行的监督制约。全国共移送违纪违法问题线索 2.35 万件，涉及 4.3 万多人。以监督制约权力、促进领导干部依法主动有效作为为目标，坚持党政同责、同责同审，不断深化经济责任审计，全国共审计领导干部 16 万多名。

——跟踪督促审计查出问题的整改，推动建立健全整改长效机制。比如，2017 年 8 月至 10 月，审计署组织全国 1 万多名审计人员，按照“谁审计、谁负责督促”的原则，按项逐条对审计查出问题的整改情况进行跟踪督促检查，涉及全国 31 个省（区、市）、100 多个中央部门和 4000 多家单位，有关地方、部门和单位通过上缴国库、补征税款、收回贷款和结转结余等方式整改 4800 多亿元，整改率达到 95%；制定完善规章制度 2400 多项，处理处分 8100 多人次。

审计署稳步推进审计全覆盖，对中央一级预算单位实现全覆盖，对中央企业和金融机构的覆盖率达到 75%以上。

二是促进追回或归还扶贫资金 60 多亿元，领导干部自然资源资产离任审计涉及 1200 多人。

党的十九大报告提出，到 2020 年是全面建成小康社会决胜期，要突出抓重点、补短板、强弱项，特别是要坚决打好防范化解重大风险、精准脱贫、污染防治的攻坚战。5 年来，全国审计机关在这三方面工作也卓有成效。

——推动防范化解重大风险。党的十八大以来，各级审计机关密切关注信贷、债市、股市、汇市等领域运行情况，查出并移送了一大批非法集资、地下钱庄、贷款诈骗等违法犯罪问题线索。

——助力精准脱贫。党的十八大以来，我国已有6000多万人口稳定脱贫。全国审计机关先后对270多个贫困县和集中连片特困地区县开展了扶贫资金专项审计，促进追回或归还资金60多亿元，处理或问责6000余人。

——促进污染防治。2017年，中央印发了领导干部自然资源资产离任审计规定。2015年以来，全国共开展审计试点项目800多个，涉及被审计领导干部1200多人。

这一长串数字，说明了审计人工作的辛劳。

他们就像啄木鸟一样，把共和国大树中的蛀虫，一条一条地啄出来，大树才会生长得越来越好。

无古不成今

我在硕士学习阶段，方向是财政史，1986 年毕业留校之后，也主要是从事财政史的教学研究工作。1995 年成为湖北省审计厅的特约审计员之后，联系我的主要是财政审计处。因此，就会共同做一些财政审计研究方面的课题。我的主要任务自然就是财政审计的历史研究。

在此做一个汇报。

1. 夏代—战国：审计形成阶段

（1）夏商的贡赋考功制度

夏商初步建立了财税制度，进行贡赋审核的官员和法令也相应产生。《孟子·滕文公上》记载：“夏后氏五十而贡，殷人七十而助，周人百亩而彻，其实皆什一也。”大意是：（春秋时期以前的租税制度）夏朝行贡法，商朝行助法，西周行彻法，三者的税率都是十分之一。所谓贡，是一种定额税。助，是一种徭役税，就是先在公田上耕种。彻，是一种比例税。三者都是动词当着名词用。

有了原始的财税制度，就会有原始的审计制度。除了日常财政审计外，还有定期审计。

《史记·夏本纪》记载："自虞夏时，贡赋备矣。或言禹会诸侯江南，计功而崩。因葬焉，命曰会稽，会稽者，会计也。"

意思是说，从虞舜夏禹开始，纳贡赋税的制度就基本完备了。有人说禹在江南召集诸侯，进行考核功绩的时候去世了，于是就葬在当地，把此地命名为"会稽"，"会稽"也就是"会计"。

《吴越春秋·越王无余外传》记载："禹三年服毕，哀民，不得已，即天子之位。三载考功，五年政定，周行天下，归还大越。登茅山以朝四方群臣，观示中州诸侯，防风后至，斩以示众，示天下悉属禹也。乃大会计治国之道。内美釜山州慎之功，外演圣德以应天心，遂更名茅山曰会稽之山。因传国政，休养万民，国号曰夏后，封有功，爵有德，恶无细而不诛，功无微而不赏，天下喁喁，若儿思母，子归父。"

意思是说，禹三年服丧完毕，哀怜民众拥戴自己不罢不休，就登上了天子的大位。三年考核功绩，五年政局就安定了。禹走遍了天下，又回到大越，登上了茅山，接受四面八方的臣下们前来朝见，中州诸侯防风迟到了，禹就杀了他来示众，表示天下已全部属于禹管辖了。于是就大规模地研究商议治国的办法，对内赞美釜山之神相助安定天下各州的功绩，对外弘扬圣明仁德来报答天帝的心意，于是就把茅山改名为会稽山。接着又颁布了国家的政令，使民众得以休养生息。国号叫夏后。对有功劳的人封给土地，对有德行的人授予爵位。邪恶没有因为轻微而不受到处罚的，功劳最小也受到奖赏。天下的人都景仰向慕大禹，就像小孩想念母亲，儿子归顺父亲一样。

贡赋是否按时、按质缴纳，是考评诸侯政绩的主要内容，这项工作由大禹亲自主持，可见其重要性。场面宏大，“执玉帛者万国”，可怜的“防风之君后至，而禹斩之”。

与此同时，审计反映了王权的贡赋征收，对大臣的会计核算，同时也表明了计量的手段在发展，此时，古审计师不再是结绳记事，绘图和刻符了，而是出现了财富实物的衡量与度量。此时的审计已经具有双重目的。

一是保证国家府库的安全。根据《国语·周语下》记载：“《夏书》有之曰，关石和钧，王府则有。”意即征收关税和田赋均衡公平，则夏王朝国库有用不完的财物。由此可见，夏代曾经征收过关税。

二是审计成为一种提供考察官员功绩的信息与提拔任用的依据。而且，这种制度一直沿用至今。是中国封建社会历史悠久的基本制度。

马曙光在《博弈均衡与中国政府审计制度变迁》一书中提出[1]，审计监督的思想萌芽于夏禹时期的“三载考功”“大会计”等活动，而政府审计行为则起源于西周时期的索要贡赋和考核检查活动。封建制社会的官厅审计制度变迁的组织角色是利益集团，其博弈均衡情况决定审计制度的变迁途径与趋向，审计制度变迁的时机一般是在中央集权开始削弱、新的利益集团开始崛起之时。由于缺乏民主政治的环境，封建制时代审计制度建设的作用仍然具有很大的历史局限性。在近代社会，随着民主政治的兴起，要求传统政府审计予以变革的因素凸现，但是，由于民主政治的不彻底性，建立真正民主条件下的政府审计制度只是先进知识分子的一个梦想。在当代中国，受托责任以人民利益为核心，是典型的公共受托责任，利益相关者共同选择的变化，推动着新中国政府审计

1 马曙光：《博弈均衡与中国政府审计制度变迁》，中国时代经济出版社 2009 年版。

制度的确立、发展和变迁。

（2）商代的审计制度

如果说夏代的审计制度，只是后人的一种追记的话，那么，商代的审计制度，则有实实在在的记录。这就是甲骨文、金文等。

商代晚期青铜器上已有铭文，形体与同时期的甲骨文稍异。相对于同时期金文，甲骨文更似一种简化后的写法。

《尚书》中说："唯殷先人，有册有典"。甲骨文中已有"册"和"典"字，可见商代已经有了竹简。甲骨文中也有"笔"字，就是毛笔之形。可见商代已用毛笔书写竹简。实际上已经发现的甲骨文就有少数是用毛笔蘸墨或朱砂写的。

商代甲骨文中有关于商代祭祀用牲、田猎以及贡赋交纳、赏赐、赠送等各种记录繁多。这些记录，为今人的研究提供了极大的帮助。

《左传·成公十三年》记录："国之大事，在祀与戎"。今人一般将"祀与戎"理解为祭祀与战争，如沈玉成《左传译文》说：国家的大事情，在于祭祀和战争。这些祭祀多半要消耗大量的人力物力，甚至是恐怖的以俘虏为牺牲。例如：

甲戌卜，贞：毕献百牛，皆用自上示？

这是将贵族毕献上的一百头牛提供于祭祀中。

辛亥卜，犬延以羌一用于大甲。

这里的羌不是什么山羌，而且商王朝的异族——羌族。当时的地方行政官带来捕获的羌族人，用于大甲的祭祀。

此外，商代有客观的会计记录，为审计提供基本条件。

商代的会计记录方法已经有了单式记账的思想，单式记账是相对于复式记账而言，指对每一笔经济业务只采取一个方向的记录方式，它是对应与简单产权关系的核算形式，商朝的单式记账一般采用文字叙述的方式，如“壬申卜贞王田鸡，往来亡灾，王稽，曰吉。获狐十三”。“丁卯□□□兽正□□毕获鹿百六十二，□百十四”。从以上甲骨文的记载中可以看出，当时会计记录已涉及经济事项发生的时间、实物的数量和种类。

即便如此，也已经给审计师提供了重要的对象。

（3）西周的宰夫考治制度

浙江大学董平先生在《孔子的“一贯之道”与心身秩序建构》一文中指出[1]：周道之“尊礼”，既承殷道之黼黻华章，又转换其制度所建立之“质”而重新回归到了“近人而忠焉”的人道价值目的，虽其文华或甚于质，但经过再次的通变损益，调适而至于“文质彬彬”是完全可能的，所以最堪为后世制度之典范。三代制度相沿而不相袭，皆有损益存乎其中。孔子说：“周监于二代，郁郁乎文哉！吾从周。”[2]意即“周朝的礼仪制度借鉴于夏、商二代的基础上演变发展而建立起来的，是多么丰富而完备啊。我遵从周朝的制度”。

可见，西周的制度是比较完整的，对后世的审计制度完善有极大的影响。

周代的制度设计，隐藏于《周礼》之中。《周礼》是儒家经典，十三经之一。世传为周公旦所著，但实际上可能是战国时期归纳创作而成。《周礼》《仪礼》和《礼记》合称“三礼”，是古代华夏民族礼乐文化的理论形态，对礼法、礼义作了最权威的记载和解释，对历代礼制的影响最为深远。《周礼》中记载先秦时期社会政治、经济、文化、风俗、

---

1 董平：《孔子的“一贯之道”与心身秩序建构》，《孔子研究·学术版》2015 年第 5 期。

2 《论语·八佾》。

礼法诸制，多有史料可采，所涉及之内容极为丰富，无所不包，堪称为中国文化史之宝库。

《周礼》是一部通过官制来表达治国方案的著作，内容极为丰富，涉及社会生活的所有方面。所记载的礼的体系最为系统，既有祭祀、朝觐、封国、巡狩、丧葬等等的国家大典，也有如用鼎制度、乐悬制度、车骑制度、服饰制度、礼玉制度等等的具体规范，还有各种礼器的等级、组合、形制、度数的记载。许多制度仅见于此书，因而尤其宝贵。

其分工大致为：

天官冢宰，大宰及以下共有 63 种职官，负责宫廷事务。

地官司徒，大司徒及以下共 78 种职官，负责民政事务。

春官宗伯，大宗伯及以下共 70 种职官，负责宗族事务。

夏官司马，大司马及以下共 70 种职官，负责军事事务。

秋官司寇，大司寇及以下共 66 种职官，负责刑罚事务。

冬官百工，涉及制作方面共 30 种职官，负责营造事务。

因此，西周的财政机构就分为两大系统：一是掌管财政收入的地官司徒系统；二是掌管财政支出、会计核算、审计监督的天官冢宰系统。

天官之下设小宰中大夫，执掌财计监察大权。小宰之下设宰夫下大夫，行使审计监督之权。宰夫是中国最早的财政审计官员。带着一个很有力量的审计队伍，有下大夫四人及上士、中士、旅下士、府、史、胥、徒等人员。掌朝堂仪式、考核百官治绩，报上级予以奖惩。

《周礼》记载，“宰夫岁终，则令群吏正岁会；月终，则令正月要；旬终，则令正日成。而以考其治，治不以时举者，以造而诛之”。意即宰夫行使送达审计之权，负责对财政收支保管官员或部门的年度、月度、旬度审计。又说：“宰夫考其出入，而定刑赏。”

《周礼·天官》中记载："掌治法以考百官府、郡都县鄙之治，乘其财用之出入。凡失财用、物辟名者（伪造单据），以官刑诏冢宰而诛之。其足用、长财、善物者，赏之。"说明宰夫负责审核中央与地方各级官员，审查他们的财务收支情况，并给予惩罚与奖赏。而且处罚极严格，贪污腐败就要被"诛"。文中的"治法"，是中国最早的审计法。因此，我国是世界上最早产生审计的国家之一，早在三千多年前的西周就已经设立负责审计的官员，称之为宰夫。

这里有两个字要特别分析一下。

一是"宰"。这个字与权力有关。字从宀（mián），从辛。"宀"表家宅。"辛"本义为"棘刺"，引申为"让人难受"，再引申为"威权"。"宀"与"辛"联合起来表示"家丁头目"。之后沿用到官名：宰相（xiàng）、宰辅、太宰、宰官。先秦时代王或诸侯等贵族的副官，在内管家称宰，在外理事称相。殷商始置，原掌管家务与奴隶，后为侍从君王左右之臣。西周沿置，掌王家内外事务，又在王左右参与政务。春秋时各国均设置，多称为"太宰"。太宰为朝廷大臣，总管内朝事务和财务。

二是"乘"。指计量，计算，如"乘其财用出入"。《周礼·夏官·稾人》也说："乘其事，试其弓弩，以下上其食而诛赏。乃入功于司弓矢及缮人。凡赍财与其出入皆在稾人，以待会而考之，亡者阙之。"意即计算工匠的事功，试验他们所制作的弓弩的好坏，以作为增减发给他们的食粮和进行赏罚的依据。把匠人制造的弓弩矢菔交到司弓矢和缮人那里。凡颁授财货（给匠人）以及弓弩矢菔的颁发和收进，（账册）都在稾人那里收藏，以待核计考察，（弓弩矢菔）消耗丢失的就除去不计。由此可知，除了政府财政要进行审计之外，还要对生产环节进行审计。

（4）春秋战国的上计制度

上计是地方政府对所辖区域的人户、田地的增减和财物、税负的出入情况汇总编造成册，逐级上报至中央审查考核的制度，是新的财政审计形式。

春秋时赵国“赵襄子之时，以任登为中牟令，上计，言于襄子”[1]。

魏文侯（在位始于公元前446年）时，“东阳上计，钱布十倍，大夫毕贺。文侯曰：此非所以贺我也。譬无异夫路人反裘而负刍也，将爱其毛，不知其里尽，毛无所恃也。今吾田不加广，士民不加众，而钱十倍，必取之士大夫也。吾闻之下不安者，上不可居也，此非所以贺我也”[2]。

意思是说，东阳官府送来账簿，上交的钱增加了十倍。大夫全来祝贺。文侯说：“这不是你们应该祝贺我的。打个比方，这同那个在路上反穿皮衣背着草的人没有什么不同，既要爱惜皮衣上的毛，而又不知道那个皮没有了，毛就无处附着这个道理。现在我的田地没有扩大，官民没有增加，而钱增加了十倍，这一定是求助士大夫的计谋才征收到的。我听说过这样的话：百姓生活不安定，帝王也就不能安坐享乐了。这才是应该祝贺我的。”这里说明，审计的效果是非常明显的。

西门豹两次上计，不同政策，不同效果，不同待遇的故事，发人深思。“西门豹为邺令，清克洁悫，秋毫之端无私利也，而甚简左右。左右因相与比周而恶之。居期年，上计，君收其玺。豹自请曰：‘臣昔者不知所以治邺，今臣得矣，愿请玺，复以治邺。不当，请伏斧锧之罪。’文侯不忍而复与之。豹因重敛百姓，急事左右。期年，上计，文

1 《吕氏春秋 · 知度》。

2 《新序杂事篇》。

侯迎而拜之。豹对曰：'往年臣为君治邺，而君夺臣玺；今臣为左右治邺，而君拜臣。臣不能治矣。'遂纳玺而去。文侯不受，曰：'寡人曩不知子，今知矣。愿子勉为寡人治之。'遂不受。"[1]

意思是说，西门豹做邺地的县令，清廉、公正、敦厚，一点私利也不沾，却对待手下的官吏很简慢，（他）手下的官吏就互相勾结起来排挤他。西门豹任职满了一年，向魏文侯呈上郡里的账册，魏君收去了西门豹的官印。西门豹自己请求说：我以前不知道怎样治理邺，现在我知道了。希望（您给我）官印我再去治理邺地，（如）治理不好，就请您用杀头的罪惩治我。文侯不忍心（撤他的职），又把官印给了他。西门豹就重重地向百姓征收赋税，赶紧优厚地对待手下的官吏。一年后呈交账册，魏文侯亲自迎接而拜西门豹。西门豹回答说：往年我替您治理邺（地），可是您（却）收回了我的官印，现在我为我手下的官吏治理邺，你（却）来拜我，我不再治理（邺地）了。于是，交出官印就要走人。魏文侯不接受官印，说：我过去不知道先生，如今知道了。希望先生努力为我治理邺县。随后没有收下西门豹的官印。

在西门豹那个时代，不勤于征收，藏富于民，经过审计之后，就要收回官印，察看一年，以观后效。相反，超额完成税收任务，经过审计，就会得到嘉奖。西门豹是一位好官，不忍心加重赋税而要辞官，魏文侯再三挽留才作罢。

"上计之制，六国亦有之"[2]。这说明当时的上计制度在全国已普遍运用，比西周的审计报告制度又是一大进步。

战国时有逐级上计制。《史记·范雎蔡泽列传》记载："昭王召王稽，

1 《韩非子·外储说左篇》。

2 《秦会要订补职官上》。

拜为河东守，三岁不上计。”有史家释称：“凡郡国皆掌治民，进贤劝功，决讼检奸。常以春行所主县，劝民农桑，振救乏绝。秋冬遣无害吏案讯诸囚，平其罪法，论课殿最，岁尽，遣吏上计。”[1]

在这则材料中，“劝民农桑，振救乏绝”“岁尽遣吏上计”等财政经济事务都由郡守负责管理。郡守的财政管理职责主要体现在财政收入、支出的权限上。郡守要到所属各县视察，年终规定各县派专人上计。

因此，王稽三年不上计是不称职的。上计报告是财政审计的对象，史称“计书”。《商君书·禁使篇》记载：“十二月计书已定，事以一岁别计，而主以一听。”

上计与早期预算制度有关，年初各郡县编制预算，一式两份，经过一年的实施，地方按实际情况将预算改编为决算报告（计书），中央把各地的计书与留在中央的预算相比较，以考核官吏的政绩。

十分难得的是，在战国时期，出现了与今天的“审计”相似的“审数”。

《管子·幼官图》提出了审计要“明法审数”的思想，“明法”就是要求审计人员知法、守法；“审数”就是要求执法公正，把握收支情况，辨别数字真伪。

管仲的治国思想为后人所称道，并在战国晚期到汉代，由他人追述、补充汇集成《管子》一书。在现存的《管子》七十六篇中，约有三分之二以上涉及经济问题，约有三分之一专谈经济问题，蕴藏着丰富的经济思想，尤其是有关财政、商业、货币和价格等问题的论述，很多被后世奉为经典。

1 《续汉书·百官志五》。

《管子》对于审计理论与实践方面的议论见解独到。管仲已经注意到“明计数”“审度量”“度称盆”的问题，《管子·七法篇》中讲：“刚柔也、轻重也、大小也、虚实也、远近也、多少也，谓之计数”。“不明于计数，而欲举大事，犹无舟揖，而欲经于水险也”。“举事必成，不知计数不可。”这就是说，在制定国家策略和计划时，要有强硬和缓和、轻和重、大和小、远和近、多和少这些数量上的根据。

作为伟大的政治家、思想家和经济改革家，管仲提出了“明法审数”，成为当时统治者在管理国家财政收支时采纳的一条重要原则。其中“法”是指法令法规，“数”是指政策和方法，这一重要思想包含两方面含义：负责此项工作的官员，首先必须熟悉、了解法律，按照国家颁布的法令法规和规章制度办事，要遵纪守法、依法办事，维护法律的尊严；第二是需要清楚国家财政收支实际情况和财政出入之数，依此进行财政收支的审核考查，防止不法行为或差错的发生。其“明”和“审”的目的，就是为了强调“法”和“数”的制度公正性和社会认同性。

在此，“审数”与“审计”已经相当接近了。审数无疑是审计一词的前生。“明法审数”作为一条重要的规范原则，已成为当时统治者在监督管理国家财政收支时所应遵循的规范和标准，它不仅在我国是较早提出来的审计原则，就是在世界上也称得上是一条古老的审计原则。

2. 秦代—唐代：审计成熟阶段

（1）秦汉的御史制度

秦汉时期，设有御史大夫（汉成帝后改称为大司空、御史中丞等）

一职，赋予其监督职责，对外督导各部刺史，对内受理大臣奏事，依规发现是否存在问题。

秦代御史大夫为三公之一，是最高的监察长官，监督全国的民政、财政及主持财务审计。《通典·职官》记载："秦以御史监理诸郡，谓之监御史，汉罢其名"。《汉书·百官公卿表》记载："（御史大夫）位上卿，银印青绶，掌副丞相。有两丞，一曰中丞，在殿中兰台，掌图籍秘书，外督部刺史，内领侍御史员十五人，受公卿奏事，举劾按章。"说明到了秦汉时期，国家审计制度从中央到地方更加系统化，不仅包括对官吏的定期稽察考核，也兼顾经济政绩、财政财务和财经法纪等审查的内容，初步建立起国家审计制度。

御史大夫有三大职责：主持全国一年一度的上计，中央有关部门和地方呈送的上计报告均由其勾覆、总考；审查中央机关及直属仓场库务的出纳账籍计簿；监理诸郡，巡察四方。汉代的计相管天下计书及计吏。

秦分天下为 36 郡，监御史负责一郡的监察。西汉设有御史府，东汉改为御史台或宪台。

《汉书·百官公卿表上》有"武帝元封五年（公元前 106 年）初置部刺史"。分全国为十三个州部（监察区），每个州部设刺史。

颜师古注引《汉官典职仪》云："刺史班宣，周行郡国，省察治状，黜陟能否，断治冤狱，以六条问事，非条所问，即不省。一条，强宗豪右田宅逾制，以强凌弱，以众暴寡。二条，二千石不奉诏书遵承典制，倍公向私，旁诏守利，侵渔百姓，聚敛为奸。三条，二千石不恤疑狱，风厉杀人，怒则任刑，喜则淫赏，烦扰刻暴，剥截黎元，为百姓所疾，山崩石裂，祆祥讹言。四条，二千石选署不平，苟阿所爱，蔽贤宠顽。

五条，二千石子弟恃怙荣势，请托所监。六条，二千（石）违公下比，阿附豪强，通行货赂，割损正令也。”

由上可知，刺史所察的对象，主要是年俸二千石的长吏，其次是强宗豪右。又从其“周行郡国”看，诸侯王也在刺史督察之列。汉代郡守、国相年俸二千石谷物，所以常称他们为“二千石”。二千石是刺史巡视监察的重点对象。

在“六条问事”中，除了第一条针对强宗豪右违法殃民的罪恶，以下五条全都是针对地方最高行政长官郡国守相的违法乱纪行为，包括其行政、司法、用人及管教子弟、官德官风等各个方面。从其周行郡国来看，诸侯王也在刺史督察之列，县丞、县尉则不在其巡视之列。

刺史没有固定的治所，每年八月巡视所辖区域，考察吏治、奖惩官吏、决断冤狱。后来，刺史权力渐重，积久成制，成为权倾一方的行政长官。可见，中央巡视制度由来已久。

秦汉时期把中国的上计制度应用到了极致。

《吕氏春秋·九月记》记载：“合诸侯，制百县，为来岁受朔日，与诸侯所税于民轻重之法，贡职之数，以远近土地所宜为度。”意思是说，秦始皇统一六国诸侯，在全国建立了一百多个郡县，秦朝的法律要求全国各地的官吏应当在每年的岁末将所治理地区的赋税审定指标及实际征收情况，以书面形式上报中央。

《睡虎地秦简·仓律》中记载：“县上食者籍及它费大（太）仓，与计偕。”意思是说，一县的负责官吏应当在年终将本县的各项粮食支出情况，连同一年的会计资料汇总报告一起，书面上报中央。另外，《金布律》中也曾提到“与计偕”，则是指将衣物支出情况，随同年度财计报告一起向上呈报。

根据中南财经政法大学会计学院康均教授的研究[1]，秦朝以每年的十月份作为一年的开始。因此，规定各郡、县及各部门“上计”的日子在每年的九、十月间。《睡虎地秦简·内史杂》记载：“上会九月内(史)”，《仓律》中记载：“到十月牒书数，上内史”，都是这个意思。由于秦朝疆域广大，各郡、县距离都城咸阳所在地有远有近，因此较远地区的会计人员在九月份就开始动身起程赶赴咸阳，全国各地的“上计”报告到十月便可以会齐。

各地报告会齐之后，中央便可统一进行查核。《史记》与《汉书》均记载：秦朝中央设有负责全国上计工作的专门机构“柱下史”，张苍当时担任御史大夫，主管“柱下史”方面的工作。张苍对全国各地的农田开垦之数和经济发展状况较为熟悉，并且精于算数之学，因此，秦始皇委任他代替自己翻看、审阅各郡县、部门呈送的有关人口、农田开垦以及货币、粮食的收支等方面的“上计”汇总报告。张苍最后将审理结果报告给始皇帝，由他决定奖惩。

秦代把上计的规定写成律令，在《睡虎地秦墓竹简》中有记载。比如，《睡虎地秦简·效律》中规定：“数而赢不备，值百十一钱以到二百廿钱，谇官啬夫；过二百廿钱以到千一百钱，赀啬夫一盾；过千一百钱以到二千二百钱，赀啬夫一甲；二千二百钱以上，赀官啬夫二甲。”

意思是说，当查核发现仓库财物超出而又隐匿未报的情况，如果价值在一百一十钱到二百二十钱之间的，必须斥责啬夫[2]；在二百二十钱

---

1 康均、王涛：《秦汉时期的上计制度》，《财会学习》2006 年第 5 期。

2 秦帝国和汉帝国郡县级以下的官员。传为周司空的属官。乡置啬夫，职掌听讼、收取赋税之类的事情，汉晋及南朝宋沿用。

到一千一百钱之间的，必须罚缴一盾；在一千一百钱到二千二百钱之间的，必须罚缴一甲；达到二千二百钱以上的，则必须罚缴二甲。

由上可知，秦朝上计制度内容的规定更加明确、具体，法治清晰。御史大夫行使监察之权，对上计工作进行审理是秦的首创。

上计制度在汉代四百年间几乎没有间断过，皇帝特别看重，将其上升到国家法律的高度，被称为“上计律”。上计律是当时的审计法规。《后汉书·百官志》中记载了上计律的内容有：“其一，凡上报不及时者治罪。其二，凡计簿中欺谩不实者治罪。”以法律作为保证，从而使审计与法律进一步相互联系，“明法审数”成为一种现实。

在汉武帝以前，皇帝亲临上计活动现场，接受各郡国上计使者汇报的“受计”活动相对要少一些。汉武帝刘彻即位后，全面过问国家财政经济事务。他每隔一段时间就要亲临一次上计活动现场，接受各郡国上计使者的汇报，几乎把自己的办公场所——明堂和甘泉宫变成了报账、查账的场所。据《汉书》记载，仅公元前106年至公元前93年间，武帝就参加了四次“受计”活动。汉武帝对“上计”的要求十分严格，一旦发现贪污舞弊等不法行为，当场作出处理，轻者降职、罢官，重者入狱、问斩[1]。

（2）魏晋南北朝比部审计的产生

三国两晋南北朝是我国封建社会发展的非常时期，财政陷于混乱之中，但却产生了足以影响世界财政审计史的比部审计。从曹魏开始逐渐形成三省六部制。

---

1 上谷太守郝贤曾因大破匈奴战功显赫被封为众利侯，他自恃为汉武帝的爱将，立有殊功，对上计律置若罔闻，在上计时弄虚作假，大肆进行欺上瞒下活动，汉武帝发现后立即对郝贤定以重罪，罢免了他的官职。

三省六部制是曹魏西晋以后长期发展形成，至隋朝正式确立，唐朝进一步完善的一种政治制度。隋唐至宋的中央最高政府机构。三省指中书省、门下省、尚书省，六部指尚书省下属的吏部、户部、礼部、兵部、刑部、工部。每部各辖四司，共为二十四司。尚书省形成于东汉（时称尚书台）；中书省和门下省形成于三国时，目的在于分割和限制尚书省的权力。在发展过程中，组织形式和权力各有演变，至隋，才整齐划一为三省六部，主要掌管中央政令和政策的制定、审核与贯彻执行。

三省六部制

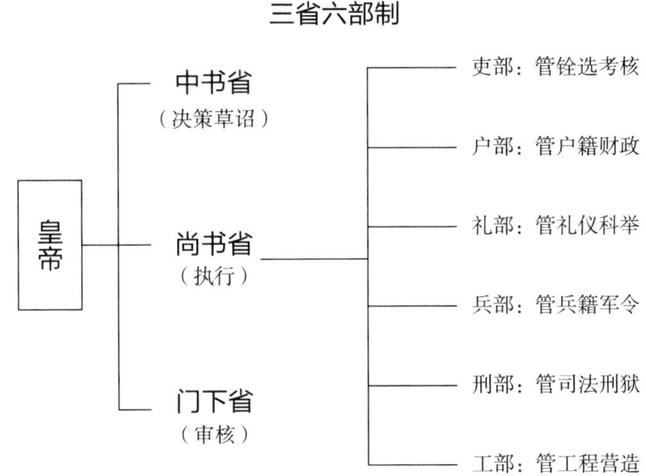

最初在尚书省下设23部，与财政审计有关的是比部。比部，官署名。魏晋时设立，为尚书列曹之一，职掌稽核簿籍，执掌御史的部分职权。后周改比部为计部。后魏初“比部掌勾检等事”[1]。至唐代，为刑部所属四司之一，设有郎中、员外郎各一人、主事四人。

“比”，甲骨文字形，像两人步调一致，比肩而行。它与“从”字

1 《册府元龟》卷483。

同形，只是方向相反。《说文》："二人为从，反从为比。"本义为并列、并排。"比"为勾考、勾比、勾稽之意，通过对比分析差异，与"审"的含义接近。由于战乱，比部没有真正发挥作用，但从它产生之日起就是一个独立于财政之外、具有司法性质的财政审计机构。

（3）隋代比部审计的确立

隋太祖在总结整理汉魏官制的基础上，正式确立了三省六部制度。

在三省六部中，尚书省为全国政务之总汇，下设吏部、礼部、兵部、都部、度支、工部六部，共二十四司。其度支部为国家财计主管机构，都官部主管全国刑名及财务稽察。开皇三年（582 年）四月，改"都官尚书为刑部尚书"。改度支尚书为户部尚书。将比部隶属于刑部，显然突出了比部的司法监督性。

隋炀帝以后，改诸司侍郎为郎中，并增设副职员外郎。据《册府元龟》记载："比部郎中，员外郎各一人，掌勾诸司百僚俸料，调剑，逋欠，因知内外之经费。"其职责，一是审计中央各机关官吏薪俸禄禀的发放。二是审计租税赋敛等财政收入和中央及地方官府的经费开销。三是审计公廨（官员办公的场所）收支。四是负责勾考逃亡罪犯的遗物账籍。这就更清楚地说明了比部的基本职能是财务审计，即勾考国家机关的经费支出，各级官吏的薪俸禄廪给受，以及财政收入，而对与刑部有关的逋欠财物的审查，则属于其附带的工作。

隋朝比部体制建设比起奠基时期来，最突出的一种发展在于：将比部正式隶于刑部之下，从而从组织体制上明确了比部的司法监督性质，为唐代比部建制的发展完善奠定了坚实的基础。另一点值得点赞的是，突出比部的财务审计职能，从而在官厅机构中确立了比部审计监督的地位和作用，这与前代笼统的"主法制"，"掌诏书律令勾检等事"的职掌相比，是一个明显的进步。

(4) 唐代比部审计的完善

唐代三省六部二十四司机构整齐，中书省掌决策，门下省掌审理，形成的决议下达给尚书省执行，尚书省下设吏、户、礼、兵、刑、工六部。

户部总领全国财政，刑部总领全国“刑法、徒隶[1]、勾复、关禁之政令”。每到季末或岁终，各仓、场、库、署把粮谷钱物出纳账籍及会计报告依次呈送相关的寺、司审核，然后上报户部；中央和地方各级官署、军费支出直接上报户部；以上账簿经户部审核后报送比部稽核。御史台负责对六部诸司、寺、监、场、库、署以及军队的监察，并通过十道监察区对地方实行监察，也包含财政审计。

唐代御史制度的变化是分巡与分察。“监察御史十五人，正八品下。掌分察百寮，巡按州县，狱讼、军戎、祭祀、营作、太府出纳皆莅焉；知朝堂左右厢及百司纲目”[2]。

分巡是把全国分为十道监察区，委派十道监察使和十道按察使轮流稽察各区，每两年轮换一次，所察范围有六，号称“六察”。即“凡十道巡按，以判官二人为佐，务繁则有支使。其一，察官人善恶；其二，察户口流散，籍账隐没，赋役不均；其三，察农桑不勤，仓库减耗；其四，察妖猾盗贼，不事生业，为私蠹害；其五，察德行孝悌，茂才异等，藏器晦迹，应时用者；其六，察黠吏豪宗兼并纵暴，贫弱冤苦

1 徒隶，一是刑徒奴隶，服劳役的犯人。《管子·轻重乙》中说：“今发徒隶而作之，则逃亡而不守。”《后汉书·隗嚣传》：“民坐挟铜炭，没入钟官，徒隶殷积，数十万人。”二是专指狱卒。司马迁《报任少卿书》中说：“当此之时，见狱吏则头枪地，视徒隶则正惕息。”

2 《新唐书》卷四十八《百官志三·御史台》。

不能自申者”[1]。可见，分巡的内容十分广泛。

分察是在京稽察尚书省六部，“监察御史分察尚书省六司……岁终议殿最”[2]，说明御史具体负责监督百官，巡查地方各州县，对官员的监察内容涉及工作政绩、财政税收、社会管理等多个方面，并进行年终考核。形成了比部常年审计与御史随机审计相结合的双重财政审计体系。

3. 宋代—清前期：审计革新阶段

（1）宋代的审计院

宋代财政审计演变分为三个阶段。

第一阶段，宋初至元丰改制（1080 年）建立了多个财政审计机构，除了权力萎缩的比部外还有三部勾院（盐铁、度支、户部勾院），审计各地粮谷钱物的出纳账籍。都磨勘司复审各地所呈三部勾院的账籍和审核三部的账籍。都理欠司负责清理天下欠负官物的账籍。专勾司审核勾考军队粮饷出纳账籍。提举账司掌管清理财赋账籍，勾考钱物出纳、结存与盈亏。

第二阶段，元丰改制至北宋末年强化比部审计和创设审计司，取消三部勾院、提举账司、都理欠司等内审机构，审计事务重归比部，仍属刑部，重新界定了财政与财政审计的关系。

《宋史·职官》记载有：“比部郎中、员外郎掌勾覆（稽考核查）中外账籍。凡场务、仓库出纳在官之物，皆月计、季考、岁会，从所隶监司检察以上比部，至则审覆其多寡登耗之数，有陷失，则理纳。钩考百

1 《新唐书》卷四十八《百官志三·御史台》。

2 《新唐书》卷四十八《百官志三·御史台》。

司经费，有隐昧，则会问同否而理其侵负”。说明这一时期已做到做账与核查相分离。

北宋在太府寺下设审计司等25个部门，这是我国历史上第一次出现“审计”和以“审计”命名的机构。《宋史·职官》记载：“（太府寺）所隶官司二十有五：西京、南京、北京各置左藏库、内藏库……审计司，掌审其给受之数，以法式驱磨。”审计司负责审核各个国库储备物资进出情况，依据规定进行逐一勘查核对，属内审机构。同时，户部设诸军诸司专勾司和都磨勘司、刑部设比部等行使审计职能的机构。

宋朝商品经济迅速发展，由北宋名作《清明上河图》中展现的繁华景象可见一斑。同时，宋朝苛捐杂税也颇重。北宋末理学家叶水心在《应诏条奏财总论》中提到：“祖宗盛时，收入之财，比于汉唐之盛时一再倍。”意思是说，单就税收而言，鼎盛时期的北宋朝廷，比盛世中的汉朝和唐朝税收还要多。“一再倍”可能是四倍。但是宋朝频繁的战争消耗了大部分财政收入，甚至还会出现入不敷出的状况。促使审计部门承担核查收支、揭示腐败、保证经济运行安全的责任[1]。审核全国各地报给户部的财政收支是宋朝审计机构的一项重要工作。

第三阶段，南宋设置了审计院、磨勘司、审计司和比部。南宋初

---

1 北宋初，三司为国家最高财政机关，负责监督财政的审计部门却基本都隶属于三司。这样的审计监督缺乏独立性，一些刚正的审计官员履职尽责甚至会遭到打击报复。宋太宗时期，刘式曾在三司担任审计官员，他检举揭发了盐铁使李惟清的女婿盗用官钱。李惟清作为三司最高长官之一，没人敢得罪，竟因为刘式的反映降了官职，三司中的贪吏也怨恨刘式秉公办事堵人财路。他们暗中观察，想找机会诬陷刘式。幸亏宋太宗爱护刘式，每每在朝堂上称赞他，让奸计无法得逞。遗憾的是，宋真宗在位期间，李惟清等还是找到机会免了刘式的官。

宋文宗为避高宗赵构之讳（构与勾音形相似），于建炎元年（1127 年）五月改“诸司诸军专勾司”为审计院，隶属于户部，下设“干办诸司审计司”和“干办诸军审计司”[1]。前者管“自宫禁朝廷下至斗食佐吏，凡赋禄者，以法式审其名数而稽其辞受。……凡四方之计籍，上于大农(户部)，则逆(勾考) 其会(会计资料)”[2]。后者“掌骑兵、徒兵给受之数”。设户部磨勘司，上报户部的会计报告均应经审计院、磨勘司交替审查后才签署姓名，经转运司检验后呈报户部。

南宋仍在太府寺下设审计司。以上属内部审计，外部审计由比部主持，但审计力度削弱。南宋在州、府及军队设有审计院派出机构，称为“分差审计院”。

根据笔者老师、中南财经政法大学会计学院郭道扬先生的研究，宋太宗的牙钱管库就是一种财产清查的制度[3]。内部审计成为一支独立的力量。

郭道扬先生认为，古人财产清查的方法形式各异，本质相同。秦汉时合券计数，唐代有雌雄木契，到了宋代，宋太宗采用牙钱之法。“太宗理财坐金殿，神宗改制得人心，徽宗侈糜陷囹圄”，对会计和理财的重视程度不同，朝政治理的结果也各异。

唐末五代以来财计混乱的后遗症，一直延续到赵宋之初。面对贪污、盗窃、行贿受贿成风的事实，宋太宗感到无能为力。宋太宗写下一道圣旨，宣布从即日起，分左藏库为内藏库，由翟裔任内藏库库使。令其彻底清查内库财物，造报清册，及时呈送枢密院。

1 这个名字与一些现代国家审计机构的称呼相同，如荷兰审计院、罗马尼亚审计院等。

2 《文献通考》卷 60，《职官考》14，《审计院》。

3 《郭道扬文集》，经济科学出版社 2009 年版，第 669 页。

翟库使查完库藏财物，便将清册送呈太宗皇帝。太宗看罢清册便秘密吩咐宫中匠人用象牙造出许多牙钱。凡内藏库财物，每千计用一牙钱表示，财物品名不同，所用牙钱颜色也不相同。如有一千匹红绫，便用一带绫字的红色牙钱表示，一千件龙凤绣衣，便用一带衣字的金色牙钱表示等等。物品减少千计，牙钱便相应减少一枚；物品增加千计，牙钱也便相应增加一枚。各色、各种字号的牙钱，分类存放于特制铁匣之中，封闭收藏于御阁，由皇帝委派贴己人管理。牙钱之增减，由牙钱管理官参照库官报送清册秘密进行，其他任何人不得插手。倘若主管官泄露库房机密，轻者判以徒刑，重者，或发配边地，或处以死刑。牙钱管理官有权定期或不定期亲临库房检查，用牙钱参验账面之数，抽查库房所存各类财物。凡牙钱与账目、物品吻合者，便用朱笔勾销，以示账实无误；凡牙钱与账目、物品不合者，一则令库官交代财物增减原因，二则编造清册，向上奏报明白，以听候上司下达处理意见。倘若查出重大贪盗案件，必须报请皇上批示处理。

宋太宗的这种牙钱管库之法一使用，果然收到了较好的效果。虽然千计以下的零散数目免不了留有漏洞，但各类财物的大数却在一定程度上得到控制。

（2）元代的审计科和行御史台

元代改三省为中书省。所谓一省制，就是在中央，用单独的一个中书省取代唐代的三省以及宋代的东西二府，并且这个机构直接管理地方的各个行省（相当于现在的省），军政大权完全归中书省掌控并且由其长官丞相完全负责，而不像过去中原王朝通常有几个地位差不多的官员组成互相牵制制衡的宰相集团（如汉代三公、唐朝三省长官等）。元朝是北方游牧民族建立的朝代，在游牧民族内部，大汗和下属通常是主子和家奴的关系，因此元朝皇帝看待官员就像家奴一样，没有汉族朝代那么多的官僚机器，而是很信任家奴的由一个丞相(也就是皇帝的总管)总揽全局，因此，中央也就只有一个省而没有分权制衡。这个制度实际效果无疑是很差的，元朝出现了很多专权的丞相。

在六部下分科建制，如户部设金科、仓科、内度科、外度科、粮草科与审计科。审计科的职责如宋代的审计院。在户部领属之下负责全国财计系统的审计工作。

另在中书省直属各部、仓库及各院、台、寺、监等部门内设照磨和管勾等官员，行使内审职权。据《元史·百官志》，元中书省掾属中，设有照磨一员，正八品，掌磨勘审核六部钱谷出纳、工程营缮支出等事，凡财物出纳凭据及账籍，均按时勾考审核；另有架阁库管勾二人，正八品，“掌度藏省府籍账、案牍稽考之事”。在户部直属四大仓库中，设照磨兼架阁库管勾一人，从九品；左三部（吏、户、礼）照磨所秩正一人，正八品、照磨一人，负责吏部、户部、礼部的钱谷出纳计账的考核事宜；右三部（兵、刑、工）照磨一人，负责兵部刑部、工部的钱谷出纳计账之考核事宜。此外，在御史台、枢密监、宣政院、行宣政院、太常礼仪院、典瑞院等衙门，均设有照磨、管勾若干人（或二者合为一人统管），负责本部门的经费支出及财物出纳审核。

元代未设比部，其职权由御史台行使。在地方分道设立行御史台，称“行台”。因此，元代地方各行省的审计事务，一方面是由行御史台官和宣抚使巡回进行。元成宗大德七年（1303年），曾派宣抚使巡察各道，审查并处理贪官污吏18743人；另一方面，由各“行省”之中常设的照磨所照磨、架阁库管勾等官员兼管。无论是中央部门，还是地方各“行省”，其照磨和管勾官员都不是专门的审计人员，其职掌还包括财计管理和文案刷磨等会计与文书工作。

元朝的御史财计监察与外部审计职能有所加强。这表现在三个方面：

一是抬高了御史台官的地位，以提高其监察的权威性。唐代御史大夫仅从三品，中丞仅从五品，而元代把御史大夫提高到从一品、中丞正二品的地位。其他御史官员如侍御史、治书侍御史、殿中侍御史、监察侍御史的地位也有较大幅度的提高[1]。同时，监察机构及其官员地位的提高，为御史顺利而有效地进行政治、经济监察铺平了道路。

二是"行御史台"的创立。与行中省的地方行政机构相对应，元代又分道设立"行御史台"，对地方各有省的吏政、财计、军事等进行巡回监察。"行台"制的建立，对之后明代督抚制度有着直接影响。

三是御史台的审计范围和职掌有扩大。据《元史·百官志》："诸台宫职……凡有司刑名，赋役……会计、司度、征收、营缮……勾稽……悉纠举之。"从审计的内容看，御史的职掌包括赋税、劳役征收、会计核算、工程营造支出等方面的审核与稽察，不仅如此，还包括对内部审计和财务稽核机关已审计账籍的复审及其勾稽工作的监督。此外，财物出纳审计也是其审计职掌的一个重要组成部分，据《元史》记载，在元代御史台设立不久，数月间即"追理侵欺粮粟近二十万石"。至正五年（1345 年）制定的御史监察条例中指出，委请监察御史，稽核各官府及

1 经济社会越是发展，监督越重要。古今同理。2017 年北京市实施监察体制改革后，监察对象从 21 万人增至 99.7 万人，增幅近 375%。改革后市纪委市监委机关设 29 个内设机构，比改革前涉改单位机构编制总数减少 4 个。此次改革，全市从检察机关共划转编制 971 名，转隶 772 人，市级机构数、编制数向监督执纪部门倾斜，分别占总数的 79%和 74%。监察力量大为增强。

仓储出纳账籍，对贪污和挪用官物者，派员纠察，“诸官侵使官物，移易贷者，委监察纠察”。对比唐代比部职掌，可以看出，元代外部审计的大部分工作都逐渐移至御史台。

可见，元代的审计制度简单而有效。

（3）明清的都察院体系

明太祖朱元璋进行大规模政体改革，把地方权力收归中央，把宰相权力收归皇帝。

洪武元年（1368 年），依唐宋旧制，设刑部。在刑部之下设总部、比部、都官部、司门部四司，部设郎中、员外郎各二人（除都官部各一人外）。比部为刑部第二司，比部郎中、员外郎之下设主事六人。比部仍“掌赃赎、勾复及钱粮、户役、婚姻、田土、茶盐、纸札、俸给、囚粮、断狱诸奸之属”。此时比部的主要职掌仍然在财政财务审计方面，即负责钱粮出纳、官吏俸禄支给、户役、回土、茶盐，以及囚粮出纳等账籍的审核勾考事宜，此外还负责部分有关刑部的具体司法事务，如婚姻、断狱等政令、信札的收发、保管工作。若将明初比部的职掌与唐代相比较，便不难发现，其审计职权有一定的削弱，比如军队、皇室财物等事，已不在比部审查勾稽之列，而更多的是兼管部分有关司刑断狱的事务。这说明，尽管明代从组织机构上仍保留了比部的地位，但由于受宋代以来忽视比部审计的影响，这时比部的权威性已出现逐渐下降的趋势。财政审计职权有所削弱。

洪武十三年（1380 年），废除丞相之制，抬高部秩之后，刑部之下仍设四属司，比部郎中、员外郎减为各一人，主事为四人，都吏一人，令史八人，典吏十六人。从组织机构方面看，明初的比部建制基本上保留了唐宋时期的规模，而且，从比部由原刑部第三司升迁为第二司这一事实来看，明初对比部的地位和作用还是十分看重的。

洪武二十三年（1390 年），分刑部四司为河南、北平、山东、山西、陕西、浙江、江西、湖广、广东、广西、四川、福建十二部，从此取消比部。各部设郎中、员外郎各一个，各领一布政使司。二十九年（1396 年），又改十二部为十二清吏司。永乐元年（1403 年）增至十三清吏司。至 1390 年取消比部止，历时一千余年的这一司法监督性质的审计体制便退出政治舞台，从此结束了我国历史上闻名于世的比部审计时代。

比部退出司法系统的原因有四：

一是比部郎官地位较低，权威性差。尽管比部独立于财计系统，然而比部的首席长官充其量不过从五品，从另一角度讲，由于比部隶属于刑部，而刑部又是国家行政的一个组成部分，严格地讲，比部乃属行政司法监督性质的审计机构。因此，对于中央三省六部、皇室等重要部门经费支出的审查，尤其是对上级官员的审查，客观上受到一定程度的限制与干预。

二是统治者从集权出发拟将审计职权划归财政系统。从宋代出现都磨勘司、审计院，到元代照磨所（官）和审计科的设置，逐渐浸渔比部的审计职权。这种财政审计归口但又相互独立的审计体制具有直接性、经常性和系统性的优势，在某种程度上弥补了比部审计体制的某些不足。

三是元代及明初，出于君主专制的需要，提高监察系统的地位，从而促使其审计职权的扩张，比部审计制度受到致命的威胁。

四是比部的职掌在审计，审计的基本职责在于通过审核财计判明是非，但其对重大问题的处理之权却一直被御史台把持，比部的权威性受到一定的损害。正如明末清初著名学者顾炎武所说的那样，“会计逋欠，每三月一比，谓之比部。故昔人有刑罚与赋检相为表里之说。今四曹改为十三司，而财计之不关刑部久矣，乃犹称郎官为比部，何邪?”[1]

明初设御史台，洪武十三年废止，十五年设都察院，囊括了财政、民政、吏政、狱政、军政等的监察和弹劾权。都察院有关财政审计方面的职掌有审查国家仓库钱粮出纳账籍，巡查京都工程营造项目、各地盐茶等项收入，漕运、屯田情况等。还赋予都察院中六科给事中以部分监察权。六科依六部对口设立，户科给事中负责“监光禄寺岁入金谷，甲字等十库钱钞杂物，与各科兼莅之。皆三月而代。内外有陈乞田土隐占侵夺者，纠之”。此外，明代的上计制度过渡为决算制度。

清代加强了都察院的审计职能：审查税赋徒役凭证；稽查国库财物出纳；审查奏销漕粮储运账册；审查地方官吏钱粮交接；对工程营建、军械制造、河湾开凿等大宗财政支出实行事前、事中和事后审计；其他审计如中东西南北五城赈济银米，监放兵饷钱粮等。

到了明清时期，随着封建专制的中央集权政治走向极端，作为维护皇权的御史制度（清朝改称为都察院）的发展达到顶点。这一时期国家审计制度出现了新的变革，形成了内部审计和外部审计相结合的国家审计体制。一方面，御史监察制度得到了加强，设置了新的监察机构——都察院，集监察和审计职权于一身，形成了高度集权、机构庞大、法规相对完善的强有力的监察体系，行使外部监察审计职能。另一

1 （清）顾炎武：《日知录》卷二十四。

方面，取消唐宋时期的专职审计机构比部，在执掌财计主管机构的户部设置司计、照磨、管勾、清吏司等机构和官职，行使审核会计报告权，实行财审合一，行使内部审计职能。

4. 近代—民国：审计改良阶段

（1）近代的审计院

清末官制改革，无疑是“三千年未有之大变局”中的一个历史节点。这场试验虽然因为后来的政治突变而不彰，但后世中国政治设施，或多或少都可从清末官制改革中找到其萌芽形态。

1898 年政治改革曾有过官制改革动议，只是那时新社会阶级还不够成熟，势力太小，因而随着政治变革中止而没有下文。

经过 1898 年后几年蹉跎，义和团战争让清廷最高统治层惊醒。又经过日俄战争刺激，最高层对国际大势有了新的认识。1905 年 8 月 31 日，袁世凯、赵尔巽、张之洞联衔具奏：“近数年来，各国盼我维新，劝我变法，每疑我拘牵旧习，讥我首鼠两端，群怀不信之心，未改轻侮之意。转瞬日俄和议一定，中国大局益危，斯时必有殊常之举动，方足化群疑而消积侮。”[1] 外部危机，各国期待，成为清廷政治改革不得不进行的外部因素。

光绪三十一年（1905 年）开始的政治变革有许多内容，但官制改革便成为宪政改革最重要内容。清政府调整中央机构，设军机处、都察院、审计院等六院二府一监，内阁下设度支部等十一部。二府是管理皇

1 《会奏立停科举推广学校折》。

帝宫廷事务的宗人府和内务府。

在清朝大学士戴鸿慈等看来[1]，会计检查院的职责是监督政府合理财政，因而是现代国家必不可少的机构。同时，他们还主张该机构必须独立于行政系统之外。治国即理财。而理财的关键是确定政府的财政责任，既不能让官员们乱花钱，更不能自肥。尽管中国是世界上公认的文明古国，并有着独特的制度文明，但却被这一问题困扰了几千年而未解。鸦片战争后伴随着西学东来，国人开始对现代审计制度有了认识。

1906 年戴鸿慈和端方在上奏朝廷的《奏请改定全国官制以为预备立宪折》中，正式向清廷建议按照普鲁士、日本的政治体制设置独立的审计机构，"考各国财政，均操之户部大臣，而监督之者则为国会及会计检查院。此院之职务，殆与司法裁判同为独立之性质，故能破除一切弊端。"即在戴鸿慈等看来，会计检查院的职责是监督政府合理财政，

---

1 戴鸿慈（1853—1910 年），字光孺，号少怀，晚号毅庵，广东南海大同绿涌村人。清末出国考察五大臣之一，中国近代史上第一位司法部长。戴鸿慈自幼聪颖，十五岁为补县学生（廪生），二十岁为同治癸酉科拔贡、联捷解元。光绪二年（1876 年）中进士，授翰林编修，鸿慈的试卷批语为："大雅从容，謦澈铃圆，金和玉节，声情茂美，神致安闲"；"志和音雅，气足神完"；"词笔凝练，绝去肤庸"。光绪二十年（1894 年）翰林大考，名列一等。历官刑部侍郎、户部侍郎、法部尚书，经筵讲官、参与政务大臣，礼部尚书，协办大学士，军机大臣，太子少保等职。光绪三十一年（1905 年），清政府为应付蓬勃兴起的立宪呼声，特简亲赏大臣到欧美考察政治，即著名的"五大臣出洋"。户部右侍郎戴鸿慈为五大臣之一，出使美、英、法、德和丹麦、瑞士、荷兰、比利时、意大利等国。欧美考察后，使戴大开眼界，认为中国只有改革才有出路，归国后，奏请立宪。改刑部为法部，戴首任尚书。他还提倡中国要富强，必须"固边疆""振兴实业"及开矿、兴学、修铁路等，是清末具有一定的开放思想和政治眼光的重臣。宣统元年（1909 年）八月，以尚书衔在军机处行走，十一月，升协办大学士。宣统二年（1910 年）正月逝世，终年 58 岁。赏加太子少保，谥文诚。身历咸丰、同治、光绪、宣统四朝，历官刑部侍郎、户部侍郎、刑部尚书、军机大臣，是清朝二百余年广东省籍任职最高的官员，其一生的亮点是出洋考察及回国后倡言和参与新政。

因而是现代国家必不可少的机构。同时，他们还主张该机构必须独立于行政系统之外。

1906年9月1日发布的“预备仿行宪政”谕旨说：“我朝自开国以来，列圣相承，谟烈昭垂，无不因时损益，著为宪典”。“故廓清积弊，明定责成，必从官制入手，亟应先将官制分别议定，次第更张，并将各项法律详慎厘定，而又广兴教育，清理财政，整饬武备，普设巡警，使绅民明悉国政，以预备立宪基础。”[1]

慈禧经过抉择，于光绪三十二年九月二十日（1906年11月6日）发布新官制上谕，其要点包括：不设责任内阁，各部尚书均充参与政务大臣，“内阁军机处一切规制，著照旧行。其各部尚书均著充参与政务大臣，轮班值日，听候召对”[2]。中央机构为十一部四院，即外务部、吏部、民政部、度支部、礼部、学部、陆军部（暂兼管海军部与军谘府）、法部、农工商部、邮传部、理藩部、大理院、都察院、资政院、审计院。资政院为博采群言。审计院为核查经费。都察院也负责财政审计工作，形成监督制约机制。内廷及八旗机构照旧，“其余宗人府、内阁、翰林院、钦天监、銮仪卫、内务府、太医院、各旗营、侍卫处、步军统领衙门、顺天府、仓场衙门，均著毋庸更改”[3]。

审计院负责财政审计，审查各部、院财政收支、款项出入的报销账目。在《厘定阁部院官制总说帖》中清廷对审计院的功能亦作了明确界定“审计院所以盘查财用之淫糜”。值得注意的是，按照文件的规定，审计院不仅是一个独立行政系统之外的组织，且其还独立于资政院（议

1 故宫博物院明清档案部编：《清末筹备立宪档案史料》，中华书局1979年版，第44页。

2 李侃、李时岳等：《中国近代史》第四版，中华书局1994年版，第367页。

3 《清实录光绪朝实录》。

会）之外。名称由最初的会计检查院变成了审计院。

清政府拟定《审计院官制草案》，这是我国近代第一部审计法规。该草案共二十九条，对审计院的职权和组织系统作了明确的规定。如第一条规定“审计院掌检查京外各衙门出入款项之报销，核定虚实”。第十六条规定“审计院应行检查者如下：一、奉特旨饬查之报销。二、财政部汇送之内阁各部、院所管报销。三、官民呈控不实之报销”。也就是说，审计院除依据预算对国家机关的经费使用情况进行常规的审计之外，还接受官民的举报。

其次，草案明确了审计院的内设机构和彼此分工。审计院内设六个司，除第一司为院属办公之机构外，其余五个司均为业务部门，具体分工为：第二司掌检查陆海军部所管用款报销；第三司掌检查民政部、学部、农工商部所管用报销；第四司掌财政部、法部、吏部所管用报销；第五司掌检查外务部、交通部、理藩部所管用报销；第六司掌检查内阁及各院用款报销。特别需要提醒的是，草案明确地表明包括军队在内的一切国家组织其经费使用情况均在审计院的审计之内。

再次，草案对审计人员的履职保障从制度层面作了明确规定，如草案第二十四条规定“审计院签事以上各官不得兼任他项官职，亦不得为资政院参议员”。第二十五条规定“审计院掌签事、签事以在任十年为俸满，方准迁除他衙门官职。在任内卓著成绩者，由正使出具考语，奏请加衔、加俸，以资奖励”。第二十六条规定“审计院签事以上各官，非犯刑法及处分则例者，不得罢黜。其处分则例另定之”。之所以要如此规定，立法者解释说，“审计各官职司查核款项，易招嫌怨。本条所拟，系在久于其任不至任意调动，俾得尽心尽职、无所顾忌。”

清廷的决定自然会引起许多人的反对。如 1906 年 8 月，内阁中枢王宝田上书朝廷，公开反对改定传统官制。他说："国家大权莫大于用人、理财二端，选举考试虽代有不同，而爵人于朝之制，则百世不易。至于商战为国，尤以财用为急，综核不精，则货赂不瞻，而大命将泛。"

但这些争议并不影响清廷的决心。1908 年宪政编查馆和资政院在会奏中又将审计院的设立时间确定为 1915 年。1910 年，宪政编查馆大臣奕劻根据新的预备立宪时间安排，再次提出于 1911 年颁布《审计院法》，1912 年正式设立审计院。

但是，1911 年武昌首义爆发，清政府在辛亥革命的炮声中垮台了。所有的设计皆归于零。

（2）北洋政府的审计处与审计院

1911 年中华民国成立后，南京政府公布了《中华民国临时约法》，规定实行国家预算制度，这个是审计监督制度的基础。

北洋政府虽然政局混乱、政绩不彰、名声很糟，但是，由"海归"专家学者们仿照西方各国法律，结合民国政务管理实际设计的法规制度却独具特色。在财政管理法制化方面，北洋政府的"两支笔"财政体制堪称中国财政制度近代化的一大创举。民国时期的国家审计制度受西方民主法治思想的影响较大，基本形成了包含审计立法、民主审计、事前审计和审计公告等重要特征的国家审计制度。

1912 年 9 月，民国北洋政府国务院审计处成立；同年 10 月 22 日，大总统袁世凯批准实施《审计处暂行章程》；随后，又颁布《审计条例》等规章制度，各省设审计分处。审计处下设五股，第三股审计外交部、内政部、财政部所属收支的计算，第五股审查全国岁出岁入及地方行政官署的收支，以及国债及国有财产的计算。

紧接着在 11 月 15 日又公布了《审计处暂行审计规则》，明确地规定了审计的范围、内容、方式以及方法等等。1913 年 6 月 16 日，公布了《审计院编制法》。1914 年 3 月，中国近代最早的审计法《审计条例》被公布了。在这之后，又几次针对《审计条例》进行了修改、补充。

从北洋政府机构设置和官制看，审计处在国务总理领导下监管财政，级别低于各部，审计处总办亦不是内阁成员，但审计处的法定职权却是民国财政的“第二支笔”。

根据法规规定，内阁各部的财政支出概算先报财政部核算，再报审计处复核，然后，由财政部办理拨付手续。各部门收到财政部拨款通知书后，开具三联总收据，由本部总长签字，部门派人到国库凭收据领款，总收据第一联留国库记账，第二联由国库送财政部存档，第三联由国库送审计处备查。由此可见，财政资金拨付须经财政部和审计处“两支笔”审批，其他部门只能照章办事。北洋政府的总决算、部门决算和中央财政补助资金实行“两支笔”审核制度。财政部的总决算必须经过审计处审核后，才能报国会决议。各部门的部门决算先送财政部初核，再送审计处复核；否则，财政部无法办理。中央财政补助邮电、船舶和交通等“事业单位”的资金，必须经过审计处预先审核；否则，财政资金无法单方面直接下拨。

民国三年六月改审计处为审计院；在总统政事堂设立主计局[1]。为保障军事财政的特权，另设特别审计处。

---

1 台湾“行政院”还有主计处。主计处网站提供了相当丰富的次级资料，包括有：政府预算、政府会计、政府统计及普查、资讯管理、主计法规等重要资讯，详言之，包括中央政府总预算，国家经济成长率、物价指数及失业率等经社指标，全国性农林渔牧业、工商及服务业、户口及住宅等普查最新资讯。

（3）国民政府的审计局和监察院

民国十二年（1923年），孙中山在桂林、广州设立海陆军大元帅大本营，设内政、外交、财政、建设、军政五部，航空、审计、法制三局。

民国十四年七月一日国民政府在广州成立，八月一日成立监察院，接管审计局，监察范围是国民政府总决算；国民政府所属机关每月的收支计算；特别会计的收支计算；官有物的收支计算；政府发给补助费或特与保证的收支计算。

北伐胜利后国民政府定都南京，民国十七年二月设立审计院，下设两厅，第一厅监督预算，第二厅审核决算。

八月十日国民政府根据孙中山主权分治的遗教，设行政、立法、司法、考试、监察五院。国民政府组织法第46条规定："监察院为国民政府最高监察机关，依法行使弹劾、审计职责。"下设审计部，审计部下设三厅，负责监督各机关预算的执行、审核各机关的计算及决算、审核各机关的收支命令、稽察各机关财政的不法行为。这一时期的政府监察和国家审计实行监审合一模式，监察院拥有监督和弹劾政府各级官吏和审计国家财政收支的权力。国家审计机关在组织上能够独立于包括行政院在内的其他四院，审计独立性较高，有利于提高审计组织的权威性；在监察院下设立专职的审计组织，有利于审计人员专业知识的积累，从而提高审计效率。另外，监察院可以利用审计部门提供的信息，提高监察效率，降低监察成本；审计机构可以得到监察机构的配合，对行政领导进行制裁，从而提高国家审计对公共权力监控的权威性。

南京政府公布了《各部门官制通则修正草案》，规定在政府机关和军队内部也要设立审计机构。北京政府则在1918年9月7日公布了《会计师暂行章程》，这个是中国最初的关于注册会计师的法律，注册会计师制度开始设立。1921 年中国最早的会计师事务所成立，1933 年中国注册会计师协会成立。1946 年中国审计学会在南京成立，各地也分别设置分会。中华民国的政府审计具有法律地位和其独特性，就审计职能和方式来说，比中国过去的审计都要发达。

5. 土地革命至今：新审计阶段

（1）新民主主义时期的审计委员会

1927 年南昌起义后，在中国共产党的领导下，革命根据地也实行了审计监督制度。

1931 年 11 月，为了巩固根据地的建设，设置了经济审查委员会。

1932 年 8 月，中央根据地中央财政人民委员部设审计处，各省财政部设审计科，“掌管关于总预决算的审核，簿记之检查及审核国家预备之支出、国库现金及存款事项”[1]。

1933 年 8 月，撤销审计处，成立审计委员会，归中央政府领导，不受财政部的制约，有权监督核查财政收支的执行。对各项目的财政收支的具体情况进行审计监督。

1934 年 2 月，中华苏维埃第二次全国大会上，承认并公布了《中华苏维埃共和国中央苏维埃组织法》，这个组织法改革了革命根据地的审计体制，提升了审计机构的地位和权威。同时，颁布了《中华苏维埃共和国中央政府执行委员会审计条例》，明确了审计的基本性质、地位

---

1 《财政部暂行组织纲要》。

以及方式等，另外审计结果也会在《红色中华》上发表，具有了审计的透明度和公开性。

1937 年 2 月，中华苏维埃临时中央政府设立了国家审计委员会。并在已经公布的具体规定中，强调了预算和决算制度、审计制度。同年 9 月，陕甘宁边区政府设立了审计处，从属于边区政府。其职责是审核全边区行政机关的预决算事项、审查全边区行政机关的公有物事项、审核全边区征税征粮及其他有关机关收支证据事项、审核公产估价变卖事项、审核公共事业的收支事项、审核由政府补助民营事业的收支事项、关于贪污、舞弊及浪费事件的检举事项[1]。

1941 年 9 月，审计处独立了出来，并在各区、县市设立了审计人员，制定了《各区县市审计工作暂行规程》和《审计制度示范》等制度。

1942 年 7 月，撤销审计处。抗战末期建立了边区审计委员会。解放战争期间，各解放区建立了财政审计体系，如东北解放区在财政部下设审计室，东北解放后改为审计处。

1946 年，陕甘宁边区公布了《陕甘宁边区审计暂行规程》。

1947 年，东北财经办事处公布《审计暂行条例》。

1948 年又公布了《陕甘宁晋绥边区暂行审计条例》。在这期间，各个革命根据地设立了审计委员会，并公布了审计条例，使得这个时期公布的审计法规，有着重要的参考价值。

（2）社会主义时期的审计署

1949 年 10 月至 1983 年 8 月，我国没有独立的审计机构。新中国成立初期，实行了计划经济，并统一了财政会计和审计，取消了独

1 《陕甘宁边区政府组织条例》。

立的会计审计部门。对财政财务收支的监督由财政、银行、税务等部门结合业务进行。比如，经济的审计和监督由人民监察委员会接手，但是由于“文化大革命”的到来，使得这个部门完全不能执行它的功能。

随着经济的急速发展和成长，使得会计审计制度的改革成为必要。为了适应“对外开放”的需要，1981 年 1 月 1 日，在上海成立了会计师事务所，这是中国的民间审计恢复的标志。

1982 年，财政部向国务院提交了《关于会计审计机关的计划建设报告》。

1982 年 12 月 4 日，第 5 届全国人民代表大会第 5 次会议，承认了《中华人民共和国宪法》的法律地位，依据宪法开始承认国家审计的法律地位。规定设立审计机关，实施审计。

1983 年 9 月，根据宪法，成立了中华人民共和国审计署，成为中国国家审计恢复的标志。之后，在各省、市、县也相继设置了地方会计审计部门——审计厅（局）。

1985 年 8 月发布《关于审计工作的暂行规定》。

1988 年 11 月国务院颁布《中华人民共和国审计条例》。审计署下设 21 司和若干个驻外地特派员办事处，财政审计司负责对省、自治区、计划单列市政府财政进行审计，对财政部、国家税务总局进行事前审计，对各地财政审计进行指导。

1995 年 1 月 1 日，公布了《中华人民共和国审计法》。进一步突出了财政审计的地位，改过去的上审下为同级审；由行业审计逐步转向以财政行为为主体的综合审计。

1997 年 10 月 21 日，国务院公布了《中华人民共和国审计法实施条例》。

1999 年中央事务室和国务院官方公布了 2 个有关经济责任审计的规定，《县级以下党政指导者干部任期经济责任审计试行规定》和《国有国营企业指导者任期经济责任审计试行规定》。中国开始了经济责任审计制度。

2003 年到 2007 年，中国审计署提出了 5 年审计发展计划并实施。2006 年 2 月 28 日，改正了《中华人民共和国审计法》。中国的国家审计开始朝着绩效审计的方向发展。

在内部审计方面，也得到同步的发展。

1983 年，国务院发布的审计关系文件里，提到了“健全的部门、单位的内部痕迹是国家审计的监督的良好基础”，这是中国的内部审计的开始。

1985 年 8 月，国务院公布了《关于审计的暂定规定》，审计署也公布了《关于内部审计的若干规定》，是内部审计的法律保障。

1987 年，中国成立了中国内部审计学会，同年加入了国际内部审计学会（IIA）[1]。

1997 年，中国审计学会引进了 IIA 的国际注册内部审计师考试。

2003 年 5 月，《审计署关于内部审计工作的规定》公布，确立了国家机关、金融机关、企业事业单位、社会团体组织以及其他的企业的内部审计制度。

1 CIA 是国际注册内部审计师（CERTIFIED INTERNAL AUDITOR）的英文简称，它不仅是国际内部审计领域专家的标志，也是至 2012 年国际审计界唯一公认的职业资格。CIA 需经国际内部审计师协会（INSTITUTE OF INTERNAL AUDITORS，简称 IIA）组织的考试取得。

2004年《中央企业内部审计管理试行方法》的公布，要求国有控股企业和国有独资企业完善企业管理机构和内部控制机能。

1988年11月25日，成立了中国注册会计师协会，同时各地成立了分会。注册会计师协会的成立，使中国注会工作的管理从政府财政部门的直接管理，变成了间接管理，并在1995年吸收合并了中国审计协会。

1995年6月，中国注册会计师协会公布了《中国独立审计准则序言》和《独立审计准则》草案。1998年中国进行了审计法人的机构改革，审计法人从政府独立出来。

到2003年5月为止，中国注册会计师协会分6次分别公布和完善了全部48项的独立审计准则。2006年2月15日又公布了《中国注册会计师执业准则》，并在2007年1月1日开始实施，至此，之前公布的《独立审计准则》被废除了，开始朝着国际化的标准发展。

伴随着经济责任的变化和发展，审计是从政府审计到内部审计，再到民间审计的方向发展的。在我国，随着国内经济从计划经济往市场经济发展的变化，审计也是逐步变化的。最大的体现就在于，政府审计范围的缩小和民间审计的扩大。最具体的表现就在国有企业的审计全部交由民间的会计师事务所来进行，这是个全球化的发展倾向。总有一天，我国的审计也可以像经济发达国家一样，政府审计的范围就只有限定事业范围了。

6. 中西方国家审计发展的比较

在中国，讲到世界审计史，就必须讲到一个奇人与奇书——文硕

1998 年在企业管理出版社出版的《世界审计史》。

可能没有人会相信，一个会计学者也就是一位音乐剧专家，但是文硕做到了。

文硕，著名会计学者、品牌营销及音乐剧专家，曾任用友软件集团副总裁，北京光线电视传播公司副总裁，海南博鳌亚洲文化传媒研究院院长，其先后跨越会计审计，出版发行，广告营销，电视娱乐及音乐剧五个行业，均作出了杰出贡献。曾在多个行业引领潮流，并跨行业整合资源致力于各行业的创新与变革，目前正专注于中国民族音乐剧的发展。1993 年文硕入选中央电视台第一批“东方之子”，并在中央电视台《东方之子》栏目接受白岩松专访。

文硕，湖南人，1983—1987 年，任职于中国农业银行总行；1987—1990 年，任职于国家审计署；1989 年被提名为全国劳动模范。1990 年辞职，出任用友软件集团副总裁。于 1993 年创办由北京纵横商务管理研究院、北京纵横文化有限公司和北京三木广告公司组成的北京纵横文化产业体系，将文化与产业联姻。2001 年，出任北京光线电视传播公司副总裁；2002 年，任海南博鳌亚洲文化传媒研究院院长；之后出任北京智扬公关公司首席顾问、中国唱片总公司华夏演出公司首席娱乐官、北京舞蹈学院音乐剧研究中心常务副主任。

文硕曾任 CCTV《同一首歌》首席品牌策划，并先后赴香港中文大学、台湾淡江大学、东吴大学、台湾大学和逢甲大学访问讲学，著有《这就是娱乐经济》《非娱乐产品的娱乐营销传播》《电视营销传播》《音乐剧概论》《音乐剧简史》《音乐剧指南》《图书营销传播》《电影营销》《明星包装策略》和《文化市场策划》等，并主编或总策划《三木广告丛书》和《娱乐产业文库》，以及《品牌经典档案》（上、中、下），先后入选英美《国际终身成就奖》《500 位国际影响人物》。文硕可以说是干一行爱一行成一行，不过，我们不能忘记他在会计审计史研究方面的突出贡献[1]。

《世界审计史》1990 年由中国审计出版社出版，1996 年由企业管理出版社再版。中南财经政法大学郭道扬教授对该书给予极高的评价[2]。

他说："北京纵横商务管理研究院文硕院长所著的《世界审计史》一书已出版六年，六年来这部书流传海内外。其中国家审计史部分还被日本津谷原弘教授译成日文，在日本正式出版，受到国内外会计、审计界人士的关注，得到教育工作者的好评。不少大学生及研究生学后认

---

1 文硕的会计审计史的著作与译作有：

1.《西方会计史（上）——会计发展的五次浪潮》（文硕，中国商业出版社 1987 年版）

2.《世界审计史》（文硕，中国审计出版社 1990 年版；1996 年企业管理出版社修订）

3.《文明古国的会计》（文硕，经济科学出版社 1986 年版）

4.《会计思想史》（迈克尔·查特菲尔德著，文硕等译，中国商业出版社 1989 年版）

5.《会计史》（荷·海渥著，文硕、付磊译，中国商业出版社 1991 年版）。

2 郭道扬：文硕著《世界审计史》新版序，《会计之友》1999 年第 3 期。更有意思的是，郭老师 2009 年竟然给文硕的《中国音乐剧史（近代卷）》作序。序中说："最近，文硕特地来到武汉参加我 70 华诞庆典与学术活动。他送给我两份厚礼：一份是今年七夕情人节刚在全国首映的中国第一部音乐剧电影《爱我就给我跳支舞》DVD，一份是即将出版的学术专著《中国音乐剧史（近代卷）》清样。文硕是我国当代著名的会计、审计学者，著作等身。其代表作是《西方会计史》和《世界审计史》。当他逐渐淡出已取得很大成绩的会计、审计界，转而全身心投入于前程未卜的音乐剧事业时，许多人对此产生质疑和不解，我也曾为他有过担心。但这次当我静下心来开始慢慢阅读他的最新力作《中国音乐剧史（近代卷）》后，一切顾虑都悄然消失了。这虽然是一部新兴的断代史著作，但它却自然而然、实实在在地融入中国近代史长河之中，是一部通俗易懂与别开生面的中国近代文化专业史……据文硕告诉我，他的中国音乐剧史研究计划包含近代卷、现代卷、专题卷、比较卷、思想卷和史料卷六本，洋洋 400 万字。我一点也不怀疑文硕开垦这片处女地的治史能力，因为，文硕作为一位历史学者的主要训练早在 20 世纪 80 年代就已经完成了，很多人看来不可能完成的学术任务，都被文硕很轻松地完成。我们非常期待'文派音乐剧'尽快成为国际品牌。"可见郭道扬老师对这位学生是宠爱有加。

为，这部书史料丰富，结构安排合理，且论说系统，观点鲜明，是一项具有创新意义的科研成果。通读这部书，并与审计学结合起来加以研究问题，使人受益匪浅。这是这部书之所以畅销，至今让会计、审计界人士翘首待印再版之重要原因。在人类进入信息经济社会之后，尤其是在新旧世纪交替之际，社会环境的重大变化，向任何一门科学的研究提出了更新的要求，自然对审计史研究的要求也不例外。在课程设置体系中，分别增委设会计史学与审计史学，并把历史、现实与未来结合在一起加以研究，加以讲授已十分必要。在审计理论研究中，只有以审计史学研究为基础，也只有对每一理论问题研究首先从历史渊源上加以追索，方可揭示理论内涵中的本质问题，把握这一理论的历史成因及历史进展，以及正确评价某一理论问题对实践的指导作用，这便是任何一个审计理论问题的研究都必须以历史研究作为起点的基本原因。”

《世界审计史》是一本从多角度、多层次方面对审计这门专业有一个系统解说的书。该书开篇讲述了国家审计的产生和发展，其中包括了国家审计起源的不同观点、前提条件和国家审计出现的政治经济背景。随后本书对各个时期不同国家审计的发展情况，奴隶社会、封建社会，还有古代中国和古代罗马及其他一些西方国家都有详细的介绍。接下来《世界审计史》的“趋同与逐异”这部分内容，阐述了民主政治的孕育。在此之后，书中提到了对于立法模式国家审计的发展历程，从英国的开拓，到美国的发展，再到后来加拿大、挪威等国家的后继发展。后面谈到了独立模式的发展历程，与立法模式相似，都从其开拓，发展到后来的探索发展，继续传承，这使读者可以更加系统地了解审计史。书中还从国家审计讲到了后来的民间审计，详细介绍了不同国家的不同发展历程和方式。到本书后面，还有对现代社会审计的介绍，这也从多个方面详细说明了。

由此，《世界审计史》一书所描述的西方审计发展大体上可分为三个历史发展时期：古代审计、近代审计和现代审计。本书的中外审计历史比较，也以这本书为蓝本。

（1）古代审计

据有关历史文献记载，最早出现国家审计萌芽的是奴隶制度下的古罗马、古希腊和古埃及等国家。从审计萌芽到产业革命以前的审计，一般称之为古代审计。古代审计的目的主要是通过对会计账目审核来查错防弊，以加强对封建王朝财政收支活动的监督和控制。例如，在两千多年以前希腊雅典城邦国家中已出现了审计机构。在当时雅典财政机构中设置了审计局，以审查和确定各位官审所编制的财务计算书，特别是由“政府会计师”编制的关于政府收支的会计记录。公元前443年，古罗马设立财务官和审计官，协助元老院处理日常财政事务。古代审计无论在西方各国还是在中国，都从属于政府机构，其性质是政府审计，其基本职能是经济监督。

中国西周时期国家审计的发展与古代埃及大体相似。国家审计已成为奴隶制社会政权中一项专门的工作，并适当地配备了兼任经济监督的审计官员。尽管职责尚不专一，且缺乏独立性，但却为延续三千年之久的中国审计制度奠定了基础。

西方封建社会的审计制度纷繁复杂各有千秋。在此仅以英国为例。

根据文硕的研究，英国国家审计可以追溯到中世纪。最初，国家审计并未获得独立的地位，而只是王室财政制度的一部分。

英国王室财政制度创立于威廉一世时代（1066—1087年），到亨利一世统治时期（1100—1135年），随着中央统治机构日趋完善，专制王权的进一步巩固，财政部门成为专制政权的重要组成部分。

当时的财政部下设两个机构：一是下院（Lower Exchequer），又叫收支局（Exchequer of Receipt）；一是上院（Upper Exchequer），又叫收支监督局（Exchequer of Account）。上院的基本职能是：①综合管理王室收支；②审查下院编制的会计账簿；③发挥法庭作用，处理财务方面的纠纷。下院的基本职能是：①受王室委托，处理王室收支业务，管理公款；②编制王室会计账簿。为了防止差错和舞弊，经得起上院的审查，下院建立了一套较为严格的会计账簿组织的内部牵制制度，它的做法是：王室会计账簿分设三个：第一账簿由会计官记录；第二账簿由司法官记录；第三账簿由国王的特别代理人记录。一笔经济业务发生后，三个账簿分别反映。其中会计官记录的第一账簿尤为重要，是上院审计的主要对象，它应经常与另外两个账簿核对。一年要进行两次会计报告，一次在 3 月末，称为中期报告；一次在 9 月 29 日，称为期末报告[1]。在中国，类似的制度也很多。

文硕把中国封建社会国家审计的发展分成五个阶段：奠基时期（春秋战国、秦汉时期）、发展时期（三国、两晋、南北朝和隋时期）、兴旺时期（唐代）、动荡时期（宋代）、中衰时期（元明清时期）。

文硕在书中说："外国国家审计和中国国家审计，在早期发展过程中有一种相同性，那就是，都是经济责任的出现，催生了国家审计的思想。自从奴隶制政权一建立，统治者就在政治上自觉或不自觉地利用国家审计为巩固其统治地位服务，从而首次将国家审计的威慑力量与国家政权的巩固联系起来，使国家审计卷入了现实政治斗争的漩涡。不过，

1　片冈义雄、片冈泰彦译：《ウルフ会计史》，法政大学出版局 1980 年版，第 75—76 页。

他们最初还没有认识到应将它放在一个独立的政治位置上让其独自发挥作用，也没有在官制设计上将它突出出来，而只让有关官员兼任这项工作。这种国家审计无疑使对最高统治者承担经济责任的官吏受到了挑战。我们称这一时期为世界国家审计的萌芽期。”

（2）近代审计中的“双轨制”

产业革命后到上世纪初的审计，一般称之为近代审计。这个时期，国家审计得到了快速发展。以葡萄牙为例。

1627 年，根据菲利普国王二世的审计条例，对审核所进行了一次重要的改革。其结果，国家的会计管理集中于王国王室审核所之手，包括海外殖民地。这次改革直到 18 世纪中叶，还影响着葡萄牙政府的财政管理。

王室审核所被取消以后，又根据 1761 年 12 月 22 日的法令成立了王室国库。王室国库（National Treasury or Royal Exchequer）意味着绝对的集权制，意味着负责王国所有的收支事项，以避免严重的收支分散状况。这种分散状况使权力部门无法对国家账目进行全面的和系统的管理和审查。王室国库由直接隶属于国王的国库总检查长领导。尔后，又先后改名为国库和审计法院。

王室国库更名为国库和当今审计法院的过程持续了很长一段时间。它从一个侧面反映了葡萄牙国家审计的发展过程。从结构上看，1849 年创立的审计法院至少是现在审计法院的雏形。在漫长的时间里，葡萄牙国家审计机构不断得到更替，逐步具备了复杂的组织结构，使封建统治者有效地对他的财政活动进行了控制。

近代审计的最显著特点是民间审计的兴起。产业革命后，西方各国逐步确立了资本主义制度，大力发展资本主义股份公司。股份公司的特点是公司以发行股票形式募集资金，股票持有者可以在证券市场随时出售股票，放弃股东权利。在这一组织形式下，股东不一定执行经营管理的职能，而负责经营管理的经理却不一定是股东，这样造成了资本主义企业所有权与经营管理权的分离。为了监督企业经营状况，公司债权人为了保障自己的利益，就需要由独立的第三者对公司的会计账目及财务报表进行审查，并出具公证的审计报告，民间审计由此应运而生，在西方各国审计中开始形成政府审计与民间审计并存的“双轨制”审计体系。

（3）现代审计中的“三轨制”

20世纪初，特别是第二次世界大战以后，随着社会经济高速发展，资本主义企业之间的竞争更加激烈。企业的规模不断扩大，出现了许多全国性的垄断企业和跨国公司，并广泛地推行了分散经营方式。管理当局为了加强企业的内部控制和监督，提高工作效率，降低产品成本，扩大企业的利润，开始设置专门的和独立于会计部门以外的内部审计。于是在西方各国审计中出现了政府审计、民间审计和内部审计并存的“三轨制”审计体系。

在西方国家，除了开展官厅审计之外，还大规模地进行私人财产审计，如寺院审计、庄园审计、行会审计和银行审计等，形成了早期的内部审计，审计逐渐从官厅走向了民间。由职业会计师进行的社会审计，最早出现于16世纪末期。18世纪60年代，由于股份公司的所有权与经营权相分离，股份公司的所有者聘请职业会计师来承担此项工作。世界上第一位社会审计人员是1720年受英国议会委托负责清查南海公司破产事件的查尔斯。1853年，在苏格兰成立的爱丁堡会计师协会是世界上第一个社会审计执业团体。美国南北战争后，英国社会审计传入美国。1886 年，美国公布了公证会计师法。1887 年，美国会计师公会成立，1916 年改组为美国会计师协会，后来发展成为美国注册公共会计师协会（AICPA），成为世界上最大的社会审计专业团体。20 世纪初，出于银行信贷业务发展的需要，美国会计师突破了以查错纠弊为目的的详细审计，创立了以保护债权人为目的、对贷款企业的资产负债表进行分析性审查的资产负债表审计。1929 年经济危机爆发后，美国开始重视对投资者利益的保护。1934 年，美国公布了《证券交易法》，规定上市公司必须向交易所报送经注册会计师审查鉴证的会计报表，美国社会审计进入了会计报表审计时代。二战后，生产进一步社会化，企业的生产经营规模日益扩大，企业开始设置专门从事内部审计的机构和人员，对企业各部门、各层次以及各分支机构的工作效率、财务状况和经营成果乃至贯彻经营方针、实现经营目标的状况进行检查监督，实现了有效的间接控制。在中国，第一位注册会计师——谢霖先生[1]；第一家会计师事务所（谢霖创办）——“正则会计师事务所”[2]。

有的学者将现代国家审计分成下述六种模式：

（1）盎格鲁－撒克逊模式（包括美国、英国、爱尔兰和受英国传统

1 谢霖（1885—1969 年，字霖甫）教授，江苏武进人。我国会计界先驱，知名会计学者，我国会计师制度的创始人，会计改革实干家和会计教育家，中国的第一位注册会计师，第一个会计师事务所的创办者，中国会计改革的先驱，中国会计师制度的拓荒者。除担任中国银行、交通银行总会计、中央银行秘书长职务外，还先后兼任湖南明德大学、北京大学、上海商学院、光华大学、复旦大学、光华大学成都分校、四川大学、成华大学、川康农工学院、四川省会计专科学校等院校教授以及光华大学商学院会计系主任、光华大学成都分校副校长等重要职务。

2 正则会计师事务所是中国历史上第一家会计师事务所。开业于京津地区。先后在北京、天津、上海、南京、武汉、广州、济南、太原、重庆、乐山等 23 个城市设立了分所，抗战爆发后于 1937 年迁至四川成都，“文革”时期一度停业，改革开放后经四川省财政厅批准恢复执业，即四川正则会计师事务所。

影响的部分亚非国家）。其特点是：设置统一的审计组织。无论审计组织是否由议会组建，均与议会保持密切的联系，审计结果对议会负责。

（2）拉丁模式（包括法国、意大利、比利时和西班牙的部分审计工作）。其特点是：属于社团性组织，除西班牙外，一般不依附于议会，亦不与议会产生直接联系。

（3）日耳曼模式（包括联邦德国、奥地利）。其特点是：虽然设置统一的审计管理组织，但以社团方式开展工作。审计组织无论是否隶属于议会，其拥有审计决策权的官员都受法律规定的制约。审计和咨询工作对议会和政府负责。

（4）斯堪的纳维亚模式。其特点与日耳曼模式相类似，所不同的是审计机构各司其职，互相协作。

（5）拉美模式。其特点是：审计工作在一般情况下由一个专门机构负责，但有时在一个国家里也可以有两个审计部门同时存在，其中一个部门负责审计工作，另一个部门负责司法监督工作。

（6）集中民主和集中经济国家的审计模式。其特点是：在一般情况下，审计工作由政府设立，该机构既可以是部级单位（如苏联、匈牙利和捷克斯洛伐克），也可以是隶属于国家中央银行的司局级单位。

主要现代国家审计机构设置表

项 目	机构名称	设置年份	设置依据
法国	审计法院	1807 年	宪法
俄国	国家审查总署	1811 年	不详
挪威	审计长公署	1814 年	宪法
意大利	审计法院	1833 年	宪法
土耳其	审计法院	1862 年	不详

续表

项 目	机构名称	设置年份	设置依据
罗马尼亚	高级审计院	1864 年	不详
英国	国库审计部	1866 年	国库与审计
毛里求斯	审计部	1868 年	宪法
德意志帝国	帝国审计院	1871 年	不详
泰国	审计长公署	1875 年	皇家宪法
瑞士	联邦审计局	1877 年	不详
加拿大	审计长公署	1878 年	宪法
日本	会计检查院	1880 年	宪法
巴西	联邦审计法院	1895 年	宪法
澳大利亚	审计署	1901 年	审计法
苏联	中央监察委员会	1918 年	不详
美国	审计总署	1921 年	预算和会计法
西班牙	审计法院	1928 年	国王诏令
南斯拉夫	社会簿记局	1959 年	社会簿记条例
民主德国	国家审计局	1969 年	国家预算法

文硕认为，民主政治的特点是透明性、民意性和科学性。这种制度下的现代审计是一种向下的审计结构，监督权对下负责，代表“民”对“官”进行审计监督制约。而且，民主的范围越大，民主的权力越真实，人民通过审计机构对政府经济责任的制约也就越强。他根据国家机构组织的分权制，将国家审计机关分成具有立法性质、司法性质、行政性质和独立性质的四种模式[1]。

通过对中外审计发展演变的简单比较，中国审计制度有以下特点

1 文硕：《现代国家审计》，《审计研究资料》1989 年第 1 期。

和经验。一是内容丰富、脉络清晰的审计发展过程。二是多重财政审计形成机构的多元化。三是审计法规是实施财政审计的保障。四是财政审计在古代审计体系中居核心地位。五是财政外部审计重于内部审计。六是财政审计方法以查账法为主。七是严格选任考核财政审计人员。

究竟谁审计谁？

1. 首个"夭折的"议案

我在 1991 年 12 月加入中国民主促进会，成为一名光荣的民进会员。2003 年 3 月，我当选为第十届全国人大代表，从此开始了十年的代表生涯。

我提的第一个代表议案就是关于审计体制改革的。

3 月 14 日，《中国青年报》刊登消息：

> 33 名代表建议修法审计部门直接对立法机关负责。
>
> 全国人大代表叶青建议，修改有关法律，使审计机构由现在直属政府，改为隶属人大。
>
> 41 岁的全国人大代表叶青，是中南财经政法大学财税学院教授。他介绍，审计机关独立于政府、隶属立法部门，直接对立法机关负责，主要审计政府财政，是现在世界各国审计制度的主流。
>
> 叶青领衔、33 名人大代表签名提出的建议说，我国的审计

体制要顺应世界潮流，改“行政审计模式”为“立法审计模式”，各级审计部门由地方各级人民代表大会及常务委员会领导。他的建议案列举了行政领导审议制的弊端，比如，地方审计部门的资金由地方财政部门拨付，怎么能公正地审计地方财政部门呢？

他建议修改《审计法》和《地方各级人民代表大会和地方各级人民政府组织法》有关条款。

叶青代表本想将此作为议案提交，但是牵扯到《宪法》条款的变更，没有达到法定人数，因而转为建议。

这位学者说：“这个大问题，牵扯到全国人大、国务院和审计署，我相信关注的人会越来越多。”

写这篇报道的是中国青年报记者王尧。后来我们成为朋友。在2003年的全国两会上，他对我采访比较多，包括那篇与“黄宗羲定律”有关的报道[1]。

看起来报道很简单，实际上背后有很多故事。

首先，这个建议是一个民间与学术界都关注的建议。我只是一个加工者、推动者与推荐者。

由于审计体制改革确实不是一件小事，我人还在北京，湖北省审计厅的杂志《审计月刊》唐一民编辑就联系约稿，最终这个故事刊登在

1 王尧：《“黄宗羲定律”是怎么回事？温家宝谈话追踪》，《中国青年报》2003年3月9日。报道中说：“温家宝副总理3月6日在人大湖北团参加讨论时郑重表示，共产党人一定能够走出‘黄宗羲定律’怪圈。我当时正好在场，研究‘黄宗羲定律’碰巧也是我的专业。”全国人大代表叶青今晚接受本报记者专访时说：“我觉得，温副总理借黄宗羲的口，说出了新一届中央政府的决心，一定要把农民的负担降下来，彻底解决农村社会改革这个大问题。”

2003 年第 5 期，题目是《我在北京提议案——审计体制改革议案提出始末》[1]。

正当 2003 年 1 月份的湖北省人大会选举我这样一位民主党派干部为十届全国人大代表时，我就思考着如何为我越来越关注的审计工作做一些事情。我先后走访了湖北省审计厅、审计署驻武汉特派办和被审计单位，了解了一些审计信息，再加上我当两年省人大常委的经历和长期思考，我已有了提审计方面议案和建议的打算。

3 月 1 日上午，湖北省人大代表团到达驻地——北京市湖北大厦。3 月 2 日上午、下午，我分别按受《经济日报》《长江日报》记者采访，都谈到审计体制改革的议案问题。3 月 7 日早上 7 点半，就接受了《经济观察报》记者史彦的电话采访，讨论了预算监督不力的问题。访谈《预算监替升温》登在《经济观察报》2003 年 3 月 10 日第一版。《中国青年报》记者王尧看到这篇文章后，主动与我联系，从而有了搜狐网访谈和讨论“黄宗羲定律”等问题。

我在访谈中系统表述了关于改革审计管理体制的观点。我认为，对于预算监督目前可以说是“外热内凉”：有财政部门自身的财政监察、审计部门的财政审计、人大预算工作部门的监督。多头监督，虚而不实。财政部门的财政监察是自己监督自己，暴露不了问题；审计部门的财政监督工作听命于政府，哪些问题可以披露，需要斟酌再三；人大预算工作部门的预算监督是合适的，但力量不足，“心有余而力不足”，有名而无实。

1 大致的内容，还通过访谈的形式发表在《审计观察》2003 年第 4 期上，作者唐一民、朱露平，《叶青：要改革和完善审计体制审计观察》。

监督权的履行需要相应的技术环节作为支撑，人大没有独立的审计机构，只能通过审计机关提交的审计结果来监督预算的执行情况。由于审计机关归属于国家行政机关系统，审计机关作为监督主体，在审计范围、深度及处理意见等方面有较大的局限性。很多时候，人大得到的是挑选后一的结果，同级财政本身作为一种政府行为，由政府审计部门来审计政府本身已提供的审计报告很难做到客观公正。本级审计机关还从政府工作政绩和自身力量等因素考虑，“婉拒”上级审计机关对本级预算执行、决算的审计，对下级财政预算执行、决算的审计也较少展开。这样，审计监督作为一种具体的监督形式，没有把人大审批的预算及其部分变更作为前提和衡量标准，没有审计资金是否按预算支出，是否达到当年预定的效果等。由此，人大也就难以把审计监督的结果作为审批决算和下一年度预算的重要依据，这势必影响人大预算监督的全面性、准确性和权威性。

3月10日下午6点，是代表提交议案的截止日期。我交了两个议案，其中之一是《关于修改有关法律，使审计部门转由人大领导的议案》。主要内容有：我国目前的审计部门实行双重领导，以地方行政领导为主的体制存在重大缺陷，不能满足市场经济的要求。目前地方审计部门的人、财、物都是地方政府的，地方审计部门成了地方政府的审计部门，必然保护地方利益，致使国家利益遭受重大损失。审计机关隶属于立法部门，独立于政府，直接对议会负责并报告工作，主要审计政府财政，是现在世界审计制度的主流。建议我国的审计体制顺应世界潮流，改“行政审计模式”为“立法审计模式”，各级审计部门由地方各级人民代表大会及其常务委员会领导。

建议修改《中华人民共和国审计法》和《中华人民共和国地方各级人民代表大会和地方各级人民政府组织法》《中华人民共和国宪法》的有关条款，改革审计部门领导体制：

将《审计法》第八条："省、自治区、直辖市、设区的市、自治州、县、自治县、不设区的市、市辖区的人民政府的审计机关，分别在省长、自治区主席、市长、州长、县长、区长和上一级审计机关的领导下，负责本行政区域内的审计工作"，修改为："省、自治区、直辖市、设区的市、自治州、县、自治县、不设区的市、市辖区的审计机关分别在各级人民代表大会及其常务委员会和上一级审计机关的领导下，负责本行政区域内的审计工作。"

将《审计法》第九条："地方各级审计机关对本级人民政府和上一级审计机关负责并报告工作，审计业务以上级审计机关领导为主"，修改为："地方各级审计机关对本级人民代表大会及其常务委员会负责并报告工作，并向上一级审计机关报告工作。"

将《审计法》第十一条："审计机关履行职责所必需的经费，应当列入财政预算，由本级人民政府予以保证"，修改为："审计机关履行职责所必需的经费，应当列入国家财政预算，并予以保证。"

将《审计法》第十七条第二款："地方各级审计机关分别在省长、自治区主席、市长、州长、县长、区长和上一级审计机关的领导下，对本级预算执行情况进行审计监督，向本级人民政府和上一级审计机关提出审计报告"，修改为："地方各级审计机关在地方各级人民代表大会及其常务委员会的领导下，对本级预算执行情况进行审计监督，向本级人民代表大会及其常务委员会和上一级审计机关提出审计结果报告。”

将《审计法》第十五条第三款：“审计机关负责人依照法定程序任免。审计机关负责人没有违法失职或者其他不符合任职条件的情况的，不得随意撤换”，修改为：“地方各级审计机关负责人由上一级审计机关负责人提出2名以上候选人，由同级人大常委会实行差额选举，地方各级人民代表大会20名以上代表联名，可以提出审计机关负责人候选人。审计机关负责人没有违法失职或者其他不符合任职条件的情况的，不得随意撤换。”

将《中华人民共和国地方各级人民代表大会和地方各级人民政府组织法》第六十四条第二款：“县级以上的地方客级人民政府设立审计机关。地方各级审计机关依照法律规定独立行使审计监督权，对本级人民政府和上级审计机关负责”，修改为：“县级以上的地方各级人民代表大会及其常务委员会设立审计机关。地方各级审计机关依照法律规定独立行使审计监督权，对上级地方各级人民代表大会及其常务委员会负责，并向上级审计机关报告工作。”

将《中华人民共和国地方各级人民代表大会和地方各级人民政府组织法》第四十四条第十款：(县级以上的地方各级人民代表大会常务委员会行使下列职权)“根据省长、自治区主席、市长、州长、县长、区长的提名，决定本级人民政府秘书长、厅长、局长、委员会主任、科长的任免，报上一级人民政府备案”，修改为：“根据省长、自治区主席、市长、州长、县长、区长的提名，决定本级人民政府秘书长、厅长、局长、委员会主任、科长的任免，报上一级人民政府备案；审计部门的负责人由上一级审计部门的负责人提出2名以上候选人，由本级人民代表大会常务委员会实行差额选举，报上一级审计部门备案。”

将《中华人民共和国宪法》第十一条：“审计机关在国务院总理领导下，依照法律规定独立行使审计监督权，不受其他行政机关、社会团体和个人的干涉”，修改为：“审计机关在全国人民代表大会及其常务委员会的领导下，依照法律规定独立行使审计监督权，不受其他行政机关、社会团体和个人的干涉。”

将《宪法》第九十一条：“国务院设立审计机关，对国务院各部门和地方各级政府的财政收支，对国家的财政金融机构和企业事业组织的财务收支，进行审计监督。审计机关在国务院总理领导下，依照法律规定独立行使审计监督权，不受其他行政机关、社会团体和个人的干涉”，修改为：“全国人民代表大会常务委员会设立审计机关，对国务院各部门和地方各级政府的财务收支，对国家的财政金融机构和企业事业组织的财务收支，进行审计监督。审计机关在全国人民代表大会常务委员会领导下，依照法律规定独立行使审计监督权，不受其他行政机关、社会团体和个人的干涉。”

这个议案的主要观点登在3月14日的《中国青年报》上，题目是《33名代表建议修法：审计部门直接对立法机关负责》。既然议案涉及修改宪法，时间就可能拖得很长。为了保险起见，我在大会18日结束之前提交的6个建议中，又加上了一个《关于改革和完善审计体制的建议》。主要内容有：

一、我国现行审计体制及其利弊。在建立国家审计制度的初期，我国选择了隶属于政府的行政型模式。这种选择是符合当时乃至其后很长时期的国家政治经济环境特点的。特别是在新旧体制转轨时期，财经领域中违法乱纪和有法不依的情况还十分严重，弄虚作假和会计信息失真现象仍比较普遍，内部控制和财务管理不规范的状况还没有根本好转。在这种情况下，实行政府领导下的行政型审计模式，有利于更好地发挥审计监督在维护财经秩序，加强廉政建设，促进依法行政，保障国民经济健康发展方面的作用。但同时也应看到，随着我国政治、经济、文化等大环境的不断发展变化，现行审计体制下还存在一些迫切需要研究解决的问题，有些问题甚至成为制约审计工作进一步深化的“瓶颈”。表现在中央审计机关，一是审计法律地位不够高，二是中央审计力量严重不足等。表现在地方审计机关，一是审计工作的开展受地方政府，特别是政府领导的认识的影响，发展水平参差不齐；二是有些地方审计工作受地方牵制，审计机关“角色异位”，审计质量不高，审计监督乏力；三是在配备地方审计机关领导干部时相应的素质与能力要求得不到保证；四是审计机关履行审计职责所必需的经费得不到保证等。

二、改革和完善现行审计体制的必要性。一是贯彻和落实党的十六大精神的需要。二是深化审计监督的需要。三是与国际接轨和加强审计国际交流的需要。

三、改革和完善现行审计体制的意见和建议。我国审计体制改革的最终目标应是实行“立法型”体制。从改革的过程来看，应分两步走：在现阶段，对现行审计体制进行完善和调整，加强审计监督力度；待各方面条件成熟后，向“立法型”体制转变。对现行体制进行调整和完善，建议从以下几个方面入手：

一是调整中央审计机关，加强中央审计力量。(1) 提高中央审计机关法律地位。(2) 调整中央审计机关机构设置，加强对中央单位本级的审计监督。(3) 整合经济监督资源，规范经济监督秩序，加强中央审计力量。

二是改革地方审计机关体制，提高审计监督质量。完善现行审计体制的重点之一是对地方审计体制进行改革。建议分以下三个阶段进行：(1) 调查研究。(2) 选择试点。(3) 总结推行。

现在离大会结束已有一个多月，但我又开始准备明年的议案和建议，希望审计部门的同志多支持。

其次，涉及修改宪法。所谓“议案”，就是涉及法律修改的建议。为了慎重起见，需要30位全国人大代表签名。我的这个“议案”提交两天后，就接到大会议案组工作人员的电话，说是由于审计体制改革的议案涉及修改宪法，修改宪法就需要500名以上的全国人大代表签名才能成立。按照现行宪法规定：“宪法的修改，由全国人民代表大会常务委员会或者五分之一以上的全国人民代表大会代表提议，并由全国人民代表大会以全体代表的三分之二以上的多数通过。”找500名代表签名？对我这个新代表来说，无异于当头一棒。所以我知难而退，议案就只能转化为建议了。

2004年全国人代会上，我继续提这个建议。在2006年2月27日的《新京报》上的一篇报道中提到，全国人大代表叶青：今年拟提十大建议。2004年主要提出审计体制改革，主张审计系统归人大管理，受到审计界高层的好评。

2006年2月22日，北京市新启蒙公民参与立法研究所所长熊伟在接受检察日报记者采访时说[1]：在2005年十届全国人大三次会议上，有257名全国人大代表就“修改《审计法》等相关法律，推动审计体制改革”分别提出了8件议案[2]，这里的“议案”实际上也是建议。

2. 大家关注的问题

首先是学术界的关注。在2005年2月的一天，我收到一本中国财政经济出版社2004年出的一本书——审计专家、兰州大学杨肃昌教授的《中国国家审计：问题与改革》。杨教授在序中说：

> 2002年春，有两件事促使了我，一件是2002年两会期间，政协农工组向全国政协九届五次会议提交了一份关于我国现行审计体制创新的建议，这份建议对现行审计体制所存在的问题分析得非常透彻，有关体制改革的建议无不新颖，看后很受启发。另一件是在2002年一个偶然的机会，我看到了一份来自全国人大研究室的研究

---

1 公民参与立法是指公民和人大代表、政协委员合作，特别是和全国人大代表、全国政协委员合作，向各级人大及常委会、政协提交议案、建议、提案，特别是向全国人大常委会提交议案、建议，推动有关法律（包括法规、规章、法律性规定、立法解释、司法解释等）的制定及实施等。

公民参与立法的过程包括法律立项、法律起草前的调研、起草法律建议稿、征集专家等建议（可包括学术研讨会）和全国人大代表合作向全国人大及常委会提交议案、建议（主要是在全国两会期间，也可以是在闭会期间，也可以向全国政协、各级人大及常委会、各地政协等提交）、召开有新闻记者参加的研讨会（发布会等）、修改立法建议稿、法律实施过程中的监督等。公民参与立法的重要时机是每年3月的全国两会。公民参与立法的重要特点是主动性、全程性，是公民主动和全国人大代表等合作，参与立法（包括实施监督等）的全过程。熊伟1998年就开始和全国人大代表合作推动立法。他从1998年开始，和全国人大代表合作提交议案30个，200多件。建议100多种，数百件。

2 王新友：《专家建议由全国人大听取审计报告，关注度会更高》，《检察日报》2006年2月28日。

报告，报告是关于我国国家审计监督问题的专题研究，主要是分析现行审计制度的特征以及所存在的问题，并提出一些改革建议，其中有几句话，引起我的震动和思索：建立以人大为主导的立法型国家审计制度的现实意义就是，“在政府部门存在的腐败现象已相当严重，并呈蔓延之态的形势下，审计机关适时从政府序列中脱离出来，以最高权力机关的机构出现，以人民的名义，更能理直气壮依法行使监督职权，提高监督质量，使审计监督作为一柄高高悬在这些管钱管物管人的政府官员头上的达摩克利斯之剑，有利于从源头上和制度上遏制并根除腐败，推动建立高效廉洁的行政机构”。真是一针见血，力透纸背，我们“审计圈”内真是少见有如此力度的建议和报告。

通过这两件事，我深刻感到国家审计问题，已不再仅仅是“审计圈”内的事，而已被社会各方面所广泛重视，我们作为审计理论工作者，应该加快研究步子，加大研究力度。

2002年4月，我以国家公派访问学者的身份，申请到了英国加的夫大学商学院Roger Mansfield院长、Maurice Pendlebury教授和肖泽忠副教授签发的博士后offer，有幸成为该院中国会计财务和管理研究中心首位博士后研究人员。

令人欣慰的是，我与肖老师所提出的“双轨制”审计体制改革设想[1]，将以政协委员提案形式提交2004年3月召开的全国政协

---

1 中国国家审计“双轨制”体制改革新设想。在双轨制体制下，人大和政府分别建立属于不同审计职责的审计组织，人大所属的审计组织主要从事公共财政预算审计，而政府所属审计组主要从事政府经济监管所需要的各项内部审计。Maurice Pendlebury教授和肖泽忠博士评价说：双轨制体制，不仅提高了审计独立性，而且在中国当前的政治法律环境下，又有较强的现实操作性，双轨制改革开辟的立法型审计体制改革的新路子，我们认为，这一改革设想在中国具有一定的创新性和现实可能性。

十届二次会议。

可见，在审计体制改革的问题上，并不是我一个人在“战斗”。

杨教授在书中特地提到了我。在书中的第119页，杨教授提到了我的一个观点：

> 在此我提一件事，2003年“两会”期间，一位名叫叶青的新当选的人大代表，联合33名代表签名，提出建议“使审计机关由现在的直属部门，改为隶属人大”。叶青后来解释到，审计体制改革涉及修改宪法，而按照规定，修宪议案至少需要500名人大代表具名。由于是第一次参加全国人大，经验不足，所以就改为建议。但叶青表示，明年他会争取更多的代表支持。

2006年4月28日，人民网发表采访文章，《叶青：建议全国人代会加入审计报告》。

> 为何今年审计力度这么大？
>
> “以往很多贪官都是被审计部门审计出来的，审计部门提供了很多大案要案的线索。审计进入立法部门，审计监督的力度就会更大，可以给反腐败提供更有力的支持。”
>
> 作为第十届全国人大代表，叶青曾两次就审计工作向全国人大提交议案。他认为，审计工作要在两个方面进行改革：
>
> 一方面是，在近期内改革人大的报告制度。每年召开的全国人代会上的六大报告需要加以调整，取消计划报告，把审计报告加进去。“我主张把审计报告提到全国人代会上去做，是因为把审计报告放在全国人大常委会上做毕竟范围大受限制，它的影响和作用缩小了。”
>
> 另一方面，叶青建议变审计行政模式为审计立法模式，就是

从当前国务院、地方政府管审计系统变为由人大来管。这样做的好处是，审计部门向人大负责，人大监督政府就具有可操作性，否则人大连政府有什么问题都不知道。审计部门直属人大后，人大的依法监督就有了实际运作的平台，监督就比现在有力得多，起码在经济领域会有更多的作为。

3. 2008年再提

《新京报》是光明日报和南方日报两大报业集团联合主办的综合类大型城市日报，于2003年11月11日正式创刊。实际上从2004年的全国两会至今，我与新京报都有很多的合作。

2008年3月5日，新京报记者与周天勇与我有一次对话[1]，最后在报纸上用的题目是：叶青代表建议将审计系统划归人大管辖。

来自湖北的人大代表叶青和中共中央党校教授、知名学者周天勇，前天在《新京报》、和讯网等媒体主办的访谈节目中，批评目前由政府主导的预算编制、审查和监督制度有明显缺陷，呼吁要以大部制改革为契机，推进民主政治，尽快将预算编制、审计和监督的权力移交给人大。

1 周天勇先生是我尊敬的专家。在全国人代会期间，我有多次与他同台点评政府工作报告、预算报告等。以敢言善言著称。经济学博士，教授，中共中央党校校委研究室副主任，北京科技大学博士生导师；1958年生于青海省民和县，祖籍河南省南阳市镇平县。1980年从青海省民和县考入东北财经大学投资系，1984年毕业留校，1989年考取东北财经大学汪祥春教授博士研究生，1992年获东北财经大学经济学博士学位。在东北财经大学期间，经济理论方面学习了马克思主义经济学、东欧经济学各流派、西方经济学；并学习了货币银行、财政税收、会计、统计、工业经济等部门经济学。1994年调入中央党校执教和从事研究。

记者：刚才谈得比较多的是预算编制环节，在预算监督环节也存在很多问题，前几天，国家审计署公布了收费公路的审计结果，100条收费公路违规收了149亿元，这个数字触目惊心。

叶青：预算监督，其实在某种意义上是更重要的。我们说财政预算要确定执行，要有非常强大的监督能力，那么这里就谈到关于审计的问题，仅仅100条高速公路就违规收了149亿元，几乎每一条高速公路都有违规的地方，这个东西司机都不知道，这是最悲哀的。

今年专项审计之后，大家就很有意见，为什么会出这样的事情？按说，审计监督对于预算的执行或者第二年预算的编制，有非常大的制约能力。但是我们国家审计又是弱势的，因为审计模式有三种：一个叫做立法模式，比如说审计归人大来管；二是司法的模式，审计有一个法院，查出问题可以审判；我们是最糟糕的一种，即行政模式，行政机关自己审自己，可以公布的问题有一定的限制。

记者：修改审计法，让审计系统归人大，这个谈了好多年了。

叶青：我在2003年就带来一个议案，就是让审计系统归为人大，但是这个议案最后没有被确定为议案，很遗憾。答复我的理由是，我的议案涉及宪法的修改，宪法的修改按照人大制度的规定，必须得有500个人大代表的签名，才能做宪法修改，我只签到30个人，最后上不了议案，就变成建议。这个建议大概2003、2004年连续提了两年，审计总署曾经也比较关注这个事情，最后还是没有改革。

周天勇：我觉得老百姓的钱怎么收、怎么花，涉及老百姓的利益和政府利益的博弈，建立起这种制衡的权力非常重要。所以我个人觉得，施行人民民主制度，预算就是一块试金石，要把老百姓的收入合适地收过来合适地发出去，不能守着政府自己部门的利益，想坐那个车，吃那个饭，出那个国。

记者：人大代表显然要起到更重要的作用。

周天勇：我觉得一定要真正实现人民监督政府，人大代表政协委员一定不能辜负老百姓期望，一定要说点真话，替人民把政府收钱和花钱管住。过去党校做了一个调研，你觉得当政协委员人大代表是一种荣誉还是替人民说话，80%多代表委员认为是荣誉，这哪行，人大监督政府一定要从理念方面建立起来。

4. 两会最热的审计问题

很早就有全国人大代表提出过有关改革现行审计体制的建议[1]。1992年，时任审计署审计长吕培俭在讨论审计法（草案）时就说："有些同志提出，审计机关应该设在人大并实行垂直领导。这些意见，过去有些人大代表曾提出过。"但较多的建议是近些年提出的，特别是"审计风暴"之后，具体情况如下[2]：

---

1 高层也有争论。审计科研所法规处一位专家告诉《财经时报》，这种呼声在审计署建立后的20多年间其实一直没有停止过。1983年筹建审计署之初，中央就曾对审计署的归属问题进行过慎重研究，薄一波、胡乔木等认为，将审计署划到全国人大，虽然在宪法上具有最崇高的政治地位，对国家行政机构行使监督权，但从当时中国特定的政治和历史现状出发，将审计署划归当时对国家政治生活起着更实际主导作用的国务院管辖，更有利于审计工作的发展。

2 杨肃昌：《审计机关应设立在何处》，2009年5月13日，http://www.docin.com/p-449880921.html，引自杨肃昌、肖泽忠：《中国国家审计体制问题：实证调查与理论辨析》，中国财政经济出版社2008年版。

（1）2001 年九届全国人大四次会议期间，党磊等 32 名代表联名提出“关于修改审计法和地方组织法有关条款，建立审计部门垂直领导体制”的议案。

（2）2002 年全国政协九届五次会议上政协农工组提出“关于我国现行政府审计创新”提案，建议“建立审计机关由审计署和地方审计机关‘二级’垂直领导模式”。

（3）2003 年十届全国人大一次会议期间，叶青等 33 名代表提出“使审计机关由现在的直属政府改为隶属人大”的议案。

（4）2004 年十届全国人大二次会议上叶青代表继续提出“改变现行审计行政模式为审计立法模式”的建议。

（5）2004 年全国政协十届二次会议上，北京西城区政协原副主席杨骥川委员提出“关于调整审计机关隶属关系”的提案，建议让审计机关由政府的组成部门变为人大的工作机构。

（6）2004 年全国政协十届二次会议上，全国政协常委俞正委员提出“加强预算监督，改革现行行政型审计体制”的提案，建议建立可兼顾人大预算监督和政府经济监管双重需要的审计体制。

（7）2005 年全国政协十届三次会议上，山东省人大常委会副主任墨文川委员提出“审计体制应向立法模式转变”的提案，建议将我国审计体制适时地由行政模式向立法模式转变。

（8）2005 年十届全国人大三次会议期间，辽宁鞍山市政协副主席王淑媛代表提出“审计体制要从行政型模式转向立法型模式”的建议，建议构建审计体制的立法型模式，使审计机关接受各级人民代表大会的委托，独立对政府进行财政监督。

（9）2005 年全国政协十届三次会议上，陕西西安市副市长张道宏委员提交的提案建议改革现行审计体制，将审计署的地位提升半格，审计长相当于副总理或者国务委员级别。同时，将分散于中纪委、监察部、财政部等部门的审计职能进行整合，并入审计署。与此同时，地方审计机构应该从目前的受地方政府与审计署的双重管理改为直接由审计署领导的垂直管理，并将省级审计厅改为特派办，以保证执行审计职能时与地方政府的独立性。

（10）2005 年十届全国人大三次会议期间，吴新春等 30 名代表联名提交议案，建议修改审计法等相关法律，推动审计体制由行政型模式向立法型模式转变，使审计部门改由各级人民代表大会领导。

（11）2006 年全国政协十届四次会议上，上海市审计局前副局长郑建龄委员提出建立“双重”审计体制的提案，建议依法正式在人大常委会建立预算执行审计组织，调整现行审计机关职责和工作体系，彻底实现预算审计监督制度与人大预算审批监督制度结合，在人大系统建立的审计组织即为中国国家审计机关——国家审计委员会，同时政府仍然保留“审计署”这样的政府内部审计组织。

（12）2007 年全国政协十届五次会议上，全国政协常委俞正委员再次提出“关于将预算执行审计直接纳入人大预算监督工作体系的建议”。

此外，还有许多人大代表和政协委员是在其他相关建议、议案和提案中间接提出审计体制问题。如李汉宇委员提出预算执行的审计和评估职能应由权力机构行使；马淑洁代表建议，人大为做好对财政预算的审查和执行情况的监督工作，应改革审计体制，充分发挥审计在对财政预算监督中的作用；朱天宝代表建议提高审计报告的透明度，落实人大代表的知情权；骆少君委员建议改进现行审计经费预算编报制度，制定审计组织法；吴国华委员建议制定审计公开制度；王天戈代表提出的议题是，在各级人代会上，都要有各级审计部门向人大代表报告审计问题查改结果。这说明审计体制不是一个小问题。

5. 学术界的讨论

自中国政府于1983年设立审计机关以来，伴随着反腐败的艰难推进，行政型的国家审计体制如何改革，一直为审计理论界与所关注和探讨。

国家审计体制是审计制度的组织形式，是国家审计机关的设置、法律地位、隶属关系、职责权限等方面的体系结构和制度的总称。从审计模式来看，国家审计体制主要包括立法型、司法型、独立型和行政型四种。根据《宪法》规定，我国国家审计机关代表政府依法行使审计监督权，审计署作为国务院的组成部门，由国务院总理直接领导。这种行政型模式，尤其是其审计独立性弱化的问题，受到越来越多的质疑，甚至有学者将现行审计体制称为“大内审”。

王军法、关旭、贾云洁在《我国国家审计体制改革研究述评》一文中把大多数观点加以梳理，认为可以分为改良观、立法观、双轨制、司法观和独立观五种[1]。我的观点也被纳入其中。

在此介绍一下他们的研究成果。

一是改良观。改良观主张不改变现行行政型审计体制，只在某些方面进行改进。改良观包括四种模式：

（1）升格论。审计署在国务院内升半格，审计长具有相当于国务院副总理或国务委员的地位和更长的任期；审计长由人大任命，业务上

1 王军法、关旭、贾云洁：《我国国家审计体制改革研究述评》，《南京审计学院学报》2014年第10期。

归总理领导；审计长同时向国务院和人大报告工作，二者发生矛盾时，则以人大为主。

（2）“一署二线”。秦荣生提出，全国人大和国务院对审计署实行双重领导，以国务院领导为主。一方面，全国人大常委会下设审计委员会，负责领导审计署对中央政府预决算和重大投资项目进行审计；另一方面，审计署在国务院总理领导下行使政府内部审计职能[1]。虽然人大下设的审计委员会可以对预决算和重大投资项目审计进行领导，但是并不能对审计机关实施具体管理，“一署二线”并没有改变审计机关的隶属关系，所以这仍然是行政型审计体制的变化形式，是现行审计体制的一种改良思路。

（3）垂直论。该观点认为现行审计体制的问题症结不在于审计体制的隶属关系，而是源于双重领导的内在矛盾性，主张地方各级审计机关应服从中央或者上一级审计机关的统一垂直领导[2]。

（4）“监审合一”。审计机关与纪检、监察等部门合并，由纪委负责领导和管理审计工作，杨肃昌将之称为“党纪审计”[3]。纪检属于党内监督，监察属于国家行政机关内部监督，该模式下的审计机关，代表党委或者政府向人大汇报工作。在我国的政治和经济体制下，党的工作平台、国家政务管理、经济管理权与监督权等集中在政府，“监审合一”基本不会改变现行审计体制的行政型属性。

改良观的支持者认为，以较小成本实现独立性的提高。

---

1 秦荣生：《公共受托经济责任理论与我国政府审计改革》，《审计研究》2004 年第 6 期。

2 李齐辉、吕先锫、许道俊等：《试论我国审计制度的构建与创新》，《审计研究》2001 年第 2 期。

3 杨肃昌：《“立法审计”：一个新概念的理论诠释与实践思考》，《审计与经济研究》2013 年第 1 期。

首先，改良观可以在一定程度上提高审计机关的独立性。升格论通过提高审计机关的地位来提高其独立性；“一署二线”通过在全国人大常委会下设置审计委员会领导审计署的预决算和重大投资项目审计来提高审计机关在特定领域的独立性；垂直论通过切断审计机关与地方政府之间的行政关系，克服审计双重领导的内部矛盾性来提高其独立性；“监审合一”则通过利用纪检监察。秦荣生等人也承认这是审计体制由行政型向立法型转变的暂行做法。

其次，改良观可以用较小的成本实现独立性的提高。以上改良措施不需要对《宪法》及有关组织法的一些条款作出重大修改，也不会对现行国家审计和经济监督体系造成较大的冲击。“监审合一”还有可能产生编制缩减、公共资源利用效率提高的良好效果。

改良观的反对者认为，这是治标不治本。杨肃昌、肖泽忠等都指出了改良观的致命弱点：只要审计机关是政府的组成部门之一，审计工作就不可能不受政府行为的影响，行政干预、审计结果过滤等现象绝不会消失，独立性问题也不可能得到根本解决。

升格论是否真的能提高审计独立性值得商榷。尹平指出，不能认为审计机关规格越高，地位越显赫，权力越大，独立性就越强。黎四龙指出，对于升格论而言，审计是政府的一个组成部门，其负责人的行政级别很难随便提高，除非由政府副职兼任，这又必须根据相关组织法做出规定，实际中操作难度比较大[1]。

对于垂直论，有学者认为，其看似解决了地方审计机关受地方政府影响的问题，但最高审计机关——审计署仍在国务院的领导之下，难

1 黎四龙：《国家审计体制理论介评及改革设想》，《经济论坛》2005 年第 16 期。

以摆脱政府行政行为的影响，下属的地方审计又何谈不受影响？而且，叶青等也指出，垂直论强化了中央政府对审计工作的集权领导，当政府的预算审计权在各级政府间并不明晰时，由上级审计机关管理下级审计机构，其合理性难以解决[1]，杨肃昌等也认为垂直论不符合当前财税、行政体制改革的方向。

“监审合一”强化了党政部门权力，强调权力集中，混淆了两种不同监督的性质，可能会提高审计工作效率，但是对独立性的提高并无意义。杨肃昌提出，纪检监督属于党内监督，依据党内的党章、党员干部监督条例等各种规定开展工作；监察监督属于国家行政机关内部监督，依据行政监察法及其他行政法规开展工作；而审计监督主要依据审计法开展工作，尽管当前属于行政监督，实际上应该是代表社会公众对政府机关实施的国家监督。

二是立法观。立法观主张将目前设置在政府内部的国家审计机关完整剥离，国家审计机关不再对政府负责，而只向全国人民代表大会负责并汇报工作，按照具体组织形式的不同，国家审计机关可以区分为两种形式：一是审计机关的职能职责和工作体系完全转移到人大系统，即在人大常委会或人大财经委下设立审计机关，由人大负责国家审计的领导和管理；二是设立与国务院、最高人民法院、最高人民检察院相平行的最高审计院，向全国人民代表大会负责并报告工作[2]，理顺审计委托关系，提高审计独立性。

杨肃昌等认为，国家审计是专门用于权力监督的设置，要想真正和有效地监督政府对其行政权力的运用，就必须把国家审计安排在政府

---

1 叶青、鄢圣鹏：《预算审计体制改革研究：反思与比较》，《审计与经济研究》2006 年第 5 期。

2 魏昌东：《中国国家审计权属性与重构》，《审计与经济研究》2010 年第 2 期。

体制之外。从审计三角关系的角度来看，作为独立的经济监督者，审计机关应接受财产所有者的代表——人大及其常委会的委托，对公共财产管理者——各级政府及其所辖单位和部门进行监督，形成所有者、审计者和管理者相互联系、相互制约的委托代理关系。叶青等认为，人大能否有效地审批预算并监督预算的执行，关键在于所获得的信息是否真实，即要解决信息不对称问题。目前各级人大普遍难以获得预算编制、执行情况的准确信息，缺乏预算监督的能力和手段，这也是人大在中国国家政治结构中的中心地位一直没能体现的关键原因。

按照以上学者的观点，对审计体制进行改革，把国家审计划归人大，使人大拥有组织化的直接审计监督权，可以完善其立法监督体系，延伸和细化人大的监督权力。人大预算工作委员会可以获得详细、真实的审计信息，人大与政府信息对等，可以从规模和结构两方面细化对政府预算的审查，从而提高预算审批质量，把人大对政府财政管理中责任和行为的监督与评价落到实处。立法观体现了立法权对行政权的制约，满足民主参与的需要。我国的人大制度体现了人民当家做主的政治理念和宪法思想，人大是社会公众的受托责任者，社会公众要想实现“知情权”和“监督权”，了解和监督政府财政收支和公共资金的使用情况，人大是其参政议政的主要渠道。人大先征询民意，再通过会议、议案等方式达至政府，可以通过程序将公众的共同需求转变成法律形态。杨肃昌和李齐辉等认为，将审计机关划归人大，国家审计的服务对象和工作目标将朝着社会公众、人大及立法监督的方向发展，能够反映其终极需求者——社会公众和人大立法机关的需求。这样可以强化社会公众通过人大参政议政的能力，满足社会公众对预算监督民主参与的需要。

立法观具备现实可能性，首先，我国政治体制为立法型审计体制提供了先决条件。我国的基本政体是人民代表大会制，政府、法院、检察机关都由人大产生，对它负责，受它监督。秦荣生指出，在某种意义上，这是我国现行政治体制对立法型审计体制的要求，同时也提供了先决条件，对此尹平表达了相反观点，将审计机关划归人大，人大既是立法机构，同时又是执法机构有悖于组织管理和内部控制的机理，且与现行人大的运行规则不相适应。《审计法》规定各级政府应当向本级人大常委会提出审计机关对预算执行和其他财政收支的审计工作报告，也体现了国家审计的服务对象应该是国家最高权力机关和立法机关。

其次，立法型审计体制的改革成本较低。叶青等人认为，我国人大与其他国家的议会不同，在预算审批上不存在政党权力之争，立法型审计体制不会提高预算的协商成本。立法型审计体制与我国政体和预算监督实际最相容，不需要调整权力分配关系，只是对人大的预算监督权予以充实。

最后，审计理论界和实务界的调查结果也支持立法型审计体制。宋夏云于2005年对全国审计、会计界246位专家进行的网上问卷调查显示，行政型的审计体制和行政干预是我国国家审计独立性的核心损害因素，要从根本上消除上述损害因素，立法型审计体制是我国未来国家审计体制转换的最佳模式[1]。

立法观的反对者认为，立法观不适应我国政体。尹平认为，我国政体与西方的“三权分立”体制不同，共产党是我国的执政党，领导政府行使管理国家的权力，党和政府的根本利益与人民是一致的，国家审

1 宋夏云:《中国国家审计独立性的损害因素及控制机制研究——基于246位专家调查的初步证据》,《审计研究》2007年第1期。

计不是政党相争的工具，也不是执政党的制约力量，不应该设置为政府的对立面。另外，我国各级人大及其常委会是立法机关，既不是执行机关，也不是办事机关，作为行政执法的重要部门之一，审计机关如果隶属人大，人大既是立法机关同时又是执法机关，与组织管理和内部控制的机理相悖[1]。

不利于审计经济监督主导作用的发挥，尹平指出，目前国家审计的基本定位仍然是面向经济发展和社会发展[2]。尹平进一步强调，如果审计退出政府序列，划归人大，以上优势可能会消失，审计经济监督的主导作用会明显淡化，审计在社会经济生活中的基本职能也会变得模糊起来，一旦如此，必然会大大削弱政府的经济监管效力，政府将不得不投入更多的人、财、物来重新构建其监管体系改革障碍重重。

三是双轨制。双轨制是指在政府和人大同时建立审计机关，分别履行不同的审计职责，人大下设的审计机关主要从事预算执行审计工作，政府下设的审计机关主要承担政府经济监管工作所需要的各项审计监督任务，比如经济责任审计、国有企业审计和金融审计等。

双轨制的支持者认为，双轨制的理论优势最为突出，它在吸收立法观优点的同时，保留了现行审计体制的突出优势。既能解决现行审计体制的独立性问题，也能保持国家审计在经济监管中的优势和作用。解决了预算审计的独立性问题。杨肃昌等人认为，在人大下设审计机关从事预算执行审计，双轨制跟立法论一样，在很大程度上解决了预算审计缺乏独立性的问题。杨肃昌通过分析地方审计体制改革中的“深圳模式”

1 尹平：《现行国家审计体制的利弊权衡与改革抉择》，《审计研究》2001 年第 4 期。

2 尹平：《有关立法型审计体制改革若干问题的思考》，《审计与经济研究》2006 年第 2 期。

认为，双轨制改革思路具有鲜明的宪政性和现实性特征，体现出“监督权在民”理念和“公共财政”理念[1]。国家审计在经济监管中的优势和作用得以保持。

双轨制的特点是在人大和政府分别建立履行不同审计职责的审计机关。刘笑霞明确提出将现行政府审计定位为政府的内部审计，在各级人民代表大会下另外设立国家审计机关[2]。隶属于全国人大的审计机关是国家最高审计机关，而隶属于国务院的审计机关仍然保持目前审计署的性质，是政府系统内的一个内部职能部门，从事政府内部的审计监督工作。

这种改革难度小。人大下设审计专门委员会存在宪法依据，现行《宪法》第七十条规定，全国人大设立民族委员会、法律委员会、财政经济委员会等专业委员会和其他需要设立的专门委员会。杨肃昌等人指出，人大早有增设专门委员会的前例可以遵循，根据相应需要，七届人大增设了内务司法委员会，八届人大增设了环境与资源保护委员会，九届人大增设了农业与农村委员会。鉴于目前强化人大预算监督、遏制腐败的迫切需要，增设审计委员会是完全必要而且有充分依据的[3]。双轨制与立法观都主张在人大系统内设置审计机关，但是前者只是将一部分目前政府所管辖的国家审计机关的职能职责和工作体系转移到人大系统，对现有审计工作冲击较小，改革比较稳妥有序。

在 2017 年 3 月的全国两会上，全国政协委员董大胜在政协联组会

1 杨肃昌：《应重新认识并重视地方审计体制改革中的“深圳模式”》，《人大研究》2012 年第 1 期。

2 刘孝霞：《政府公共受托责任与国家审计》，《审计与经济研究》2011 年第 2 期。

3 杨肃昌、肖泽忠：《“双轨制”审计体制新论：改革的实施和理论辨析》，《审计与经济研究》2007 年第 7 期。

议上表示，要思考、研究、推进审计体制的改革，方向是借鉴监察体制改革的做法，建立国家审计委员会[1]。

董大胜说，审计的监督对象是公共资金、国有资产、国有资源，以及领导干部的经济责任等，而且是经常性的监督。尽管审计与监察不同，但是可以借鉴监察体制改革的思路，来思考、研究审计体制改革，建立国家审计委员会。

首先，这是实行审计监督全覆盖的需要。实践中审计也在这方面进行着努力，不仅对国家行政部门、行政系统、国有企业实施了审计的全覆盖，而且对党的各工作部门，对人大、政协机关、法院、检察院机关，民主党派机关、社会团体等等的预算执行都进行过审计。

审计部门本身是行政部门，而在实践中，审计的范围已经超出了行政监督的范围。虽然在开展审计的过程中没有受到什么阻力，但是，“在体制上不太顺，在法理基础上也是有缺陷的。”

我国《审计法》第四十八条第二款规定：被审计单位对审计机关作出的有关财政收支的审计决定不服的，可以提请审计机关的本级人民政府裁决，本级人民政府的裁决为最终决定。董大胜说：“如果审计的对象是政府的行政部门，政府还有权去管理。但如果超出了政府的部门，比如党的部门、人大机关、政协机关，这些部门对审计决定有意见时，让政府领导来裁决，这在体制上就不太顺。”尽管在现实中没有出现这样的极端情况，但也是理论上的一种可能性。

其次，这是加强是审计独立性的需要，独立性是审计的灵魂。虽然法律规定其他行政机关不能干预，但如果本级行政机关领导干预，就

---

1 张翔：《董大胜委员：借鉴监察体制改革建立国家审计委员会》，中国经济网，2017 年 3 月 8 日。

不好处理。各省的审计机关要向审计署报送有关的情况，但有时候真实情况报不上去，“因为如果涉及地方的利益，地方政府领导就不会同意。”审计体制的改革还要符合审计本身的发展规律以及国际上的普遍做法。

双轨制的反对者认为，双轨制的软肋在于改革成本可能较大，在现有审计机关之外，人大要重新构建一套审计体系，人、财、物的投入不能轻视，而巨额的投入是否能带来预期的收益，即人大预算审计的效果如何，仍然是未知的。黎四龙认为，在众多审计体制改革观点中，双轨制具有突出的优势，可以有效解决预算审计独立性的问题，同时保留现行体制的主要优势，有利于审计经济监督主导作用的发挥。

为了节省改革成本，黎四龙提出，应在现有国家审计体系的基础上，由人大和政府对现有组织、人员和经费等资源进行分拆和重构，在实际执行预算审计时，双方可以建立联合审计小组。

四是司法观。司法观下的国家审计机关一般称为审计法院，隶属于国家司法序列或具有司法性质。在这种司法型审计体制下，审计机关拥有最终判决权，有权直接对违反财经法规和制度的事项和当事人进行处理。

司法观的支持者认为，司法观的最大优势是它赋予审计机关高度的权威，审计法院介于人大和政府之间，是司法体系的组成部分，拥有处置和处罚权，查出问题可以及时处理问题，国家审计机关的权威性得到进一步加强，从而在一定程度上提高其独立性。李齐辉等认为，司法观在我国行政型审计体制的基础上汲取了立法观的优点。

司法观的反对者认为，司法观所赋予审计机关的高度权威是否能够实现？董大胜通过对希腊审计法院的组织构成、工作内容和程序的分析认为，我国国家审计机关的权威性与司法型审计体制并无明显差距[1]。首先，从审计处理权来看，我国审计机关同样拥有处理处罚的权力。尹平也表达了相同的观点，将我国现行国家审计称为“握剑的骑士”。其次，从审计范围来看，与希腊等司法型审计体制的国家相比，我国审计机关的审计范围更广，如包括国有企业和国有银行等。最后，从审计处理的方式来看，我国审计机关不仅可以收回被侵占挪用的资金，还可以要求企业补缴税款或者施以法定限度内的罚款等。虽然我国属于行政型审计体制，我国审计机关具有的事后审计处理权限毫不逊色。另外，叶青等人也指出，司法观与我国的政体结构、预算监督体系和分级分税财政制度不相容，改革的成本过高。

Blume、Voigt 检验了近 40 个国家的数据后发现，采用审计法院模式审计体制的国家腐败水平反而更高，侧面说明司法型审计体制下审计机关的权威值得商榷[2]。

五是独立观。独立观下的国家审计机关一般称为审计院或会计检察院，是与国务院、最高人民检察院、最高人民法院相平行的独立机构，即“一府三院”制。审计院既独立于政府、检察院和法院，同时也独立于人大，既不涉足行政和司法活动，也不涉足立法活动，依据立法机关所制定的法律独立地行使审计监。

独立观的支持者认为，独立观是要设置一种最理想的审计体制，高存弟等人将其称为“一种新型的综合性独立机构”[3]。从理论上来说，

1 董大胜：《对司法型审计体制的新认识》，《中国审计》2001 年第 12 期。

2 Blume L, Voigt S.Does organizational design of supreme audit institutions matter? A cross-country assessment, *European Journal of Political Economy*, 2010, 27:1–15.

3 高存弟、史维：《政府审计的发展趋势研究》，《审计研究》2003 年第 3 期。

独立型审计体制下的审计机关拥有完美的独立性，这一点获得了专家学者的广泛认同。李金华认为，“审计的独立性就是不受任何单位和个人的干预，无论是直接干预，还是间接干预”。

独立观的反对者认为，不存在绝对的独立。独立观是一种理想主义的设想，绝对的独立是不存在的。在一个国家的政权组织建设中，国家审计是重要的组成部分，在具体审计工作中不可能完全处于中立的地位，往往或者服务于国家最高权力机关——人大，或者服务于国家最高行政机关——政府。黎四龙认为，国家审计必定要服务于党的经济建设和发展的统一规划蓝图[1]。党的主要工作往往通过政府或人大得到贯彻实施，所以国家审计不可能游离于政府和人大的影响之外。从实行独立型审计体制的德国和日本的实际情况来看，审计机关的工作主要是服务于立法机关的。独立观下审计机关依据法律行使审计监督权，而全国人大是我国的立法机关，审计机关依据立法机关所制定的法律对政府的财政收支等活动进行审计监督，实质上还是服务于立法机关的。即使独立型审计体制下的国家审计能够做到超然独立，审计机关既不能直接以国家最高权力机关的名义行使审计监督权，也不能得到政府的有力配合，其权威性将大打折扣，其实效性也将难以得到有效的保障。

从国际上看，司法观最为典型的国家是意大利。根据《意大利共和国宪法》，意大利设立审计法院。《审计法院法》具体规定了审计法院的组织。审计法院由院长、庭长、顾问、检察长、副检察长、首席法官、法官组成。审计法院共设三个法庭，一个庭行使审计职能，两个庭行使司法职能。

---

1 黎四龙：《国家审计体制理论介评及改革设想》，《经济论坛》2005 年第 16 期。

审计职责主要包括：审计共和国总统法令；审计国家支出；审计政府收入；对保管国家物资的仓库、堆栈，以及法律规定的国家资产进行审计；对提出推销要求的国家代理人所推销的债券进行审计；对国家行政机构的总资产负债表，在提交议会前予以调整；对所有掌握国家资金或贵重物品的机构以及法律规定的其他公共机构的账目进行评估；审计政府财产、国家会计总账目以及特别法规定的类似职责。

司法职责主要包括：就公务员在行使职责中所造成的税务机关的损失的责任作出判决；对不服有关账目和债务的行政措施提起上诉所作的判决；对要求退还不应按征税法交纳的直接税问题所作的判决；对全部或部分由国家或其他法定机构支付的退休金起上诉所作的判决等。

实行审计签证制度。意大利实行支付命令由审计法院进行审签的制度。对先审后付和先付后审的事项由法律规定。有关国家经费的付款凭证、支付官员的信贷凭证以及其他支付证明，连同旁证材料，均须提交审计法院进行审计。支付官员应将报告连同旁证材料一起送交审计法院审计。审计法院有责任确保：支付的金额不超出预算规定，不做法律不允许的转账，经费的结算和支付均符合法律规定。

意大利审计法院具有鲜明的特点[1]。

一是意大利审计法院的双重性。审计法院既是政府的组成机构，又是法院体系的一部分，其双重职能是指审计法院同时拥有审计职能和司法职能。

二是意大利审计法院的中立性。中立性不同于独立性。独立性是审计的灵魂，而中立性则反映的是一种平和与超然的策略。意大利审计

1　陆晓辉：《意大利审计法院的特点与评析》，《中国内部审计》2017 年第 12 期。

法院在对外进行自我介绍时，使用更多的词汇是中立。意大利是一个政党林立的国家，其政坛多变，在欧洲乃至世界都实属罕见。

三是意大利审计法院的处罚性。意大利审计法院是宪法授权的法庭。根据意大利宪法第103条，审计法院拥有对公共账目事务专门的裁判权，能够判决会计机构、公共管理者和执行主管以及所有的与公共资源管理有关的事项。主要涉及公务人员引起的损害国家或其他公共实体的经济责任。这个对经济违法行为直接进行处罚的权力，在预防与遏制政府公务人员失职和腐败等方面起到了积极和显著的作用。意大利审计法院的问责处罚，完善了公务人员的法律责任。如果公务人员违反或破坏法律所规定的行为，或违反或具有所列举的事项时，依照公务员章程的规定，均应予以惩处，惩处的类型主要有减俸或者免职。

6. 以预算审计体制为例

我和我的博士鄢圣鹏2006年对此进行了系统研究[1]。

（1）必须监督预算

在现代文明社会里，纳税人通过宪法契约，委托政府代理公共活动。政府按照劳动分工原理在其内部分配权力，设置机构，形成庞大的科层结构。委托人赋予政府巨大的自由处置权后面临道德风险。在公共委托—代理关系中，理性的代理人很有可能在达成契约后改变行为，按自己的利益行事；代理人有信息优势，提供的公共产品和公共服务难以

1 叶青、鄢圣鹏：《预算审计体制改革研究：反思与比较》，《审计与经济研究》2006年第5期。鄢圣鹏目前在北京物资学院任教。

度量；行政层级结构又有自我扩张的内在冲动[1]。

利益冲突和信息不对称困扰下的纳税人有必要约束代理人——政府的行为。在现代政治体制里，纳税人委托其代表来制约政府，由此形成纳税人—立法机关—政府这一双重委托代理关系。

在公共委托代理关系中，制约代理人行为可以使用“制度装置”，如可以更换代理人，可以重新设计合约，可以监督代理人。从成本—效率角度来看，最经济的手段就是约束政府预算。在市场经济体制下，政府和市场都是配置稀缺资源的“制度装置”，政府代理职能可以归纳为资源配置、收入分配和经济稳定三个方面。政府行为使用资源，集中反映在政府的预算表上。预算是政府的年度财政资金收支计划，全面反映政府行为。预算本身是一个管理制度，为纳税人和政府从“数目字上管理”提供方便。预算又是一种约束机制，它规定了政府的活动边界，体现市场对政府权力、行为和行为效果与效率的要求。纳税人约束政府，就是通过立法机关制约政府预算来实现的。在我国就体现在各级人民代表大会对各级政府预算的审批权和监督权上，这种约束就是以权力制约权力，就是以立法权制约行政权。制约政府权力最有效的途径是约束政府预算，其目的在于使政府在契约规定范围内活动，反映在预算上就是政府收支是否真实合法；在此基础上使政府行为达到市场要求，反映在预算上就是政府收支是否有效率。

约束预算的方式很多。《预算法》是立法机关与政府的一种契约，它规定政府预算的程序、形式、技术以及预算主体权利和义务。从预算制度内部来看，设置诸如政府采购、国库集中收付和“收支两条线”这

1　乔·B. 史蒂文斯：《集体选择经济学》，上海三联书店、上海人民出版社 1996 年版。

些装置也有约束力。从预算循环来看，立法机关要审批预算、监督预算执行。在法律和技术装置之外，立法机关审批和监督预算的关键在于它能否获得真实信息，解决委托人与代理人之间的信息不对称问题。在立法机关的制约工具里，预算监督的必要性就在于此。现在的问题是是否有这样的“制度装置”为立法机关提供信息。

对预算监督有多元监督模式。

其一是会计监督，这里是指公共机构、公共企业以及占有、使用公共资金的单位内部的会计机构和会计人员，依照国家的法规、各项规章制度和公认的会计准则，运用会计核算资料和会计分析方法，对财政资金流动过程中的真实性、正确性、合法性及有效性进行的检查、评估、控制和督促，以达到提高效果和效率、实现预期目标的管理活动。会计监督处在预算监督的最前沿，是不同机构监督预算的基础，其他监督手段都要利用会计监督提供的信息。

其二是指公共部门、企业和公共资金占有、使用单位的内部审计。内部审计是一种内部控制制度，是在会计监督基础上进行的由部门、单位组织的审计。会计监督和内部审计的功能在于为部门、单位的管理层和决策层提供信息，是行政管理职能的一部分。

其三是财政监督，是指在政府的财政主管部门内设立专门机构，依照法律、规章制度对政府整个财政收支活动过程的每一环节和项目进行监督，以保证财政收支安全、完整和提高财政资金使用效益。财政监督包括对税务监督、物价监督、海关监督、金融监督等部门监督的再监督，是政府部门监督的枢纽，但是它仍然属于政府的内部监督，是为政府按契约行使权力提供信息服务的。

其四是预算审计监督，是指专门审计机构行使的对公共部门、公共企业及所有占有、使用公共资金的单位和相关人员进行检查、督促。

其五是分散在监察、司法部门和其他机构中对官员行为的监督。

最后是以舆论监督为代表的社会监督体系。

在这一模式中，不同的监督主体和监督形式的监督范围、重点不同，同时工作又有交错重叠。问题是哪一种形式可以监督政府预算，同时又可以为立法机构提供信息？从“经济人”这一前提出发，比较以上诸种监督形式或可找到答案。会计监督和内部审计监督是由提供信息者再次提供信息，而且是在科层组织内部由下而上实施，是组织内部管理权的一部分。以财政监督为主的各种部门监督是在整个政府内部，从其他政府部门和机构以及公共企业和其他占有、使用公共资金者那里获取信息，是政府行政权的职能分工。监察部门和司法部门执行的监督体现的是裁决权和司法处罚权，是对预算违法乱纪机构和个人设置的制裁装置，其工作重心在处罚而不在信息提供。信息是一种稀缺资源，理性的“经济人”在信息分配上的算计使组织外部的个人和机构不可能免费获取信息。在预算信息超载、政府权力巨大、官僚有信息优势时，立法机关对预算进行监督可行而有效的方式当属预算审计。

预算审计采用立法审计体制，体现立法权对行政权的制约，在现有的国家公共权力分配架构里，这就要求在宪政契约下设置立法审计体系，由国家法律赋予审计机关对占有、使用公共资金的部门、单位和相关人员进行检查督促的资格和权限。具体而言，就是在宪法里明确立法机构的预算监督权，规定预算审计权属于立法机构，在立法机构下设立专门的预算审计职能机关，并授权这一机关独立行使预算审计监督权。

（2）预算审计

预算审计是纳税人在宪政契约里赋予立法机构的权力，是纳税人约束政府这一要求的体现。

预算审计可以采用不同的模式，模式的选择取决于各国的政治体制。传统上对预算审计体制的分类有行政型、立法型、司法型和独立型四种[1]。在这里有必要廓清几个概念，澄清研究者争论不休的根源。首先是“国家”与“政府”，前者是公共活动的地域、民族、文化和政体的总称，后者是指国家和政体中的行政权力行使系统。其次是“国家预算”和“政府预算”，政府预算是政府的财政收支计划，经由立法机关审批具有法律效力，才可能由政府各部门执行；国家预算是不存在的，但约定俗成可以指各级政府预算的总称。再次是“政府审计”“行政审计”“国家审计”与“预算审计”的区分。预算审计是对政府预算进行的审计，强调的是审计的范围；国家审计的内涵类同国家预算；政府审计是政府执行的监督方式，不是“审计政府”，突出审计的主体是政府而不是立法或司法部门；行政审计也是指政府审计，表明监督权的归属与属性。理论上预算审计在不同的政治体制下和不同的时代环境里，可以采用政府审计、立法审计、司法审计和独立审计模式，这是对预算审计的传统分类，是在限定审计范围后按照行使审计监督权的主体和这一主体在国家政治权力架构中的地位来细分的。最后，关于预算审计体制改革的研究，很多学者使用的是“审计改革”“国家审计体制改革”“政府审计体制改革”“审计法改革”之类的提法[2]，但研究的对象就是预算审计体制问题，并没有涉及内部审计和社会审计。此外，《中华人民共和国审计法》自 1982 年颁布实施后，其规范对象就是预算审计，即行政型预算审计。如果比较不同类型的预算审计体制的运行效率来分析各国预算审

1 文硕：《世界审计史》，企业管理出版社 1996 年版。

2 黎四龙：《国家审计体制理论介评及改革设想》，《经济论坛》2005 年第 16 期。

计体制选择，我们认为有必要首先确立效率标准。理论上可取的标准是行政效率和经济效率，前者指在最短时间里完成工作任务，是工作量与时间的比值；后者指资源配置的有效性，是指既定的资源配置状态下所有的“帕累托改进”都不存在。

如果说预算审计体制是一种“制度装置”，可按普适性标准来分析它的有效性。普适性标准包括三个原则[1]。第一原则是制度的一般性，指制度不应在无确切理由的情况下对个人和环境实施差别待遇。第二原则是确定性，指制度必须是可认知的，它必须就未来的环境提供可靠的指南。确定性原则意味着正常的公民应能识别制度信号，知道违规的后果，并能恰当地使自己的行为与之对号。第三原则是制度应当具有开放性，以便允许行为者通过创新行动对新环境作出反应。很多研究者是使用行政效率和在日常语境里的“效果”替代经济效率标准和制度有效性标准来评价预算审计体制的。不同体制在行政效率上不具备可比性，因为审计机构与企业和行政部门一样都是一种科层组织，是按命令—服从原理开展工作，也存在相对应的效率问题。不同体制在运行效果方面也不具备可比性，原因在于我们要比较的是各种类型的预算审计体制与环境的相容性和在一定环境里预算审计机构是否能够提供真实可靠的信息监督代理人。在预算审计环境千差万别时，大部分研究者比较的是不同体制下最高审计机关的独立性、权威性以及处置权的大小，就这些方面，人们也仅仅可以在独立性方面作粗略的比较。假定其他条件不变，预算审计机构的委托人与代理人联系越直接，受托审计机构与监督对象的关系越独立，委托人获取信息的成本就越小，获取的信息也会越多越

1 柯武刚、史漫飞：《制度经济学》，商务印书馆 2000 年版。

真实。如果从机构设置、经费保证和人事任免三方面来看预算审计体制选择，我们可以比较不同体制的独立性。

审计机关的属性决定了审计监督权的属性，决定了审计体系内各级审计机关的经费来源和人事任免权的归属：

——行政型预算审计体制是在政府系统内部设立专门的审计机关来执行对政府预算的检查监督，是特定行政机关行使行政审计监督权，并由行政权派生出审计机关的行政处罚权，来保证审计的权威性；审计监督权只需政府行政法规明确，并不要求由宪法授予；审计的范围可以是政府预算全部也可以是政府规定的其他部分；审计经费来源于政府预算；人事任免由政府首脑决定；最高审计机关可以在各级地方政府内复制，在分级分税财政体制下，地方审计机关行使地方政府赋予的监督权，审计地方政府预算，上级审计机关没有权力干预下级审计机关的业务，也不能授权下级审计机关执行特定工作；上级审计机关没有义务保证下级机关的经费和人事任免；各级审计机关有义务向各级政府报告工作并向各级行政首长负责；审计报告必须经过行政首长批准才可能向各级立法机关报告。从整体上看，行政型预算审计体制是政府内部监督的制度装置，为政府提供信息服务。它的独立性是在政府部门内而言的，而不是相对于政府而言的。

——司法型预算审计体制是在司法系统内设置专门的审计机构来实施对政府预算的全面审计，是特定的司法机关行使审计权。这一体制要求宪政层面在立法、司法和政府间赋予司法机构预算审计权，或者授予预算审计机关司法权，审计权属于司法权的一部分；审计机关拥有最终判决权；审计机关的经费来源于政府预算，并有宪法保证政府拨款是充裕的；审计人事任免权在司法部门，或者在最高权力机关；地方审计机关从属于地方司法部门，或最高审计机关；审计机关有权索取其他监督机构的审计报告，可以独立向新闻媒体和社会公众公布报告。由此可见，司法型预算审计独立于政府。

——独立型预算审计体制中的审计机关独立于立法、司法和行政三权之外，只对法律负责，是宪法授权审计机关独立行使预算审计权；审计机关的经费来源于特定的预算拨款；其人事任免与地方审计机关的设立与司法型审计相同；审计机关可以自行决定审计的对象，但与司法型审计不同的是审计机关没有处置权，其职责在于检查、判断和向立法部门、司法部门以及行政部门报告审计结果。这一体制的独立性是最强的。

——立法型预算审计体制是指在立法机关内设立专门的审计机关，行使审计监督权，必须由宪法规定审计监督权在立法机关，由立法机关授权审计机构执行预算审计权，这一委托代理关系保证预算审计机构的权威性，但审计机构不必具有处置权；审计机构经费来源于政府预算；人事任免权属于立法机关；审计机构向立法机关负责，直接向立法机关报告工作，为立法机关提供信息；地方可以按最高审计机构的模式来设置各级地方审计机构，审计机构间并不具有从属关系。

通过上述比较我们可以发现，如果按独立程度排序，它们依次是独立型审计体制、司法型审计体制、立法型审计体制，最后是行政型审计体制。同时我们也可以发现预算审计机构的权威来自于它行使的监督权的属性和它与立法部门、司法部门、行政部门的关系，与是否具备处置权并无必然联系。在不同的政治体制下。预算审计的制度安排都要求立法机关具有对政府预算的约束权。在纳税人—立法机关—审计机构—

政府的委托代理链上，独立性越高，立法机关获取信息的成本越小也越真实。假定其他条件不变，比较成本和收益，对纳税人和立法机关而言，行政型预算审计体制的效果最差。

我们还可以从国别的视角探讨各种不同审计体制在实施中的有效性。从各国的实践来看，只有德国、日本和印度实行独立型预算审计体制；以法国为代表，非洲一些法语国家和欧盟的大部分国家采用司法型预算审计体制；泰国、巴基斯坦、沙特阿拉伯和原东欧社会主义国家采用行政型预算审计体制；立法型体制以英国、美国为代表，使用范围最广泛。

从政治权力架构和预算审计体制的相容性来看，预算审计监督权的归属决定了各国的体制选择。预算的监督权受政治制度和立法、司法与行政的权力对比约束。

从预算审计体制的历史和变化趋势来看，行政型体制是最古老的，大部分采用这一体制的国家都改为实施立法型体制[1]。

（3）体制改革的比较分析

关于我国预算审计体制的类型，我们认为不能简单地称为行政型。按前边的分析，我们认为现行体制介于行政型与立法型之间，主要具备行政型体制特征。原因主要是：其一，我国预算审计机关最先是按宪法、后来是按宪法和审计法的规定设立的，从这一角度看，现行体制具备部分立法型体制的特征。其二，我国审计机关依法由政府（国务院和县级以上地方政府）设立，是国家行政机关，它行使的审计监督权是一种行政监督权。从这一角度看，现行体制又具备行政型的大部分特征。

1 湖北省审计体制改革课题组：《我国国家审计体制改革研究》，《湖北审计》2003 年第 9 期。

其三，与其他国家的行政型体制比较，我国的预算审计体制与泰国、巴基斯坦等国存在差别。这就表明我国现行预算审计体制的过渡性，它本身是我国经济体制转轨时期的产物，也将随着环境的变化而改变。有人认为，改变现行预算审计体制是因为这一体制运行过程中产生了种种弊端。他们认为制度缺陷主要在于现行体制独立性弱，审计范围不明，地方预算审计机构监督乏力，审计资源配置不合理和审计报告制度缺失。我们认为改革的深层原因在于现行体制不能满足纳税人和立法机关监督政府预算的需要，也不符合制度有效性的要求。如果说现行体制是行政型的，就独立性而言，对政府来说其独立性已经足够；就审计范围来看，可以由政府确定审计对象，并无范围大小的分别；就审计资源配置来看政府也是满意的，因为在政府内，至少有财政监督检查局；就审计报告而言，审计机关由政府领导，对政府负责，即使没有正式制度，政府首长也有权索取信息。只有站在一个新的视角，从纳税人和立法机关的角度看问题，从现行体制的过渡性特征来分析，这些弊端才有理论解释的依据。还有研究者认为地方预算审计亟须改革，原因在于地方审计机构接受地方政府和上级审计机构的双重领导。我们认为主要原因在于分级分税财政体制下，地方政府有理由认为上级审计机构干预下级机构的人事任免权和指导业务是“越位”行为，因为地方预算审计是地方政府的事权，尽管各级政府就这一权力分配并没达成正式契约。从改革方向上来看，很多人认为现行体制应向立法型转化，个别研究者主张应改为司法型或独立型体制，这是“改革论”[1]。也有人主张提高中央审计机关法律地位，加强中央审计力量，对现有体制进行改良，这是“改良论”[2]。

1 杨时展：《杨时展论文集》，企业管理出版社 1997 年版。

2 尹平：《现行国家审计体制的利弊权衡与改革抉择》，《审计研究》2001 年第 4 期。

部分学者提出“垂直论”[1]，认为实行上下级审计机关的垂直领导。个别学者提出“双轨论”[2]，主张人大和政府分别建立履行不同审计职责的审计组织，人大所属的审计组织主要从事预算审计工作，政府所属的审计组织主要进行政府经济监管所需要的除预算审计以外的各项审计监督工作。

我们坚持立法型预算审计体制的改革方向。审计机关独立于政府、隶属于立法部门，直接对立法机关负责，主要审计政府财政，是现在世界各国审计制度的主流。前面我们已经论证了这一体制的合理性，下面我们进一步说明它的可操作性。从我国的政治制度出发，人民代表大会制度是我国的基本政治制度，全国人民代表大会是最高国家权力机关，是我国的立法机关。地方各级人民代表大会是地方立法机关，在各级人民代表大会下设立预算审计机构，监督各级政府预算，可以体现纳税人的要求。

预算审计机构独立于政府，行使立法监督权，对人民代表大会负责，向人民代表大会报告工作，为人民大表大会审查和批准政府预算提供信息。预算审计机构的经费来源于政府预算，其人事任免权归属于人民代表大会。这一立法型体制和我国的政体结构和预算监督实际是最相容的。从政体结构来看，不必调整人大与司法的权力分配关系，只是充实人大的预算监督权，改革成本低。我国人大不同于其他国家的议会，在预算监督审批上没有政党权力之争，立法型体制不需要提高预算的协商成本。从人大预算监督机构的分工来看，预算审计机构

1 李齐辉等：《试论我国审计制度的构建与创新》，《审计研究》2001 年第 2 期。

2 杨肃昌、肖泽忠：《试论中国国家审计“双轨制”体制改革》，《审计与经济研究》2004 年第 1 期。

专司检查职责，人大预算工作委员会可以利用审计信息，在信息对等基础上对政府预算从规模和结构两方面细化预算审查，提高预算审批质量。从我国的预算监督体系来看，目前我国政府系统内部的财政监督检查局相当于巴基斯坦的行政型预算审计，建立立法型体制不会削弱政府的预算监督。从预算改革发展的趋势来看，编制部门预算，试行绩效预算，人大与政府的信息不对称趋于强化，人大的信息需要增加，要求预算审计机关改变工作重心，由合法性审计向绩效审计倾斜，立法型体制改革符合这一发展方向。我们不赞同其他主张的原因在于，从我国的政体结构、现有预算监督体系和分级分税财政制度来看，独立型审计体制和司法型审计体制与我国的政治制度不相容，改革的成本过高。“改良论”主张则忽视了现有体制的过渡性特征，忽视了如果实践“改良论”的设想也不能改变这一过渡性特征，没有注意到财政监督检查局和审计机关的高度重合这一事实，理论上也不能论证单纯提升机构的行政级别其独立性会随之提高，人大的预算监督会更有效。“垂直论”不能解释在现有财政制度下，政府的预算审计权在各级政府间并不明晰时上级审计机构管理下级机构的合理性。“双轨论”混淆了“国家”和“政府”概念以及审计和其他经济监督形式，人为抹杀了政府审计预算的需要。我们在前边提出政府也有预算审计需要，这一需要源于政治家与官僚间、政府部门与下属机构间存在的委托代理关系。审计监督只是政府经济监督乃至预算监督的一环，在多元化的政府经济监督体系里，政府审计预算的需要是客观存在的，工商、税务、海关、金融等部门的监督权也是不能取消的。除了现有的审计机构外，财政监督检查局已经成为事实上的政府所属的预算审计组织，保留现有组织在逻辑上的矛盾显明，重新组建立法审计机构会增加高昂成本，这一主张不具备可操作性。我们也主张逐步改革，主张分多步走的改革过程。预算审计体制改革涉及宪法、预算法、审计法以及地方人大和政府组织法的修订，理论上可分为“规则选择”和“规则下选择”两个阶段，实际的改革步骤会多一些。预算审计与其他预算监督、经济监督的关系有待理顺，财政制度改革仍需深化，制度创新的环境正处于变化之中，改革进程难以加快。我们选择先完善现行体制，再逐步过渡到立法型体制的改革途径。完善现有体制是指加强中央审计力量，强化对中央单位本级的审计，消除预算审计的“特区”和“盲区”。同时，分调查研究、选择试点、总结推行三个阶段来实施地方预算审计改革。在此基础上，逐步修订法律，加强预算审计立法，整合经济监督力量，最终完成立法型体制的建设。

（4）新《审计法》：阶段性成果分析

我国预算审计体制改革的阶段性成果已经产生，这就是2006年6月1日新《审计法》开始实施。我国的审计法是在1994年8月31日第八届全国人民代表大会常务委员会第九次会议通过，根据2006年2月28日第十届全国人民代表大会常务委员会第二十次会议《关于修改〈中华人民共和国审计法〉的决定》修正。

审计法的修订并没能改变预算审计体制，只是在体制内对体制所作的技术层面的修改、补充。

首先，新法加强了审计机关监督权，表现为明确审计机关执法依据、主体地位，增加了审计手段和处置权。

其次，新法扩大了审计机关的审计范围，增加了经济责任审计、效益审计，将所有公共资金占有、使用部门、单位和企业以及对社会公众利益有重大影响的企事业单位都纳入审计范围。

再次，新法增加了经费追加条款，加强了审计机构经费保证。

最后，新法规范了审计机关及其工作人员的行为。

我们可以发现现行预算审计体制尽管有所改善，但也增加了不少复杂性机能障碍。我们设想：假如有一家私有企业在某一行业成为寡头或垄断者，政府审计机关对其执行财务审计，会发生什么情况？对这家企业而言，我国宪法保护私有财产，政府审计机构的这一行为就是违宪的，即使这家企业确有财务上的漏洞。同时，政府审计机关强制占用了企业资源，增加了社会服务成本，即使这家企业财务管理无可挑剔。对审计机关而言，如何确定该企业是否应接受审计，接受哪一级机关的审计涉及大量细节，不仅要耗费资源，还可能恶化审计环境。我们还可以发现新审计法给现有体制带来的其他障碍，譬如新法与政府会计制度、财政制度的冲突，又如强化后的双重领导体制增加了地方预算审计体制改革的难度，等等。所以，我们可以把新法带来的变化归纳为“扩权”。有人认为政府审计机关扩权就增加了现行体制的独立性，我们认为这一论断并无逻辑上的合理性，原因是不改变审计机关的政府所属地位，它行使的仍然是行政权。政府审计机关扩权在这一层面来讲是政府权力增加。如果说新法扩大政府审计机关审计范围就是增加了预算审计的功能，我们认为这一方面有讨论探究的必要，理由在于预算审计的功能是要解决委托代理中的信息不对称，即便是政府审计机关执行的预算审计，是否能派生出宏观调控功能也是值得商榷的。尽管如此，我们仍然可以发现一些可喜的变化。比如说立法型体制改革方案不仅在学界成为主流，而且在社会上演变为公众共识。又如公众对“审计风暴”的质疑，社会各界希望加强预算审计的独立性，突破预算审计的“瓶颈”。纳税人监督政府预算的意识不断增强，改善了预算审计监督的一般社会条件，也为下一阶段的改革提供了更好的制度环境。

7. 又迎来了修宪的日子

2018 年 1 月 18 日至 19 日，中国共产党第十九届中央委员会第二次全体会议在北京举行，全会审议通过了《中共中央关于修改宪法部分内容的建议》。党中央决定用一次全会专门讨论宪法修改问题，充分表明党中央对这次宪法修改的高度重视。

在中国的政治生活中，党的全会、宪法修改有着极重分量。这次二中全会，这次宪法修改，均将载入史册[1]。

我国宪法，必须随着党领导人民建设中国特色社会主义实践的发展而不断完善发展。从 1954 年我国第一部宪法诞生至今，我国宪法一直处在探索实践和不断完善过程中。1982 年宪法公布施行后，根据我国改革开放和社会主义现代化建设的实践和发展，分别于 1988 年、1993 年、1999 年、2004 年进行了 4 次修改。

这次宪法修改，是由时代发展决定的。自 2004 年修改宪法以来，党和国家事业又有了许多重要发展变化。特别是党的十八大以来，党和国家事业取得历史性成就、发生历史性变革。党的十九大对新时代坚持和发展中国特色社会主义作出重大战略部署，确定了新的奋斗目标。中国特色社会主义进入新时代，这是我国发展新的历史方位。根据新时代坚持和发展中国特色社会主义的新形势新任务，有必要对我国宪法作出

1 《这次宪法修改将载入史册》，《人民日报 · 海外版》2018 年 1 月 20 日。

适当的修改。

这次宪法修改，是由宪法本身的分量决定的。需要对宪法作出适当修改，把党和人民在实践中取得的重大理论创新、实践创新、制度创新成果上升为宪法规定。

这次宪法修改，是由实践需要决定的。而由宪法及时确认党和人民创造的伟大成就和宝贵经验，以更好发挥宪法的规范、引领、推动、保障作用，是实践发展的必然要求。

这次宪法修改，关系全局，重点突出。把党的十九大确定的重大理论观点和重大方针政策，特别是习近平新时代中国特色社会主义思想载入国家根本法，体现党和国家事业发展的新成就新经验新要求，在总体保持我国宪法连续性、稳定性、权威性的基础上推动宪法与时俱进、完善发展，为新时代坚持和发展中国特色社会主义、实现"两个一百年"奋斗目标和中华民族伟大复兴的中国梦提供有力宪法保障。

在本章之初，我说过，改革审计管理体制，必须经过修宪。现在，在 2004 年修宪之后，又迎来了一次修宪的机会。能不能考虑审计管理体制的改革呢？

在监督体制改革方面，此次修宪会涉及监察体制改革的问题，毕竟是一次人员的大变动。

这个问题，法学家们早有议论。

武汉大学教授秦前红 2016 年 12 月在《监察体制改革需修宪保障》一文中说：[1] 近日公布的《关于在北京市、山西省、浙江省开展国家监察体制改革试点方案》，拉开了我国监察体制改革的序幕。此次国家监察

---

1 秦前红：《监察体制改革需修宪保障》，《财经》2016 年第 34 期。

体制改革试点工作最为核心的内容便是探索设立监察委员会，以实现既有反腐败资源的整合。

国家监察体制的改革与监察委员会的设立，乃是事关全局的重大政治改革，是国家监察制度的顶层设计。如此重大的政治改革，若缺失宪法的参与，改革可能因此面临更多的变数。

他认为，国家监察体制改革缘何有赖于宪法的修改，其最主要原因在于改革关乎国家重大宪制结构的变动。因为改革的内容关涉国家的宪制结构，改革的进行也应做到于法有据，改革的成果同样需要借由法律予以固化。具体而言有三：

首先，改革内容关涉国家宪制结构。通常来说，宪法规定的乃是国家最根本、最重要的事项，当此类事项发生变动之时，宪法也应当作出相应的修改。国家机构的组织及其职权即为这类最根本、最重要的事项之一，我国《宪法》也在第三章对"国家机构"作出了专门规定。如前所述，监察委员会的设立是此次监察体制改革的核心内容，而与新机构设立相伴随的乃是现有机构及其职能的整合。由此观之，监察体制改革无疑是关乎国家宪制结构的重大政治改革，有鉴于此，在改革的进程中，作为根本法的宪法亦须进行相应的修改。

其次，"凡属重大改革皆须于法有据"，现今已成为改革所必须遵守的基本准则之一。这一准则要求实现立法与改革的有效衔接。作为重大政治改革的国家监察体制改革，同样需要做到于法有据、依法进行。而在改革所依据的诸多法律当中，最为根本的便是宪法，于此层面而言，宪法的适时修改也是改革于法有据的必然要求。

再次，改革成果需经法律予以固化。当前国家监察体制改革所走的乃是探索型道路，诚如《试点方案》所指出的那般："从体制机制、制度建设上先行先试、探索实践，为在全国推开积累经验。”在探索型改革当中，改革者在经过多次试错后开始总结成败得失，然后将有益经验推及全国，若此经验能在全国范围内取得预期效果，则由立法者以法律的形式予以确认。依此逻辑，此次改革试点若能取得相当的有益经验，便可通过修宪的方式对期予以确认、固化和推广。

秦教授的顾虑，应该是不存在了。

从公报中的内容看，这次修宪的基本框架和内容：

一是习近平新时代中国特色社会主义思想。习近平新时代中国特色社会主义思想是马克思主义中国化最新成果，是当代中国马克思主义、21 世纪马克思主义，是党和国家必须长期坚持的指导思想。

二是党对一切工作的领导。中国共产党领导是中国特色社会主义最本质的特征，是中国特色社会主义制度最大的优势，必须坚持和加强党对一切工作的领导。

三是五位一体、五大发展理念和奋斗目标。经济建设、政治建设、文化建设、社会建设、生态文明建设“五位一体”总体布局，创新、协调、绿色、开放、共享的新发展理念，到 2020 年全面建成小康社会、到 2035 年基本实现社会主义现代化、到本世纪中叶建成社会主义现代化强国的奋斗目标，实现中华民族伟大复兴，对激励和引导全党全国各族人民团结奋斗具有重大引领意义。

四是人类命运共同体。坚持和平发展道路，坚持互利共赢开放战略，推动构建人类命运共同体，对促进人类和平发展的崇高事业具有重大意义。

五是国家监察体制改革。国家监察体制改革是事关全局的重大政治体制改革，是强化党和国家自我监督的重大决策部署，要依法建立党统一领导的反腐败工作机构，构建集中统一、权威高效的国家监察体系，实现对所有行使公权力的公职人员监察全覆盖。

接下来，这份建议就要等两会期间，由全国人大常委会作为正式提议交全国人大正式表决。

审计与宪法有天然的联系。对于审计机构是否应该独立的争论由来已久，甚至是在审计机构设立之初。

早在1982年12月4日颁布的《中华人民共和国宪法》明确规定要建立审计监督制度的前一年，就有过这样的讨论。1981年，许多专家提出审计署应当隶属于全国人民代表大会，成为立法机关监督行政职能的手段，而审计署的位置应当与国务院、最高人民检察院、最高人民法院相平行。

但是，由于多方阻力和考虑，宪法最后出台时，仍然选择了隶属于政府审计系统，作为国家行政机构的组成部分，并对政府及所属各部门、单位实施审计监督的“行政型”的审计模式。

此后的22年，每年的审计报告似乎变成了一项程式化的工作，没有人过多在意，直到2004年6月23日，国家审计署审计长李金华向全国人大常委会提交了《关于2003年度中央预算执行情况和其他财政收支的审计工作报告》，一场席卷全国的“审计风暴”由此开始。

说实话，审计管理体制改革能否成功，从最近的机会来看，也只有“2018修宪”了。

十三届全国人大一次会议2018年3月13日上午在人民大会堂举行第四次全体会议，听取全国人大常委会关于监察法草案的说明、国务院关于国务院机构改革方案的说明。其中提到，优化审计署职责。将国家发展和改革委员会的重大项目稽查、财政部的中央预算执行情况和其他财政收支情况的监督检查、国务院国有资产监督管理委员会的国有企业领导干部经济责任审计和国有重点大型企业监事会的职责划入审计署，构建统一高效审计监督体系。不再设立国有重点大型企业监事会。最终实现了审计全覆盖。但是，审计院、审计委员会之类的设想，看来只能留待以后了。

2018 年两会结束以后，深化党中央机构改革的内容公布，其中，组建中央审计委员会。方案提出，为加强党中央对审计工作的领导，构建集中统一、全面覆盖、权威高效的审计监督体系，更好发挥审计监督作用，组建中央审计委员会，作为党中央决策议事协调机构。

中央审计委员会的主要职责是，研究提出并组织实施在审计领域坚持党的领导、加强党的建设方针政策，审议审计监督重大政策和改革方案，审议年度中央预算执行和其他财政支出情况审计报告，审议决策审计监督其他重大事项等。中央审计委员会办公室设在审计署。作为国家审计署特约审计员，特别关心中央审计委员会，提高了审计的地位与作用，加强党对审计工作的领导，最终成为人大的审计委员会。

一省一个特派办

1. 给十九大提的一个建议

十九大召开之前的一年，我接到了提建议的任务，于是，我想到为审计系统说句话[1]。

1　2016 年 11 月 2 日（周三），收到一个《人民论坛》编辑的短信："受中央有关部门委托，我们拟围绕'当前至十九大前党和国家要解决的大问题、要办好的大事究竟有哪些'向 200 位著名专家征集意见，其中别的部门负责 100 位，我们编辑部负责 100 位，包括国外专家。要求专家回答三个问题：(1）十九大之前，党和国家需要解决的大问题、办好的大事有哪些？（比如列举 5—10 件）(2）为什么？（3）关于解决好这些大问题、办好这些大事，有哪些意见建议？字数不限，在下周一（7 日）之前交"。于是我毫不客气地提了十个建议：

1. 在"问需于民、问政于民、问计于民"之后增加"问效于民"的建议；
2. 关于省级及省级以下统计部门尽快垂直管理的建议；
3. 关于国家统计局升格为正部级的建议；
4. 关于退休人员参加公车改革的建议；
5. 关于高中阶段教育全面免费的建议；
6. 关于各省均设立审计署特派员办事处的建议；
7. 关于财政学课程与国学课程进党校的建议；
8. 关于开办干部周末大讲堂的建议；
9. 关于全国省份分三类核算的建议；
10. 关于明确"带病提拔"的重点在"四年干部"的建议。

目前，除了各省（区市）设有审计厅（局）之外，审计署还设立了18个特派员办事处，实行直管。每个办事处人员编制约120人，全国约2000人的力量，在保障资金安全方面起到了很大的作用，但是，仍然存在以下三个问题。

一是随着经济规模的扩大，政治、经济、文化、社会、生态五大事业的快速发展，审计力量越来越显得不足。政府公共性支出的安全性，是审计的主要对象，审计力量与资金规模严重不相符，往往只能够"抓大放小"。我也在历次机构改革中，以特约审计员与代表的身份，不断呼吁壮大审计力量。审计就是"经济警察"，要与规模相适应。

二是审计署直管的审计活动需要长期化、常态化、制度化。跨省交叉审计要与本省审计结合起来。现在其他的部门的直管体系基本上建立起来了，如财政部的专员办、国家统计局的调查总队等。财政部专员办不仅是在每个省设一个，还单独在大连、宁波、厦门、深圳、青岛这5个副省级城市设一个。

三是长期跨地审计工作，工作人员非常辛苦。审计人员不可能没有异地审计，但是，长此以往，对正常生活有一定的影响。笔者的几个硕士学生考入某特派办，由于辛苦，有的通过考博士离开特派办。

四是18个特派办的工作苦乐不均。有一个特派办管三个省市的，京津冀（天津）特派员办事处，负责北京市、天津市、河北省。也有一省负责一个的，如沈阳、哈尔滨、济南、长春、重庆这五个特派员办事处。大部分特派办都是一个负责两省的。此外，25个派出审计局也是以一个类别作为标准，相对集中在北京。

五是从审计内容来看，审计署特派员办事处的第一个职责就是审计省级人民政府的预算执行情况、决算和其他财政收支，中央财政转移支付资金。这些内容由住本地的特派员办事处审计会顺利一些。

因此，我建议各省都设立审计署特派员办事处。

当然，我建议增加特派办的数量，并不是说就要等比例地增加人员。要提高特派办的效率，减少非审计人员，这是整个审计系统的共同性任务。

2. 我国的审计框架

国家审计署是根据 1982 年 12 月 4 日第五届全国人民代表大会第五次会议通过的《中华人民共和国宪法》第 91 条的规定，于 1983 年 9 月 15 日正式成立的。审计署是国务院 25 个组成部门之一，在国务院总理领导下，主管全国的审计工作。审计长是审计署的行政首长，是国务院组成人员。

根据《国务院办公厅关于印发审计署主要职责内设机构和人员编制规定的通知》（国办发〔2008〕84 号）以及《国务院关于加强审计工作的意见》（国发〔2014〕48 号）、《中共中央办公厅、国务院办公厅关于完善审计制度若干重大问题的框架意见》及相关配套文件（中办发〔2015〕58 号），审计署的主要职责是：

（1）主管全国审计工作。依法独立对国务院各部门、地方各级人民政府及其各部门、国有金融机构和企业事业组织的财政财务收支及相关经济活动的真实、合法和效益情况，中央相关政策措施落实情况，以及领导干部经济责任履行情况进行审计监督，维护国家财政经济秩序，提高财政资金使用效益，促进廉政建设，保障国民经济和社会健康发展。

（2）起草审计法律法规草案，拟订审计政策，制定审计规章、审计准则和指南并监督执行。制定并组织实施审计工作发展规划和专业领域审计工作规划，制定并组织实施年度审计计划。参与起草财政经济及其相关的法律法规草案。对直接审计、调查和核查的事项依法进行审计评价，作出审计决定或提出审计建议。

（3）向国务院总理提出年度中央预算执行和其他财政收支情况的审计结果报告。受国务院委托向全国人大常委会提出中央预算执行和其他财政收支情况的审计工作报告、审计发现问题的整改情况报告。向国务院报告对其他事项的审计和专项审计调查情况及结果。依法向社会公布审计结果。向国务院有关部门和省级人民政府通报审计情况和审计结果。

（4）直接审计下列事项，出具审计报告，在法定职权范围内作出审计决定或向有关主管机关提出处理处罚的建议：

——中央预算执行情况和其他财政收支，中央决算草案编制，中央各部门（含直属单位）预算的执行情况、决算和其他财政收支。

——省级人民政府预算的执行情况、决算和其他财政收支，中央财政转移支付资金。

——使用中央财政资金的事业单位和社会团体的财务收支。

——中央投资和以中央投资为主的建设项目的预算执行情况和决算。

——中国人民银行、国家外汇管理局的财务收支，中央国有企业和金融机构、国有资本占控股或主导地位的企业和金融机构的资产、负债和损益。

——国务院部门、省级人民政府管理和其他单位受国务院及其部门委托管理的社会保障基金、社会捐赠资金及其他有关基金、资金的财务收支。

——组织审计国家驻外非经营性机构的财务收支，依法通过适当方式组织审计中央国有企业和金融机构的境外资产、负债和损益。

——国际组织和外国政府援助、贷款项目的财务收支。

——法律、行政法规规定应由审计署审计的其他事项。

（5）按规定和程序，组织实施对省部级党政主要领导干部、国有企业领导人员以及依法属于审计署审计监督对象的其他单位主要负责人的经济责任审计。

（6）组织实施对国家重大政策措施和宏观调控部署落实情况进行跟踪审计。

（7）组织实施领导干部自然资源资产离任审计。

（8）依法检查审计决定执行情况，督促纠正和处理审计发现的问题，依法办理被审计单位对审计决定提请行政复议、行政诉讼或国务院裁决中的有关事项。协助配合有关部门查处相关重大案件。

（9）指导和监督内部审计工作，核查社会审计机构对依法属于审计监督对象的单位出具的相关审计报告。

（10）与省级人民政府共同领导省级审计机关。依法领导和监督地方审计机关的业务，组织地方审计机关实施特定项目的专项审计或审计调查，纠正或责成纠正地方审计机关违反国家规定作出的审计决定。按照规定组织做好对省级审计机关的考核。按照干部管理权限做好省级审计机关领导干部工作。负责管理派驻地方的审计特派员办事处。

（11）组织开展审计领域的国际交流与合作，指导和推广信息技术在审计领域的应用，组织建设国家审计信息系统。

（12）承办国务院交办的其他事项。

为了履行职责，审计署设置了下列机构：

——21个内设机构：办公厅、政策研究室、法规司、电子数据审计司、财政审计司、税收征管审计司、行政政法审计司、教科文卫审计司、农业审计司、固定资产投资审计司、社会保障审计司、资源环境审计司、金融审计司、企业审计司、外资运用审计司、境外审计司、经济责任审计司、国际合作司、人事教育司、机关党委、离退休干部办公室。

9个直属单位：计算机技术中心、机关服务局、审计科研所、审计干部培训中心（审计署审计宣传中心）、中国时代经济出版社、中国审计报社、国外贷款项目审计服务中心、审计博物馆（在江苏南通）、审计干部教育学院（中共审计署党校）。

20个派出审计局：外交外事审计局、发展统计审计局、教育审计局、科学技术审计局、工业审计局、民族宗教审计局、政法审计局、民政社保审计局、资源环保审计局、建设审计局、交通运输审计局、农林水利审计局、贸易审计局、文化体育审计局、卫生药品审计局、国资监管审计局、经济执法审计局、广电通讯审计局、旅游侨务审计局、地震气象审计局。

以审计署发展统计审计局为例，该审计局就是按照审计署统一部署开展工作；负责审计国家统计局、国家粮食局、国家能源局、国家物资储备局、国家信息中心、国务院发展研究中心及上述部门（单位）下属单位预算执行、决算（草案）和其他财政财务收支，开展相关专项审计调查，承办审计署交办的其他事项。

再以审计署工业审计局为例，该审计局按照审计署统一部署开展工作；负责审计工业和信息化部、国家国防科技工业局、中国人民武装警察部队黄金指挥部、中国人民武装警察部队交通指挥部、中国人民武装警察部队森林指挥部、中国人民武装警察部队水电指挥部及上述部门（单位）下属单位预算执行[1]、决算（草案）和其他财政财务收支，开展相关专项审计调查，承办审计署交办的其他事项。

18 个驻地方特派员办事处：京津冀特派员办事处、太原特派员办事处、沈阳特派员办事处、哈尔滨特派员办事处、上海特派员办事处、南京特派员办事处、武汉特派员办事处、广州特派员办事处、郑州特派员办事处、济南特派员办事处、西安特派员办事处、兰州特派员办事处、昆明特派员办事处、成都特派员办事处、长沙特派员办事处、深圳特派员办事处、长春特派员办事处、重庆特派员办事处。

以审计署京津冀特派员办事处为例，该特派办根据审计署的授权，依据法律法规和审计署的规定，履行下列职责：审计省级人民政府的预算执行情况、决算和其他财政收支，中央财政转移支付资金；审计海关总署、国家税务总局等中央单位驻地方分支机构或派出机构的预算执行情况和其他财政收支情况；审计中国人民银行、国家外汇管理局驻地方分支机构的财务收支；审计中央所属驻地方的事业单位和社会团体的财务收支；审计中央投资和以中央投资为主的建设项目的预算执行情况

1 从 2018 年起，要发生变化。2017 年 12 月 28 日下午，国防部新闻发言人任国强在国防部例行记者会上表示，调整武警部队领导指挥体制的关键和核心，是加强党中央、中央军委对武警部队的集中统一领导。调整后，武警部队的根本职能属性没有发生变化，也不列入解放军序列。中共中央印发《中共中央关于调整中国人民武装警察部队领导指挥体制的决定》，自 2018 年 1 月 1 日零时起，武警部队由党中央、中央军委集中统一领导，实行中央军委—武警部队—部队领导指挥体制。武警部队归中央军委建制，不再列国务院序列。全国人大常委会 10 月 31 日决定改革期间调整适用《国防法》《人民武装警察法》中有关武警部队领导指挥体制等的规定，具体办法按照党中央的有关决定等执行。

和决算；审计中央国有企业、中央国有资本占控股地位或主导地位的企业的资产、负债和损益；审计中央金融机构、中央国有资本占控股地位或主导地位的金融机构驻地方分支机构的资产、负债和损益；审计省级人民政府管理和其他单位受国务院及其部门委托管理的社会保障基金、社会捐赠资金及其他有关基金、资金的财务收支；审计国际组织和外国政府援助、贷款项目的财务收支；对国家财经法律、法规、规章、政策和宏观调控措施执行情况、财政预算管理或国有资产管理使用等与国家财政收支有关的特定事项进行专项审计调查；承办审计署交办的其他事项。

审计署京津冀特派员办事处审计范围是：北京、天津、河北。

下设 16 个内设处室：办公室、法规处、财政审计一处、财政审计二处、行政事业审计处、资源环保审计处、固定资产投资审计处、金融审计一处、金融审计二处、企业审计一处、企业审计二处、社会保障审计处、外资运用审计处、计算机审计处、人事教育处、机关党委。从这些机构设置来看，就知道他们的工作繁忙程度。

审计署管理 1 个社会团体：中国审计学会。

此外，在我国，军队有专门的审计体系。这在《军队审计条例》中有具体的规定。

《军队审计条例》是为了加强军队审计工作而制定的法规，2016 年 12 月，新修订的《军队审计条例》由中央军委主席习近平签署命令发布，自 2017 年 1 月 1 日起施行。

具体规定有：中央军委审计署主管军队审计工作，对中央军委负责并报告工作。

中央军委审计署及其所属的直属审计中心和驻战区审计局，驻战区审计局所属的地区审计中心，按照规定的监督对象范围开展审计工作。下级审计机构对上级审计机构负责并报告工作。

上级审计机构可以将其监督对象范围内的审计事项授权下级审计机构进行审计。上级审计机构有权对下级审计机构监督对象范围内的审计事项，直接进行审计。军队审计机构办理审计事项，需要延伸至无隶属关系的其他军队审计机构监督对象范围的，应当报经共同的上级审计机构批准后实施。

军队审计机构有权要求军队单位提供与其经济活动有关的规划计划、预算决算、业务报表等资料和相关的职能任务、业务流程、规章制度、信息系统应用等基本情况，以及有关领导干部履历、岗位职责、个人报告事项、信访举报等情况。

3. 任务繁重的特派办

自从 2013 年当了国家审计署特约审计员以来，每年都会到一些审计现场进行考察，深切地体会到异地审计人员的工作的辛苦。

根据我的观察，审计人员最辛苦的就是由于离乡背井所带来的心累。但是，要完成越来越多的审计任务，又必须年复一年地外出审计。

人民网财经专栏《场景》做了一期节目，题目是《我是审计人员》[1]。语言文字部分是这样的：

> 有这样一群人，一年 365 天有 200 多天出差在外，他们三周才能回一趟家，每次也只能在家呆两天。为核查一个审计事项，

1 财景：《走进一线国家审计员，1 年有 200 多天出差在外》，《财经》，人民网，http://finance.people.com.cn/n/2015/0826/c389688-27521079.html。

他们经常加班至深夜，从建筑工地到地下施工现场，无论酷暑寒冬，凡是需要的地方，都能看到他们的身影。

他们是国家利益的捍卫者、经济发展的安全员，他们奔波于全国各地，为经济社会安全运行保驾护航。

本期《场景》带你走进一线国家审计人员。

与照片相对应的文字部分敬录如下：

郭旭和胡海军是审计署长春特派办稳增长等政策措施贯彻落实情况跟踪审计项目审计组的两名审计人员，一大早，他们就赶到长春市的一个棚户区改造项目现场，查看该项目的实施进展情况。

1987 年出生的郭旭，已经是一名有 4 年工作经验的审计人员，此次负责棚户区改造相关政策措施落实情况审计，是稳增长等政策措施贯彻落实情况跟踪审计的一个主要内容，因此，她和搭档需要经常来往棚户区改造项目现场。

向项目部和施工单位了解完棚改工作进展后，两名审计人员在车内累得睡着了，郭旭告诉人民网《财景》记者，“大多数时间，我们不是在办公室审计，就是到不同的审计点审查资料或到建设现场实地核查，经常奔波在去往各审计点的路上。”

这天下午，毕名远和张艳杰来到长春市地铁 2 号线，进行现场核实和实地查看，检查项目是否按计划完成前期工作并开工建设、进度是否符合要求，核实是否存在虚报工程进度、项目建设工程质量不达标等问题。二人在狭窄的地下施工现场。

稳增长等政策措施贯彻落实情况跟踪审计中的一项重要内容是关注重大建设项目进展情况，为此审计人员围绕铁路、水利、土地整治等重大建设项目，赴发改委、铁路公司等项目单位，调查了解项目规划编制、立项审批程序、建设目标落实和实际建设效果等情况。

这天，同在稳增长等政策措施落实情况审计项目审计组的郑锐没有到审计项目现场，因为她同时是审计署长春特派办法规处的审计人员，除了审计组的工作任务外她还要完成处里的常规工作。她在法规处的工作是对每位审计人员提交的报告进行复核，然后提出审理意见，这天她正在对桌上堆着的厚厚几摞报告及证据资料进行审理，她和同事需在一周内就得看完。

傍晚时分，办公桌上摆着的一份土豆排骨，一份炒豆芽，就是他们的晚餐。“为了完成各项工作任务，审计人员经常加班，外卖盒饭是审计人员最常吃的晚餐，但有时忙起来，他们连盒饭可能都顾不上吃一口。”毕名远告诉人民网《财景》记者。

审计业务涉及的部门广泛、内容繁多，审计人员需查看的资料杂，核实的数据也特别多。有时候，为了核实一个事项往往要加班到半夜。图为审计人员毕名远吃过简单的晚餐后正在加班查阅资料、核实审计事项。

审计人员的工作跟着审计项目走，而项目涉及各个领域，各个专业，对审计人员的专业知识要求很高，稳增长等政策措施贯彻落实情况跟踪审计项目由于涉及国家各项宏观经济政策措施的落实情况更是如此。因此，下班后，审计人员毕棠琳还要到图书馆去看书学习，上网查找资料。据她介绍，每位审计人员都需要不断“充电”学习。

因为工作太忙，审计人员没时间给家里的孩子做饭，单位想了一个办法，给审计人员家里的小朋友们专门开了一个小餐桌，让孩子们来单位食堂吃饭，这样，审计人员们更能安心地工作和加班。

一年365天，有200余天都在外地出差，这是审计人员的真实工作写照。因为大多数项目都在外地，他们在外地的宾馆一住就是几个月，直到项目完成。出差，对于审计人员来说，是最频繁的状态。

载着满满一车审计人员，班车驶向机场，如果不出意外的话，直到3个星期后，他们才能回家过一个周末，然后继续下次的“旅程”。

在各种审计工作中，农业审计算是相当辛苦的了，富有代表性。审计署哈尔滨特派办农业审计处就是其中的一个例子[1]。扶贫审计工作任务繁重而紧迫，审计人员常年出差，奔波在外，已成为工作常态。近两年来，处内人均每年出差150天以上。农业审计处的同志们舍小家、为大家，克服了家庭困难和身体不适，用爱岗敬业诠释着审计人员的职业操守。处长齐永金同志始终身先士卒，一次审计中，由于高强度的工作节奏，他的腰椎间盘突出症突然犯病，他不顾疼痛，在办公室支起了“行军床”，躺着和同志们并肩作战，继续商讨问题查处的方法；副处长董凯同志女儿刚刚步入小学，长期的异地出差，使她无暇照顾女儿的学习，每每听到电话那头，女儿撕心裂肺呼喊着妈妈，她只能默默地流着眼泪、忍住思念，放下电话又转身投入工作，持续高强度的审计工作、连续的深夜奋战，使她腰椎和颈椎都严重突出，经常头痛得睡不着觉，

1 《坚定理想信念　做扶贫路上的最美审计人——审计署哈尔滨特派办农业审计处党支部开展主题党日活动》，审计署网站，2017年5月19日。

仍坚持和同志们一起拼搏；副处级审计员王丽萍同志始终发挥老党员的带动作用，曾为落实扶贫项目的效益评价，对数十名贫困人口逐一核对，由于工作压力过大还引起了神经衰弱的老毛病，但她总是能够克服困难，完成好每一项工作；李坤同志刚刚从综合部门调入农业审计处，孩子正上幼儿园，当处长跟她提出需要出差时，她毫不犹豫地同意了，并立刻将孩子送回老家交给七八十岁高龄的公婆照看；周旭亮同志作为处内的业务骨干，常年冲锋在审计第一线，他的办公室里放着行李箱，随时准备出发，一次从县城返回后他顾不上回家看看年幼的儿子，在单位连续加班了 30 多个小时后就去审计署参与项目汇总；陈浩同志虽然刚入办 2 年，但已经承担起主审和大量的综合汇总工作，颈椎病犯了贴着膏药坚持工作，查出了一批违纪违规问题，由于长期异地出差，他经常一两个月不能跟女朋友见一面，仅能靠视频与女朋友保持联系；刚入办的许佰胜同志在出差时患上严重的感冒，连续整晚咳嗽不能休息，仍坚持冒着零下 30 多摄氏度的严寒下乡核实情况。

党的十八大以来 5 年中，全国审计机关共审计 65 万多个单位，促进增收节支和挽回损失 2.5 万亿元，推动健全完善制度 2.38 万项，移送违纪违法问题线索 2.35 万件。我们的审计事业能够取得世界瞩目的成就，应该感谢这样一个特殊的群体。以上几位审计人员的分离场景只是一个缩影。

如果说两夫妻都在审计系统工作，那就真是顾不了家。审计署驻济南特派办就有这么一对。

王大勇、杜凤红夫妻都是济南办的审计干部：一个是金融审计处的技术强兵，常年出差在外，跟同事在一起的时间比与家人相处的时间都要多。一个是计算机审计处的业务骨干，立足本职工作，家里家外都是一把好手。

长期出差的经历，让王大勇练就了一套“三分钟就能出发”的本领——极简的行李，就是几件换洗的衣物和自己的笔记本电脑。“这里还要时刻准备好”，王大勇拍拍自己的脑袋。有时衣服不够穿了，就网购几件救救急。王大勇出差回来，杜凤红从他的行李里翻出来颜色奇怪的新衬衣，“大勇，你这买的啥色的衬衣啊，白不白黄不黄。”“有的穿就行了。”他说。

面对这些分离产生的情感问题，各特派办也着实想了一些办法。2015 年 2 月 2 日，审计署网站刊登文章《审计署成都办创新方式方法提升机关党建工作水平》，从中反映了审计人员的辛苦[1]。为了缓解这个问题，审计署驻成都特派员办事处采取了以下措施：

一是针对审计出差多、人员集中难的工作特点，创新机关党建的工作阵地。审计任务十分繁重，审计人员经常出差在外，集中开展组织生活存在困难。为此，该办十分注重审计组临时党支部建设，坚持审计工作在哪里，临时党支部就建在哪里，教育活动就开展到哪里，战斗堡垒作用就发挥在哪里。分别成立了临时党支部。通过组织审计人员就近参观革命教育基地，聆听被审计单位老党员、劳动模范等先进典型现身说法等方式，加强革命传统教育和优良作风教育。比如，针对部分干部认为审计工作累、待遇低等问题，在“五一”劳动节前夕，矿产资源审计组组织全体人员深入地下数千米的采矿区实地体验，与一线采矿工人现场座谈。通过比工作环境、比劳累程度、比收入待遇，使审计人员得到了心灵上的洗礼，更加懂得知足和感恩，更加珍惜和热爱审计工作。

1 杨志永、张华荣：《审计署成都办创新方式方法提升机关党建工作水平》，审计署网站，2015 年 2 月 2 日。

二是针对年轻干部多、学历层次高的队伍特点，创新机关党建的工作方法。在成都办，40 岁以下的青年干部有 70 余人，占到了总人数的 60%，他们工作的努力程度和作用发挥至关重要。青年干部的学历层次高、书本知识多，但实际工作能力欠缺，对现实社会了解少。为此，该办坚持“妈妈心、婆婆嘴”，经常教育引导他们立大志、看长远、算大账，以国家利益至上，珍惜审计生涯，加强学习，快速成长。比如，认真解决好青年干部周转房问题，解除新进办人员的安身之忧；为单身干部宿舍配置较为齐全的日常生活设施，增强青年干部的归属感；对孩子小、家庭有实际困难或本人计划怀孕等特殊情况的干部，合理调整岗位和工作任务，尽量减少出差。

三是针对党员干部思想多元、诉求多样的时代特点，创新机关党建的工作载体。该办主动适应时代特点和党员干部需要，以各种生动活泼的形式让党员干部乐于参加、易于接受。比如，办内举办的春节团拜会，改变花钱请人演出的做法，审计干部自编自演，演的是身边人身边事，从不同侧面反映了我们的工作和生活，干部与家属在感动中融洽了感情，在娱乐中受到了教育。为迎接“五四”青年节，让青年干部体验辛苦、感受幸福、增强责任，组织青年干部到农村参加田间劳动，大家扑下身子、放下架子，积极参加劳动，度过了一个愉快、充实、难忘的节日。针对审计人员长期出差没有时间陪伴老人和孩子的现实，利用“六一”儿童节组织举办“阳光宝贝、欢乐家庭”亲子活动，增进了孩子与父母的感情，增强了干部职工对组织的认同感。

这些异地审计人员的辛苦与解决的办法，据我了解，各特派办大都相近。

审计分为国家审计与社会（民间）审计。国家审计人员的辛苦程度不便多说，社会审计，亦即那些会计师事务所、审计师事务所员工的抱怨，就可见审计人员的辛苦。

网上有这样的一段话，还可以说明问题：

审计到底有多苦？有时候看运气。

运气好的，就算是忙季也很少超过10点以后下班。我做staff的时候组里的上级们都是这么对我的，所以我做senior/manager的时候，也是这么对组里的人。当然实在忙不过来的时候也不是没有，运气好遇到好的组，大家齐心协力，互相打气，就算忙一点，有一群人一起嘻嘻哈哈自娱自乐，也不算太苦。

运气不好的，同样的所同一个地方，不乏天天加班到凌晨、通宵也不罕见的情况。

说个真事。前几年一个和我同一级别的姑娘，在一个所里臭名昭著的项目上连续加班几周，一天凌晨三点开车回家的路上睡着了，撞了大卡车，昏迷不醒有大半年。还好命捡回来了，男朋友不离不弃，醒来就结婚，据说现在恢复得还不错。

审计到底有多苦？有时候看本事。

许多时候忙到不可开交，却是为了一个无意义的deadline，假如你的领导肯稍微强势一点或许可以争取到更多时间；

有时候明明可以用一些简单的测试方法，得到事半功倍的效果，就是没有人去提，或者领导怕承担风险硬是要你用那个更花时间的方法；

很多时候如果事先沟通好就能避免许多无用功，偏偏没有，导致差之毫厘，谬以千里；

明明可以提前安排把一些重要而不紧急的事情先做掉，却拖延症大爆发导致所有的事情都变成又重要又紧急，一下子全都搞不定；

不肯花时间好好培训下级，结果下级没按要求做好导致一大堆时间浪费……

我并不是说靠个人能力就可以避免所有的加班加点。凡是牵涉到多方面多层级的事情都是一环扣一环，哪环出了问题都会互相影响，还有太多太多不可控的外在因素。但是，大体上来讲，运营项目的能力越强，事先安排做得越到位，最后出状况的可能性小。

从我自己的经验来看，审计的头三四年，从工作时间和强度上来讲，确实是最苦的。可是那会儿年轻，没有家庭负担，就算苦，也容易扛过去。更重要的是，那几年是积累的年头。辛苦一点，挣来的，是经验，是知识，是人脉。你会成为一个有一技之长的专业人士，在社会有立足的本领。

当然，我现在是不需要一周工作六七十个小时了，而且领导也给了尽可能多的自由度。但是！一边上班一边还要奶娃娃的辛苦……不是你们只需要工作六七十个小时的人能理解的啊！

军队审计任务同样很繁重。2017 年 5 月 26 日，中央军委审计署某审计中心审计组就在执行审计任务期间，举行了“我和党旗合个影、向党说句心里话”主题党日活动。

该审计中心任务繁重，人员年平均在外执行任务 8 个月以上。“军人 + 审计人员”决定了他们的无条件服从。针对这一实际情况，他们把加强外出审计期间党组织建设，作为推进“两学一做”常态化制度化的一项重要举措：每次外出审计前都及时成立临时党支部、党小组，把落实组织生活制度纳入审计实施方案，克服在外执行任务的诸多不便，规范组织“三会一课”，落实学习教育内容。任务繁重，组织生活标准不降；人员在外，党性锤炼常抓不懈。不少同志面对繁重的工作任务主动加班加点，以坚定自觉的党性原则、严谨求实的工作作风、廉洁自律的良好形象赢得了执行任务所在单位官兵的普遍好评。

以上可知，政府审计、社会审计、军队审计，不论哪个领域的审计人员的工作都是很辛苦的。那么，是不是收入就很高呢？那倒不一定，要看你在哪里从事审计工作。

2015 年 12 月，无锡市人社局通过对无锡的 450 家企业、6.7 万名职工薪酬情况进行调查后，最终形成了 2015 年度人力资源市场工资指导价位表。这张统计表涉及企业负责人、办事员、商业、服务业人员、生产运输工人、专业技术人员六大类 16 个行业的 225 个主要工种，包括高、中、低档三个层次，每一个职业还统计出了平均价位。225 个职业基本涵盖了无锡各行业通用性、流动性较强的职位。

究竟哪些岗位工资高？通过对该表 225 个工种的排序，飞行员和领航员这一稀缺高端工种拔得头筹，无论是年薪高位数、还是平均数都是 TOP1！其年薪最高达 89 万元，平均年薪也达到 55 万元。飞行员通过率那么低，可以说是万里挑一，工资这么高也是意料之中。

工资排名第二的居然是审计人员，其年薪高位数有 88 万元，仅仅比飞行员少了 1 万元，平均年薪是 22 万元，虽然比飞行员的 55 万元少了一大半，可还是排在了第二位。但许多猎头公司的猎头们都表示这个数字有点高，“或许是采集样本不太一样，我们一般接触到的没有这么高，无锡毕竟没有四大会计师事务所。”一名不愿透露姓名的猎头透露，目前在无锡上市公司做项目审计的高级经理一般年薪才能达到 20 万元偏上。可见，即使审计人员工资有如此之高，那也只是上市公司或者四大会计师事务所才行。

在有条件的情况下，有关部门也及时调整审计人员的补贴，体现了一种关怀。比如，财政部、人社部在 2011 年发《关于调整审计人员工作补贴实施范围和标准的通知》，规定：

（1）审计人员工作补贴的执行范围，限于国家各级审计机关和列入审计署编制的审计署派驻国务院部委、地方审计机构工作人员，财政部驻各地财政监察专员办事处工作人员。

（2）审计人员工作补贴标准调整为，每人每月 220 元。

（3）审计人员工作补贴列入工资统发，按月发放。调离审计工作岗位或离退休的人员，从调离或离退休的下个月起停发工作补贴。

（4）审计人员工作补贴所需经费，仍按其行政隶属关系和现行经费保障、工资发放渠道解决。

（5）各地区要严格执行审计人员工作补贴规定，不得擅自扩大范围和提高标准。

（6）调整审计人员工作补贴标准，从 2011 年 1 月 1 日起执行。1997 年人事部、财政部、审计署《关于调整审计机关审计人员工作补贴范围和标准的通知》（人发〔1997〕119 号）同时废止。

而 1997 年规定的审计人员工作补贴的发放标准是：地（市）以上审计机关审计人员工作补贴标准为每人每天 2 元，县级审计机关审计人员工作补贴标准由现行的每人每天 1 元提高到 2 元。

审计人员工作补贴发放办法：根据实际出勤天数计算，按月发放。调离审计工作岗位的人员，停发审计工作补贴。

可见，当时的补贴标准是相当低的。即使是 2011 年至今，审计人员待遇也算是相当低的。而有丰富实践经验的政府审计人员到上市公司工作，工资待遇会增加数倍。从无锡的收入排行榜上，可见一斑。有必要不断地提高审计人员的待遇。

4. 审计用车应更灵活

面对审计人员的辛苦，以及保密性的特殊要求，我在 2015 年 9 月给民进中央提了一条社情民意信息《关于在审计项目经费中增加市内交通费支出的建议》。内容如下：

> 公车改革正在全国上下推行，此次车改不仅节约公务出行的经费，而且重塑了政府与官员的形象，是一件利国利民的大事。但是，由于审计工作保密的特殊性，车改有可能给正常的审计工作带来不便，甚至带来负面的影响。
>
> 一、审计小组工作用车的特殊性
>
> 虽然全国各地设有各级审计机构，并在一些大城市设有 18 个审计署特派员办事处，审计系统所拥有的公车，还是无法满足众多在外审计小组用车的需要。因此，车改之前，各审计小组的用车制度一般是这样：审计小组进驻被审单位之后，要提供一定面积的审计工作场所，用于封闭式的审计工作；要链接网络，便于联络，开展计算机的联网审计；在审计小组支付部分费用的情况下，被审计单位提供公务用车，用于接送携带保密材料的审计人员，或者接送审计人员到银行、工地等实地开展延伸审计。这样，在原有的审计经费安排中，即使没有专门的交通费用的项目，也能够完成审计任务。

通过与审计系统的同志的多次交流，了解了审计工作用车所具有的特殊性。从审计机关的工作特点来看，现在审计工作的方式、方法与以前有较大变化和不同，以前的审计工作主要是在被审计单位内部开展，外出延伸审计较少；现在在审计项目统一组织、统一分析、分散核实的审计组织模式下，延伸审计必不可少；在实施过程中需要大量地延伸到被审计单位以外的公安、工商、税务、银行、证券、环保、房管等部门和单位进行相关情况的核实工作。车改后，审计工作用车问题就比较突出。

从审计人员出行的自身情况来看，一是由于审计人员外出审计均带有审计专网便携式计算机，有时甚至携带有密级文件（被审计单位的资料也属于商业秘密），外出乘坐出租车、公共汽车、地铁等公共交通工具往返被审计单位与其他单位或车站、机场，加上因出差时间长携带的行李也较多，容易造成行李、文件资料和取证材料的遗失，加大了国家机密或审计工作秘密的泄露风险。二是审计机关的审计工作多数在异地开展，由于存在工作时间紧、延伸审计的任务量大，有的被审计单位下属企业或关联单位相互距离非常远，有的位置很偏僻，甚至没有公共交通工具可到达等问题，如因公车改革后不能保证审计业务用车，势必影响审计工作的顺利进行。三是在同城审计的延伸审计中，以武汉这样一个特大城市为例，相关单位部门相隔距离较远，如果没有车辆保障，尤其靠乘公共汽车、地铁等公共交通工具，暂不谈安全保密问题，就以往半天或一天结束的延伸审计，将会被动地延长审计时间，降低审计效率。如果选择乘坐出租车，费用也是远远不够的。而在调查一些重要线索时，也存在一个人身安全保障的问题。

二、车改之后的审计小组工作用车将没有着落

笔者从1993年起关注广东东莞沙田镇车改，2003年5月20日从中南财大到湖北省统计局担任副局长，自主进行公车改革，十年全国人大代表期间，呼吁公车改革，对公车改革有一定的了解。

2014年是中央机关的车改，车改之后，中央机关可以说是每台车都有用途，在职副部级及以上，一人一台车，局级及以下无车，但每月发车补（科级500元，处级800元，司级1300元），剩下的车辆分别是机要通信用车、应急用车、退休人员用车三类。已经无法再调出车辆用于审计小组进驻之后开展审计工作了。如果由被审计单位出钱租车给审计小组使用，又严重违背了审计工作的“八不准”的规定，有审计部门与被审计单位利益输送之嫌。

2015年是省级及以下党政机关的地方车改之年。车改之后，各单位的公车会减少一半乃至三分之二。更是无法为审计小组提供工作用车。因此，无论从中央机关，还是地方层面，依靠向被审计单位付费而提供必要的交通工具，已经是不可能的事情了。审计小组的交通经费支出，可能需要增加。

从公车改革的政策层面看，审计机关的工作性质与其他单位相比较，此次未纳入17个执法部门之列，较为遗憾。因为其他单位和部门是有情况才出去，而审计机关的工作性质是在路上、在外面，特派办的工作性质尤其反映明显。

三、以保障与节约为原则满足审计工作的交通需要

具体建议如下：

第一，依据审计机关工作的特性，适当增加应急公务用车，

解决成建制处室审计人员接送站的问题，并适当增加多座位的商务车。

第二，把交通经费列入审计项目经费实报实销。审计工作用车模式具有特殊性，一是及时性，二是保密性，三是机动性。可以借鉴纪委、公安办案的方式，对审计工作交通费予以提前列支，实报实销。纪委、公安办案，是不可能由涉案单位与个人出钱或者出车的，出了就是违法违纪。但是，在办案过程中，又必须要有车辆。除了使用自有车辆之外，那就是通过租车来解决。因此，在审计项目经费安排方面，财政部门允许提前列入交通费用，是可以做得到的。

具体办法是，通过审计费用大数据，推算出“人均审计交通费”，列入审计项目总经费，先定预算，审计工作完成之后，成为总经费的一部分。一般来说，所住的酒店与被审计单位都比较近，步行即可。因此，审计项目的交通费主要是延伸（银行或者工地）审计所产生的交通费。

第三，尽可能采用有记录的方式出行。有滴滴出行、神州专车等约租车的城市，优先选择此类交通工具。因为这些专车有记录的功能，可以避免租车私用。没有此类专车，或者还没有推广的城市，只能使用出租车，不过要注意资料的安全。

第四，审计小组可以与当地政府的公车服务中心联系。满足比较稳定且可以提前安排的人数较多的公务出行，由审计小组支付租车费用。同时，在审计过程中，尽可能减少延伸审计事项，实现精准审计，能够送审的就进行送达审计，确需延伸的租用车辆。

第五，在审计项目完成之后，把所有开销予以理清。这就是审计工作的总成本。各级审计部门可以对每个审计小组的人均审计经费进行比较。

财政审计

审计自古就有，而最早的审计内容，就是公共财政的审计，现在，尽管审计内容已经实现了全覆盖，但是，政府预算收支是审计的核心内容[1]。只不过是深度与广度不同而已。

1. 公共财政的新阶段

公共财政是为市场提供“公共”服务并弥补市场失效的国家财政，它受“公共”的规范、决定和制约。市场经济要求和呼唤着公共财政，只有公共财政才能适应于、服务于并有利于市场经济的存在和发展。中共十三届四中全会以来，通过制定一系列正确的财政方针政策，国家财政得到了巨大发展，一个基本适应社会主义市场经济发展要求的公共财政体制框架已经建立。

当时，按照建立社会主义市场经济体制的要求，对财政收入体系

1 叶青：《公共财政背景下的财政审计》，《湖北审计》2003 年第 10 期。主要框架来自此文。

进行了一系列改革，包括以工商税制和分税制改革为核心的财税体制改革、税费改革、所得税收入分享改革等。这些改革在规范分配关系的同时，也促进了财政收入稳定增长机制的形成。2001 年全国财政收入 16386 亿元，比 1990 年增加了 4.6 倍。国家财政收入占国内生产总值的比重由 1994 年的 11.2%提高到 2001 年的 17.1%，由不断下降的趋势转变为稳步上升的趋势。

按照公共财政的要求，不断调整财政支出结构，加大对社会保障、农业、教育、科技、生态建设和环境保护等社会公共需要的支持力度。以社会保障为例，2001 年仅中央财政用于“两个确保”和城市居民最低生活保障的支出达 507.74 亿元，是 1998 年的 5 倍多。近几年中央财政用于“低保”的支出，连年成倍增长，全国享受政府低保补助的人数已达到 1931 万人。同时，立足国情，借鉴国际经验，稳步推进了部门预算、国库集中支付制度、政府采购制度和深化“收支两条线”管理等改革，在财政支出管理的规范化方面迈出了重要步伐，促进了财政资金使用效益的提高，有利于从源头上和制度上遏止和防范腐败。

1993 年为治理经济过热实行了适度从紧的财政政策。1998 年为应对亚洲金融危机的影响和国内经济运行中出现的通货紧缩迹象实施了积极的财政政策，主要通过增加发行建设性国债扩大财政支出，重点用于农林水利、交通通讯、环境保护、城乡电网改造和城市公用事业等基础设施建设投资，改善基础设施条件。这是两次成功的实践，基本实现了财政宏观调控由被动调控向主动调控的转变，由直接调控向间接调控的转变，由单一调控方式向多种调控方式的转变。2001 年财政赤字和债务余额占 GDP 的比重分别为 2.7%和 16.3%，都处在国际公认的安全线以内。

通过暂停征收固定资产投资方向调节税、对企业设备投资实行投资抵免所得税、恢复征收利息所得税、提高部分产品出口退税率等税收政策的调整，带动和引导国内投资和消费需求的增长，支持外贸出口。通过收入分配政策的调整，努力增加城镇中低收入居民的收入，促进消费需求的扩大。

当时在推进市场经济体制建设的大背景下，只有继续加快建设和完善公共财政体制，才能为全面建设小康社会提供更加强有力的财政保障。

一是继续完善和优化税收制度，为各类企业开展竞争创造更为公平的税收环境，积极发挥税收对收入分配的调节功能。

二是稳步推进税费改革，特别是全面搞好农村税费改革，规范政府收入分配秩序，减轻农民、企业和社会的负担，逐步建立以税收为主、少量必要规费为辅的政府收入体系。

三是继续完善分税制和转移支付制度，规范政府间的分配关系，促进区域经济协调发展，促进西部大开发战略的实施。

四是适应市场经济的要求，调整和优化财政支出结构，逐步规范公共财政支出范围，加大对农业、科技、教育、卫生、公共安全、社会保障、生态环境建设等公共需要的投入力度，促进科教兴国战略和可持续发展战略的实施。

五是继续深化部门预算、国库集中支付制度、政府采购制度等支出管理制度改革和“收支两条线”管理等改革，改革预算外资金管理体制，使财政管理更加规范，提高财政资金使用效益。

六是健全财政宏观调控职能，根据经济形势的发展变化，实行恰当的财政政策，促进经济稳定增长。

七是适应政府职能转变的需要，转变财政职能，加强财政干部队伍建设，努力实现依法理财。

八是全面实施“金财工程”，加快财政信息化建设步伐，全面提高财政管理现代化水平。

2. 财政审计是重点

财政收支的健康，离不开审计；而审计的“初心”又是保障财政收支的安全。因此，从 1983 年恢复成立审计机构，财政审计就是核心内容。

首先，按照国际惯例，国家审计主要是监督国家的财政收支。

其次，从法律上看，财政审计是年度必审的重点项目。

再次，在国民经济宏观调控体系中，国家的国民经济职能管理部门通过制定和实施财政政策来实现对国民经济的调控。而国家审计机关则通过财政政策的实施情况进行监督检查以实现对国民经济的间接调控。

审计法颁布后，各级审计机关以开展本级预算执行审计为中心，逐步拓展审计新领域，带动和促进了其他各项审计工作的发展。1998 年，审计署新一届党组第一次将国家审计划分为财政审计、金融审计和企业审计，提出了“三大审计”的概念，初步确立了财政审计在国家审计中的地位，符合现阶段的国情，同时也向国际惯例迈出了一步。从发展趋势来看，随着社会主义市场经济体制的逐步建立和完善，特别是随着公共财政框架的确立、现代企业制度的建立、政府与企业职能的分开以及社会中介组织执业的规范与质量的提高，国家审计的重点将实行重大调整，即逐步从企业审计领域中退出，重点转向财政收支审计。而且，在财政收支审计方面，除了传统的审计项目和内容外，还要适应建立公共财政的需要，在部门决算审签、政府采购审计、环保资金和社会保障资金审计以及财政资金使用效益审计等方面将取得新的突破。国家审计对国有企业在法律上虽然也保留审计监督的权力，但实际的审计监督工作主要由社会中介组织承担。我国的审计监督制度产生于改革开放的初期。当时，正处于由计划经济向市场经济的转轨，国有企业在国民经济中居于绝对的主导地位，而且数量多，分布广。当时审计机关的主要任务就是监督国有企业的财务收支。无论是从审计机关内部的机构设置和人员配备上，还是从工作重点的摆布上，都明显地体现了这一思路，即以国有企业财务收支审计为中心，财政审计主要是以下级政府财税部门为对象，开展少量"上审下"，审计范围比较窄，覆盖面比较低，影响也不大。

2003 年 7 月，时任审计长李金华在处长培训班上强调，财政审计要实现两个转变，一是从收、支并举向支出审计转变；二是从揭露中央本级支出向揭露中央本级支出和转移支付转变。财政审计要有所为，有所不为。这意味着财政审计工作的范围要进行相应的调整。

财政审计，过去往往重视支出的质量与效率问题，现在，也关注财政收入的问题、债务的问题。

2017 年 12 月 8 日，审计署发布了 2017 年第三季度国家重大政策措施贯彻落实跟踪审计结果。审计发现，部分地区违规举债。江西、陕西、甘肃、湖南、海南 5 个省的 5 个市县通过出具承诺函等违规举借政府性债务 64.32 亿元，虚增财政收入 15.49 亿元[1]。

1 《2017 年第三季度国家重大政策措施贯彻落实情况跟踪审计结果公告解读》，审计署网站，http://www.audit.gov.cn/n5/n25/c117880/content.html。

江西省九江市违规举借政府性债务 4 亿元并长期闲置。2016 年 2 月，江西省九江市土地储备中心以暂缓执行的土地收储项目，向九江银行股份有限公司贷款形成政府承诺以财政资金偿还的债务 4 亿元。截至 2017 年 8 月底，上述资金尚未实际支出，贷款资金长期闲置。

此外，陕西省韩城市违规举借政府性债务 3.57 亿元。甘肃省兰州新区农林水务局违规出具承诺函，形成政府性债务 1.92 亿元。湖南省长沙市望城区违规出具承诺函，形成政府性债务 1.4 亿元。海南省海口市违规出具承诺函，形成政府性债务 53.43 亿元。

审计还发现，云南、湖南、吉林、重庆 4 个省份的 10 个市县（区）虚增财政收入 15.49 亿元。

2017 年 1 月至 7 月，吉林省白山市及所辖的 6 个县、市、通过将财政拨付的项目建设资金或医院经营收入等作为行政事业性收入缴入国库方式虚增财政收入 11000 万元，通过将财政资金拨付至相关部门后再以预缴耕地占用税的名义虚增财政收入 16857.71 万元。

2014 年至 2016 年，湖南省长沙市望城区通过虚假划拨政府办公楼产权方式由望城区产权交易管理中心缴纳国有资源、资产有偿使用收入 123748 万元。

2017 年 6 月，云南省澄江县住房和城乡建设局以特许经营权转让价款名义将项目建设资金上缴至县财政局，虚增财政收入 1299.73 万元。

2016 年，重庆市巴南区通过向 2 家民办学校收取国有资源（资产）有偿使用收入后再进行返还的方式虚增财政收入 2000 万元。

3. 加强财政审计

(1）明确财政审计的总体变化

同级财政审计应该适应政府职能转变以及财税法律、体制和管理方式发展变化的要求，以财政综合预算为主线，以部门预算为基础，以政府采购和国库集中收付为关键环节，有选择、有重点地向绩效审计延伸，通过揭示财税执法和预算执行、管理活动中存在的不合法、不真实、不规范、不合理的问题，促进公共财政框架体系和财税管理的完善，提高预算的法律约束力和资源配置效率。

在审计专题安排上，注意紧扣财政改革的关键环节。在抓好财税库审计的同时，做到“三个围绕”，即围绕贯彻新时代中国特色社会主义思想，加强对离退休人员基本养老保险基金、下岗职工基本生活和再就业补助资金等社会保障类资金的审计；围绕社会经济发展和城市建设，加强对教育资金、农业资金、宣传文化专项资金、老城改造资金等重点专项资金以及重点建设项目的审计；围绕财政改革，以预算分配管理、“收支两条线”管理、政府采购以及专项资金管理使用情况等内容为重点，对劳动、教育、民政等部门预算执行情况进行审计。

在审计项目实施上，实行计划项目跨年度滚动安排，并做到统一组织实施、统一计划方案、统一质量要求、统一定性处理，最大限度地发挥预算执行审计的整体效应。坚持将其他专业审计，特别是上级审计部门统一组织实施的项目与预算执行审计相结合，并注意内容安排、时间要求的协调统一。坚持按照“全面审计，突出重点”的要求，扩大预算执行部门的审计覆盖面，并对一定数量的二、三级预算单位以及财政资金直达单位和项目进行延伸审计和审计调查。

在审计方法运用上，强调在预算执行的真实性、合法性审计的基础上，注意向“两头延伸”，即向预算编制的科学性、合理性延伸；向预算执行结果的效益性延伸。强调扩大预算执行审计的科技含量，利用审计软件有重点地开展计算机辅助审计，进一步提高审计效率。强调抓住典型，解剖麻雀，不断提升审计工作成效。

（2）适应预算制度改革要求，强化预算审计工作

预算改革的目的是兴利除弊，在进一步完善财政收入管理的同时，改革现行的财政支出管理体制，逐步建立起适应社会主义市场经济体制要求的高效、科学、规范、透明的预算管理制度和公共财政框架，建立稳固、平衡、强大的国家财政。传统的财政审计的思维方式是注重预算执行，忽视预算编制；重预算支出，轻预算收入；抓预算结果，弃预算过程。因此，必须转变财政审计思维方式，一手抓预算编制审计，一手抓预算执行审计。从预算收入审计入手，着力于预算支出审计，从预算执行结果审计出发，逆向延伸至预算执行和预算编制过程。严格区分财政审计监督与财政预算管理的职责界限，审计不包办、代替和干涉预算监督，但审计也不能放弃对预算监督的再监督，按照“先有预算，后有支出，再有监督”的原则，并根据审计法的规定，正确履行财政审计职能，规范和约束预算管理秩序及其财政分配行为。

预算改革的特点是细化预算编制，硬化预算约束，规范预算管理，强化预算监督，整个预算过程从编制到执行再到结果，刚性进一步增强，透明度进一步提高，约束力进一步加大。因此，审计方式方法要做到三个结合，一是传统审计技术与现代审计技术的结合。在沿用手工技术审查预算账目资料的同时，更要注重研究和不断开发预算审计的计

算机软件。二是“上审下”“同级审”与乡镇财政审计的结合。一方面上级审计机关对下级政府的财政审计与下级审计机关对本级政府预算执行审计要统筹规划、相互衔接，划定各自的重点范围，形成一个有机整体；另一方面县级审计机关要把本级政府预算执行审计与对乡镇政府财政决算审计在内容和方法上统一起来，有利于由下到上、从微观到宏观揭露和分析预算管理中的深层次问题，从而确保财政审计的完整性。三是与其他专业审计与财政审计的结合。

改革后预算制度从方案编制到执行过程增加了一系列规范化、约束性的规定，预算细化、国库集中收付、政府采购、财政转移支付等新增加的管理制度，使得财政审计的内涵与外延都有相当大的扩展。因此，财政审计必须进一步突出重点内容，一是预算的编制有无细化到科目、到部门、到项目，是否科学合理。二是预算的执行是否认真严肃，预算经人大批准后是否及时批复到部门、单位；执行中是否坚持先有预算、后有支出、严格按预算支出的原则，有无直接或变相改变预算用途和使用方向；预算调整尤其是突击追加预算是否真实和符合法定程序。三是国库集中收付制度是否真正贯彻执行，预算单位的所有财政收支有无全部列入预算，尤其是财政支出是否都通过预算安排并由国库直接支付。四是政府采购制度及其执行情况。应纳入政府采购范围的是否实行政府采购，招标采购是否做到公开、公平、公正，采购合同的签订与采购资金拨付是否合规等。五是转移支付制度及其执行情况。

（3）探索决算审计与市县长经济责任审计的结合

财政决算审计是市县长经济责任审计的基础，而市县长经济责任审计是财政决算审计结果的体现，是财政决算审计的深化。从市县长经济责任审计的试点情况来看，财政决算审计与市县长经济责任审计相结合的方法是可行的。通过对本级财政及其他财政收支情况的审计，来衡量评价市县长任期内履行经济责任的情况，是市县长经济责任审计的一个特点，也是市县长经济责任审计的一个切入点。既注意两者的有机结合，围绕财政性资金的收支管用运营情况，在财政决算审计的基础上来评价分析市县长的经济责任和管理能力，实现审计资源的共享；又注意两者的区别，一方面是要结合市县长经济责任审计扩大财政决算审计的覆盖面，强化对重点领域、重点部门、重大投资项目、重点资金的审计，深入揭示深层次问题，充分发挥财政审计的整体效益。另一方面是要围绕市县长的经济决策权、经济管理权、经济政策执行及监督权以及财政性资金活动的内部控制制度来确定审计重点、审计延伸单位，并根据市县长经济责任审计的特点和需要来进一步获取责任状况的客观依据，尤其是对重大问题事项，要在审计范围内进一步作责任取证，防止只停留在决算审计层面上，避免重大事项脱离市县长经济责任审计的视野。

（4）适应现代财政管理理念，积极探索财政资金绩效审计

公共支出效益包括宏观效益与微观效益的统一、经济效益与社会效益的统一、近期效益与长远效益的统一。经济性、效率性和效果性是绩效审计的三个要素。财政资金绩效审计，要审查是否以一定的财政资源耗费提供最大限度的社会公共事务，要评价财政支出在保障国民经济和社会发展中作用的发挥情况和程度，要评价各部门使用财政资金的效果，要评价财政资金的各项管理控制制度的健全有效性，要评价财政资金管理者和有关责任人履行法定责任的情况。

财政资金绩效审计的方法主要有：

成本效益分析法，是指把财政支出方案的全部预期成本和全部预

期效益加以详列，通过比较分析，来评价该方案的效益情况。主要适用于效益是经济的、有形的、可以用货币衡量的财政支出项目。

最低费用选择法，以取得一定社会效益所需费用的大小为标准来评价财政支出效益的高低。该方法一般不用货币来计量支出项目的社会效益，只计算项目的有形成本。

财务分析法，是通过对单位财务运行状况进行比较分析，来反映单位的支出执行情况，并对其支出效果进行评价。主要通过比较分析法（本期支出实际完成数与预算数比较、本期实际完成数与上期实际数比较）和比率分析法（相关指标比率分析、构成比率分析和动态比率分析）。

（5）突出对地方政府执行国家财政经济政策情况的审计

从公共财政职能分析，地方财政在履行公共财政资源配置、调节收入分配和稳定经济这三大职能中往往受地方经济利益的驱动，在财政预算内外收支中经常会出现舍大局、顾局部和损国家、利地方的经济活动。从审计实践中发现的地方财政行为不规范和违纪问题往往与本级政府的财政意志、政府行为、地方利益有关，其做法通常表现为地方政府或财政部门通过制定一些不符合国家有关法律法规、政策的地方经济政策来达到目的。而财政预算是国家有计划地参与社会产品和国民收入分配的重要形式和工具，规定着政府活动的范围和方向，制约着经济发展的规模和速度，具有极强的政策性。随着公共财政改革的推进，公共财政职能、作用的充分发挥都将通过制定一系列大政方针、财政经济政策来实现。因此，国家审计不仅仅要着眼于查处财政预算收支中的违规乱纪问题，更要着眼于地方政府、财税部门执行国家既定的大政方针、财政经济政策的情况。重点是监督地方政府及财政部门认真贯彻执行国家的财政方针、政策情况，正确处理地方利益与国家利益的关系、局部利益与全局利益的关系，保证国家统一政令的畅通。监督地方财政预算分配中对支农支出、教育、科技等重点资金的投入及增长情况，是否符合国家的有关规定。监督财税部门对国有企业、股份制企业、行政事业单位的税收制度执行情况、财务管理情况。监督地方政府运用财税等宏观调控手段促进调整产业政策，提高经济效益的情况。

4. 全覆盖之后的财政审计

财政审计发展到今天，随着财政收支规模的扩大、审计全覆盖的要求而任务越来越繁重。

2015 年 12 月 8 日，中国政府网公布了中共中央办公厅、国务院办公厅印发的《关于完善审计制度若干重大问题的框架意见》及《关于实行审计全覆盖的实施意见》。

《关于实行审计全覆盖的实施意见》的主要内容如下：

一是实行审计全覆盖的目标要求。

审计机关要建立健全与审计全覆盖相适应的工作机制，科学规划，统筹安排，分类实施，注重实效，坚持党政同责、同责同审，通过在一定周期内对依法属于审计监督范围的所有管理、分配、使用公共资金、国有资产、国有资源的部门和单位，以及党政主要领导干部和国有企事业领导人员履行经济责任情况进行全面审计，实现审计全覆盖，做到应审尽审、凡审必严、严肃问责。对重点部门、单位要每年审计，其他审计对象 1 个周期内至少审计 1 次，对重点地区、部门、单位以及关键岗位的领导干部任期内至少审计 1 次，对重大政策措施、重大投资项目、重点专项资金和重大突发事件开展跟踪审计，坚持问题导向，对问题多、反映大的单位及领导干部要加大审计频次，实现有重点、有步骤、有深度、有成效的全覆盖。

二是对公共资金实行审计全覆盖。

这是核心内容。审计机关要依法对政府的全部收入和支出、政府部门管理或其他单位受政府委托管理的资金，以及相关经济活动进行审计。主要检查公共资金筹集、管理、分配、使用过程中遵守国家法律法规情况，贯彻执行国家重大政策措施和宏观调控部署情况，公共资金管理使用的真实性、合法性、效益性以及公共资金沉淀等情况，公共资金投入与项目进展、事业发展等情况，公共资金管理、使用部门和单位的财政财务收支、预算执行和决算情况，以及职责履行情况，以促进公共资金安全高效使用。根据公共资金的重要性、规模和管理分配权限等因素，确定重点审计对象。坚持以公共资金运行和重大政策落实情况为主线，将预算执行审计与决算草案审计、专项资金审计、重大投资项目跟踪审计等相结合，对涉及的重点部门和单位进行重点监督，加大对资金管理分配使用关键环节的审计力度。

这与以往的财政审计已经有巨大的差别。

三是对国有资产实行审计全覆盖。

审计机关要依法对行政事业单位、国有和国有资本占控股或主导地位的企业（含金融企业）等管理、使用和运营的境内外国有资产进行审计。

四是对国有资源实行审计全覆盖。

审计机关要依法对土地、矿藏、水域、森林、草原、海域等国有自然资源，特许经营权、排污权等国有无形资产，以及法律法规规定属于国家所有的其他资源进行审计。将国有资源开发利用和生态环境保护等情况作为领导干部经济责任审计的重要内容，对领导干部实行自然资源资产离任审计。

五是对领导干部履行经济责任情况实行审计全覆盖。

审计机关要依法对地方各级党委、政府、审判机关、检察机关，中央和地方各级党政工作部门、事业单位、人民团体等单位的党委（党组、党工委）和行政正职领导干部（包括主持工作 1 年以上的副职领导干部），国有企业法定代表人，以及实际行使相应职权的企业领导人员履行经济责任情况进行审计。

六是加强审计资源统筹整合。

适应审计全覆盖的要求，加大审计资源统筹整合力度，避免重复审计，增强审计监督整体效能。加强审计项目计划统筹，在摸清审计对象底数的基础上，建立分行业、分领域审计对象数据库，分类确定审计重点和审计频次，编制中长期审计项目规划和年度计划时，既要突出年度审计重点，又要保证在一定周期内实现全覆盖。

七是创新审计技术方法。

构建大数据审计工作模式，提高审计能力、质量和效率，扩大审计监督的广度和深度。有关部门、金融机构和国有企事业单位应根据审计工作需要，依法向审计机关提供与本单位本系统履行职责相关的电子数据信息和必要的技术文档，不得制定限制向审计机关提供资料和开放计算机信息系统查询权限的规定，已经制定的应予修订或废止。探索建立审计实时监督系统，实施联网审计。

由上可知，审计全覆盖是指在一定时间内，对稳增长、促改革、调结构、惠民生、防风险等政策落实情况，以及公共资金、国有资产、国有资源、领导干部经济责任履行情况进行全面的审计监督，涉及公共资金、国有资产和国有资源的分配、管理和使用的全部环节。审计全覆盖，是指动态意义上对审计监督对象的全面覆盖。即通过科学安排审计计划，合理选择审计方式，使所有监督对象在一定时间内都能接受审计监督，形成周期性的动态审计全覆盖。

2013 年 12 月 27 日，时任审计署审计长刘家义在全国审计工作会议上提出，2014 年要努力实现审计监督“全覆盖”，依法使所有公共资金、国有资产、国有资源都在审计监督之下，不留盲区和死角，不断增强审计的威慑力和实效性[1]。

在他看来，审计“全覆盖”，一要有深度，不能走马观花，一味追求数量，在面上把所有单位走一遍，要对每个项目都审深审透；二要有重点，不是所有领域、所有项目平均用力，“眉毛胡子一把抓”，要紧紧围绕党和政府工作中心，全面把握相关领域的总体情况，确定审计的重点领域、关注的重点问题；三要有步骤，不是一步到位、大干快上，走大跃进、跳跃式路子，要统筹部署，有计划推进，确保实现对重点对象每年审计一次、其他对象五年至少审计一次；四要有成效，要在做到审计覆盖面“广”的同时，力争反映情况“准”、查处问题“深”、原因分析“透”、措施建议“实”。

2017 年 6 月 23 日，审计署审计长胡泽君受国务院委托，在第十二届全国人民代表大会常务委员会第二十八次会议上，作了《国务院关于2016 年度中央预算执行和其他财政收支的审计工作报告》。反映的虽然

1 新华网：《努力实现审计监督“全覆盖”——审计署审计长刘家义谈明年审计工作着力点》，审计署网站，2013 年 12 月 28 日，http://politics.people.com.cn/n/2013/1228/c70731-23966566.html。

是“中央预算执行和其他财政收支”的审计，但是，其范围已经大大超过传统的财政审计。

报告内容包括中央财政管理及决算草案审计情况、中央部门预算执行审计情况、国家重大政策措施落实跟踪审计情况、扶贫资金审计情况、重点专项资金审计情况、金融审计情况、中央企业审计情况、审计移送的重大违纪违法问题线索情况、审计建议九个方面。

中央预算执行情况总体较好，中央财政一般公共预算收入完成预算的 100.02%。

财政资金使用绩效进一步提高。但从财政管理和预算执行具体组织实施情况看，还存在一些需要改进的问题。主要是部分预算分配和管理还不够规范、转移支付管理还不完全适应改革要求、财税领域部分事项改革亟待深化。

审计的 73 个部门及其 332 家所属单位 2016 年度预算执行情况总体较好，预算管理的规范化程度和财政资金使用绩效明显提高，“三公”经费和会议费持续压减，公务接待、因公出国(境) 费用管理基本规范。但个别部门和一些所属单位预算管理还不严格、部分事项处理还不够规范。审计指出问题后，有关部门通过追回资金、调整账目等整改 5.42 亿元。

在推进供给侧结构性改革和“三去一降一补”任务落实方面，审计发现的主要问题包括“放管服”改革有些具体措施尚未完全落地，涉企收费管理机制还不够健全等。

重点抽查了 20 个省的 158 个国家扶贫开发工作重点县和集中连片特困地区县，抽查扶贫资金 336.17 亿元。扶贫资金在一些地方具体使用中尚需进一步精准聚焦，个别地方存在扶贫举措不实等问题。有关地方和部门已追回或盘活扶贫资金 6.48 亿元，促进完善规章制度 42 项，处理处分 44 人。

在全国医疗保险基金审计发现，至 2016 年 6 月，有 2.65 万家用人单位和 47 个征收机构少缴少征医疗保险费 30.06 亿元，还有 95.09 万名职工未参加职工医保；基金管理方面，有 923 家定点医疗机构、药店及少数个人涉嫌通过伪造诊疗资料、分解住院等骗取套取基金 2.17 亿元，有关单位还违规出借基金等 1.2 亿元；有 474 家医疗机构超过规定幅度加价销售药品和耗材 5.37 亿元，还有 1330 家医疗机构自定项目或重复收费等 5.99 亿元，加重了医保负担。审计指出问题后，有关地方和单位追回或补充安排资金 15.64 亿元，调整会计账目 14.07 亿元。对 40 个地区自然资源资产管理和 18 个省节能环保资金使用情况的审计显示，一些地方自然资源资产开发利用和管理还不够严格；有些节能环保项目推进缓慢、未达预期效果。审计指出问题后，有关地方收回、归还、补拨和盘活资金 11.09 亿元，完善制度 24 项，恢复违规占用的草地、林地、耕地 5749 公顷，处理处分 13 人。

跟踪审计工商银行、农业银行等 8 家重点商业银行信贷投放情况，以及对中国石油、中化集团、中船集团等 20 户中央企业的审计情况。

报告指出，上述各项审计中，发现并移送重大违纪违法问题线索 600 多起，涉及公职人员 1100 多人。这些问题有以下特点，一是国有资产资源和公共权力集中领域问题较多。二是农副产品、黄金、药品等领域偷逃税问题呈多发态势。三是非法集资、洗钱等问题影响范围广。四是民生领域“小官贪腐”问题较为突出。

针对审计情况，报告提出了继续深化财税领域改革、切实加强重点领域监管和风险防控、着力提高财政管理水平和绩效等审计建议。

5.“土地财政”的审计

“土地财政”成为从专家到民众都耳熟能详的一个名词，最近十年更是如此。在1994年实行分税制之前，地方财政收入比较丰厚[1]。

分税制之后，地方财力明显减少，财权分配集中于中央，使得中央财政游刃有余。在最近十年，税费改革达到高峰期，但是，地方的基础设施建设任务并没有因为地方财政自主支配的财力减少而减少，相反，随着地方主官政绩观的变化，在地方建设中往往出现“自我加压”现象。仅靠地方财政收入、中央转移支付、借债，无法完成建设任务。因此，地方财政越来越依赖于债务与土地，两者相辅相成。财政收入结构也发生了深刻的变化，“土地财政”收入在地方财政收入中占有的比重越来越高。而且，地方各级政府的债务也大都与“土地财政”挂钩。

2013年，国有土地使用权出让收入创历史新高，达到4.1266万亿元，同比增长约45%，地方政府土地出让金收入更是创历史最高。财政部公布的2013年全国财政决算表显示，地方政府土地出让金收入决算数为39073亿元，是预算数的152.6%。2014年上半年，国有土地使用权出让收入已达21129亿元，同比增长26.3%。而土地出让金收入在国有土地使用权出让收入中的比例一般达到九成以上。2013年土地出让金在整个地方政府性基金收入中的比例也是高达86%，而这一比例在2001年仅为16.6%。

在如此大的“土地财政”规模中，说没有一点问题，谁都不会相信。

---

1 叶青:《“土地财政”有了“杀手锏”》,《南方都市报》2014年8月18日。

根据中央巡视组的反馈情况和各地方的整改通报，整体上看，在前三轮被巡视的21个省份中，有20个省份发现了房地产业腐败，占比达95%。被认为没有土地问题的那个省，也应该是存在不很严重的土地问题。“土地腐败”与“土地财政”是并存的。由于土地的稀缺性，拥有土地就是拥有财富。在发达地区，即使原来贫困的农村，只要当地的制造业在发展，当地政府与居民就可以很轻松地拥有厂房、宿舍的租金。

面对“土地财政”给一些人带来的“灰色收入”“黑色收入”，整治“土地财政”成为反腐败、摸家底的“杀手锏”。2014年8月，首次对全国“土地财政”“家底”的大审计已经开始，不能不说是反腐败的一场大战役。

这次土地管理利用情况专项审计范围一直到县级，主要针对2008年至2013年五年内的土地出让金收支，土地征收、储备、供应、整治，耕地保护及土地执法情况进行审计，所涉机关包括财政、国土资源、住建、发改委、林业、农业等在内的多个系统。审计的重点，一是土地规划、计划和政策环节的审计。二是审计土地审批、征收、供应和利用等环节。在上述所有的审计重点当中，审计署对土地出让金收支的审计着墨最多。此次对土地出让金的审计重点有四：建设用地审批环节涉及土地开发整理资金的征收；土地出让收入征收；土地出让支出和土地出让收入管理四个方面。通过此次审计，首要目的是摸清全国土地出让金的状况，土地出让金的征收是否到位，支出是否符合规定，这也就涉及了国土、规划、住建、财政等政府部门，还有一个特殊部门即开发区。目前，围绕土地出让金问题，部分地方政府容易存在“以租代征”“先征后返”“违规发证”等问题，而在此次专项审计中，此类问题亦将成关注重点。

因此，此次“土地财政”大审计如果能够达到预想的目标，将是功德无量的。一是为“土地财政”正名，到底什么样的“土地财政”才是科学合理的？“土地财政”在地方经济社会发展中发挥了重要作用，但是，仍然存在各种问题，比如由于有的地方过度依赖“土地财政”，大量借债，超出地方财政承受能力，“土地财政”有被“污名化”的倾向。二是把“土地财政”不法分配中，被贪官奸商拿走的一部分拿回来。这需要后期司法部门的配合。三是急需让“土地财政”回归到正常轨道。“土地财政”如何才能够“取之于民用之于民”，这要在土地大审计之后才能够下结论。可以预计，土地审计对当今社会的影响将会比债务审计更大，也更能够说明，审计是看家的“藏獒”。

“相比于审计署2007年、2009年、2011年对部分地区的土地资金审计工作，这次审计更全面。”北京科技大学教授赵晓公开表示。而中国政法大学财税法研究中心主任施政文则认为，此次审计是解决土地财政依赖的前期准备。事实上，各界对此次土地审计结果充满期待。但是，大家都预测到，2008—2013年6年间，地方政府总计约15万亿元的土地出让金将成为审计重点之一。

土地审计的结果，在十个月后有了模糊的轮廓。

2015年6月28日，审计长刘家义受国务院委托，向全国人大常委会报告2014年度中央预算执行和其他财政收支的审计情况时表示，审计发现有关地区土地出让支出中违规用于弥补行政经费、对外出借、修建楼堂馆所等7807.46亿元[1]。

1 董峻、高敬：《审计署：各地违规使用土地出让收入7800多亿元》，新华网，2015年6月28日。

审计署在土地出让收支和耕地保护审计中，审计了29个省本级、200个市本级和709个县。2008年至2013年，这些地区批准建设用地207.57万公顷，取得土地出让收入13.34万亿元，支出12.93万亿元，为经济社会发展提供了重要基础和支持。这些地区至2013年底尚未供应或使用建设用地86.66万公顷，土地出让收入累计结余5908.96亿元。

审计发现，在土地出让收支方面，各地土地出让收入少征3664.23亿元，通过收入空转等方式虚增1467.78亿元；征地拆迁中，一些地方和单位少支付补偿17.41亿元，编造虚假资料等套取或骗取补偿10.57亿元。此外，一些地方土地出让收支核算不够规范，有8358.75亿元滞留在财政专户或直接坐支；有的地方为支持经济发展，减免或返还土地出让收入7218.11亿元。

在建设用地方面，主要是违规超计划或超规划审批、越权或拆分审批、少批多征或未批先征等批地征地38.77万公顷，违规协议出让、虚假“招拍挂”或“毛地”出让等供地14.43万公顷，违规以租代征、改变规划条件等用地21.86万公顷。一些管理人员为特定关系人低价购地、非法倒卖牵线搭桥，造成国有权益损失。

在土地利用和耕地保护方面，抽查的236个城市新区中，有88个突破土地或城市规划，152个占用的12.21万公顷（占规划的8%）土地长期未用；1742个地方开发区中，违规审批设立的有1135个（建成面积69.1万公顷），还有553个违规扩区379.15万公顷。

审计指出问题后，各地盘活闲置土地2.55万公顷、闲置资金2643亿元，纠正违法用地2.4万起，处理2500多人，制定完善制度2800多项。审计已向有关部门移送重大违法违纪问题397起。

6. 债务审计

2013 年 8 月初，一场对全国政府性债务进行审计的“审计风暴”全面展开，国家审计署网站通知：“近日，根据国务院要求，审计署将组织全国审计机关对政府性债务进行审计。”[1] 据媒体报道，此次审计将对中央、省、市、县、乡五级政府性债务进行彻底摸底和测评。

对中国地方政府究竟有多少债务，各方口径长期不一，花旗银行根据国家审计署两次普查结果推算的 2012 年地方政府总债务约 12.1 万亿元；在今年的全国两会上，审计署副审计长董大胜认为，根据国债、外债等数据测算，各级政府的负债应该在 15 万亿至 18 万亿元；中国财政部原部长项怀诚 2014 年估计的地方政府债务可能超过 20 万亿元，国外甚至有专家认为这个数字超过 40 万亿元，说法差距相当大。

中国经济网对我进行采访，我向记者表示，地方政府短短几年内迅速背上大笔债务，与这些借来的钱被随意使用不无关系。

> “地方领导常常都急于出政绩，干个三五年城市面貌就要有巨大变化，这就导致了很多问题。有的基础设施建设，明明能晚一点或者按事先的规划来做，但现在各地都巴不得马上开工。”叶青说，地方债务借来的钱，由于不需要走人大审批的预算流程，来得过于容易，往往打着基础设施的名号，被随意投入各种渠道，使用效率非常差，类似层层转包、工程质量失控等腐败现象也就应运而生。

1 《2013 年第 32 号公告：全国政府性债务审计结果》(2013 年 12 月 30 日公告)，审计署网站，http://www.audit.gov.cn/n5/n25/c63642/content.html。

相比2011年审计署对省市县三级地方政府性债务的普查，这次全国审计规模更大、行动也更迅速。

“我觉得审计署这次应该比上次更有经验了，2011年他们用了4.5万审计人员，查出10.7万亿的数字。我想这一次在上次的基础上再来查，应该会更好。而且我认为这种审计以后应该常态化，除了各级政府的税收问题、支出问题，可能债务问题也应当作为一个专门的审计内容。”叶青说。

2013年12月30日，全国政府性债务审计结果（公告）公布。主要内容有：

审计署于2013年8月至9月组织全国审计机关5.44万名审计人员，按照“见人、见账、见物，逐笔、逐项审核”的原则，对中央、31个省（自治区、直辖市）和5个计划单列市、391个市（地、州、盟、区）、2778个县（市、区、旗）、33091个乡（镇、苏木）（以下分别简称中央、省级、市级、县级、乡镇）的政府性债务情况进行了全面审计。审计内容包括政府负有偿还责任的债务，以及债务人出现债务偿还困难时，政府需履行担保责任的债务（简称政府负有担保责任的债务）和债务人出现债务偿还困难时，政府可能承担一定救助责任的债务（简称政府可能承担一定救助责任的债务）[1]。此次共审计62215个政府部门和机构、7170个融资平台公司、68621个政府负有偿还责任的债务是指需由财政资金偿还的债务，属政府债务；政府负有担保责任的债务是指由政府提

1 政府负有偿还责任的债务，是指需由财政资金偿还的债务，属政府债务；政府负有担保责任的债务是指由政府提供担保，当某个被担保人无力偿还时，政府需承担连带责任的债务；政府可能承担一定救助责任的债务是指政府不负有法律偿还责任，但当债务人出现偿债困难时，政府可能需给予一定救助的债务。后两类债务均应由债务人以自身收入偿还，正常情况下无须政府承担偿债责任，属政府或有债务。以上三类债务不能简单相加。

供担保，当某个被担保人无力偿还时，政府需承担连带责任的债务；政府可能承担一定救助责任的债务是指政府不负有法律偿还责任，但当债务人出现偿债困难时，政府可能需给予一定救助的债务。后两类债务均应由债务人以自身收入偿还，正常情况下无须政府承担偿债责任，属政府或有债务。以上三类债务不能简单相加。

经费补助事业单位、2235 个公用事业单位和 14219 个其他单位，涉及 730065 个项目、2454635 笔债务。对每笔债务，审计人员都依法进行了核实和取证，审计结果分别征求了有关部门、单位和地方各级政府的意见。

审计结果表明，政府性债务是经过多年形成的，在我国经济社会发展、加快基础设施建设和改善民生等方面发挥了重要作用。同时，从我国经济发展水平、政府性债务的现状和资产与负债的相互关系看，目前我国政府性债务风险总体可控，但有的地方也存在一定的风险隐患。

截至 2013 年 6 月底，全国各级政府负有偿还责任的债务 206988.65 亿元，负有担保责任的债务 29256.49 亿元，可能承担一定救助责任的债务 66504.56 亿元。

政府负有偿还责任的债务 97360.94 亿元，主要是由中央财政资金偿还的国债债券、国际金融组织和外国政府贷款 81511.05 亿元，占 83.72%。其中特别国债 18202.28 亿元，分别用作中国投资有限责任公司资本金 15502.28 亿元、用于补充国有商业银行资本金 2700 亿元。

政府负有担保责任的债务 2506.89 亿元。包括转贷给中央单位由非财政资金偿还的国债债券、国际金融组织和外国政府贷款 1416.89 亿元；中央汇金投资有限责任公司发行用于商业银行配股和中国出口信用保险公司注资，由财政部提供担保的债券 1090 亿元。

截至2013年6月底，地方政府负有偿还责任的债务108859.17亿元，负有担保责任的债务26655.77亿元，可能承担一定救助责任的债务43393.72亿元。

7. 财政研究新内容

长期以来，审计与财政似乎是“老死不相往来”，甚至成为“对手”“对立面”。实际上财政分配是一个系统工程，是具有内在规律的一个完整过程，其客观内容应该包括概算、预算编制与审批、组织收入、安排支出、争取平衡、决算编制与审批、财政事前、事中与事后监督、财政审计各个环节，缺一不可。在这一过程中，每个环节都有其必要性和不可替代性。财政监督和财政审计是具有不同形式、不同角度、不同内容和不同效果的两种监督活动[1]。

一是当前财政学研究的缺陷。

财政学的研究经过数百年的发展，已形成庞大的理论体系，具体分为现代财政学、外国财政学和财政史学三大领域。在现代财政学研究中，主要研究财政基本理论、国家预算学、税收学、国有资产管理学、社会保障学、公债学、财政支出理论等。在财政史学研究中，主要研究中国财政制度史、中国财政思想史、外国财政思想史和外国财政制度史。在外国财政学研究中，主要研究公共财政基本理论、外国财政制度比较、重要国际组织和重要国家财政制度。在财政学研究的三大领域中，既取得大量成就，又存在不足。如有关财政支出的研究比较薄弱；

1 叶青：《财政审计：财政学研究的新内容》，《湖北审计》1998年第4期。

关税研究不够，对专卖制度的研究基本没有开展，造成对财政收入的总体性缺乏了解；外国财政制度史研究严重不足；发展中国家财政研究不够等。这些只是涉及财政学理论体系不够完善的问题，笔者认为财政学界一个比较大的缺陷和不足应该是没有对财政审计问题进行研究，造成许多财政问题无法解决。

1994年颁布的《审计法》中明确规定："国务院各部门和地方各级人民政府及其各部门的财政收支，国有金融机构和企业事业组织的财务收支，以及其他依照本法规定应当接受审计的财政收支、财务收支，依照本法规定接受审计监督。审计机关对前款所列财政收支或者财务收支的真实、合法和效益，依法进行审计监督。"但是，由于财政理论界和实务界对财政审计缺乏研究和了解，财政审计是一个很陌生的概念，对审计部门开展的财政审计工作不大支持和理解，显得十分被动，认为审计只应该针对企业事业单位进行，财政部门是国家的理财部门，高人一等，不应该被审计或被财政系统以外的部门监督。

因此，财政部门不配合审计部门的事件时有发生，财政审计的阻力比较大。这种阻力一方面来自财政系统内部，起因是财政部门的传统地位，只能监督别人，别人不能监督自己。另一方面来自财政学理论的传统影响，财政学界历来对财政监督研究比较重视，20世纪90年代以前，把财政监督职能视为财政的三大职能之一，90年代以后又把财政监察司改为财政监督司，认为只要搞好财政监督工作，财政分配领域和国民经济工作中的问题就会大大减少，这难免产生不要财政审计的想法。

二是财政审计：分配全过程的一个环节。

财政监督是国家财政在资金的筹集、供应和使用过程中对国民经济活动和财政业务活动进行的监察和督促。它包括两个方面的内容：一是通过财政资金运动及其与社会再生产过程的密切联系对国民经济运行状况进行反映和监督。二是财政部门日常业务活动的监督、管理。这种监督是通过审查财政、财务凭证、报表，分析计划执行情况等形式来实现的。财政监督的形式包括预算监督、税务监督、财务监督等。预算监督是监督国家预算的编制和执行是否符合国家法律和方针政策，预算是否及时、足额实现，资金使用效益是否较好等。税务监督是财税部门根据国家的政策、法令，对纳税人履行纳税义务的情况进行的监督。财务监督是对企事业单位的财务活动实行的监督。

财政审计是国家审计机关对中央和地方各级人民政府的财政收支活动和财政机关执行财政预算的活动所进行的审计监督。

与依法进行的财政审计相比，财政监督相当于财政部门的内部控制制度。因此，财政监督和财政审计的密切配合，是提高财政分配效益的重要保证。财政监督以财政分配进行过程中的监督为主，能够及时地纠正财政分配中的错误，财政审计以事后审计监督为主，对财政分配的正确性起保证作用。可见两者是相辅相成、不可缺少的。

三是财政学与审计学交叉研究的必然趋势。

在社会主义市场经济体制中，财政税收是国家进行宏观调控的主要手段，财税分配手段自身的完整和健全，是社会主义市场经济健康发展的基本前提。而要做到财税部门和财税行政人员秉公办事、依法行政，离不开有效的、经常的财政监督和财政审计。国家审计机关依法审计财政，是社会经济发展的客观需要，不是该不该，或者是感情上能否接受的问题。经过近几年与审计部门的交往，我认为审计部门是国家的“经济警察”，经济生活中如果没有审计部门，就像繁忙的街道上没有交通警察或红绿灯一样让人难以想象。

财政审计主要强调“同级审”和账户审计，主要强调从审计学的角度研究财政审计问题，这是不完善的。应该强调在审计学和财政学两大领域的边缘部分的交叉研究，产生出完整的财政审计学理论体系。当前应该着手两个方面的工作，一是在现有的财政审计研究团体中多吸收一些财政学研究者的参与，深入研究财政学理论体系的完整内容，了解财政学研究的最新动态，充实现有财政审计学的内容。二是在财政学界大力提倡财政审计的研究，把财政审计研究放在与财政监督研究同等重要的位置。经过以上两个方面的努力，最终才能形成真正体现财政学界和审计学界要求的财政审计学，推动财政税收工作的健康发展。

在宏观调控中，财政审计具有积极的作用。一是监督作用，财政审计机关要依据国家的宏观调控政策、法律、法规，检查监督各级政府和财税部门是否贯彻落实、严肃财经纪律，维护国家财政税收政令的统一，促进地方政府和财政部门有效发挥调控经济的功能，保证社会主义市场经济的健康运行。二是反馈作用，我们正处于新旧体制交替的过渡时期，通过财政审计，可以发现经济失控现象和带有全局性、倾向性的问题，及时为政府决策提供审计信息，促进宏观调控体制与方法的不断完善和国民经济持续、稳定、协调地发展。

四是从以下方面完善财政审计制度[1]。

(1) 进一步理顺审计管理体制。实行垂直领导或者将地方审计机关划归立法机构管理，实行审计长官异地任免制，解决经费、人事关系等因素对审计机关的制约。

1 叶青:《浅谈财政审计》,《财会通讯》2000 年第 2 期。

（2）建立审计监督协调机制。各级各地审计机关在实施财政审计的过程中，要将涉及其他地方财政资金结算、往来以及算征管退等方面问题的情况，进行专门的记录和取证，并通过特定途径传送给对方，对方审计机关根据提供的资料和线索进行查证，然后将情况及时向提供资料和线索的审计机关反馈。

（3）建立人大监督与审计监督相结合的制度。人大应将预算批准细化到各部门、单位及项目，坚持预算调整人大审议批准制度。人大应以审计部门的审计结果为依据审议批准决算。审计部门应将人大审议批准的预算作为审计的主要依据。

（4）建立财政审计目标责任制。明确上级审计机关及具体组织执行的审计机关应负的职责和奖惩措施，实行分级负责制。

（5）建立统一的财政审计方法操作指南，规范审计行为。

肖振东认为，在预算循环基础上，根据不同的审计目标，财政审计技术方法至少存在着四种选择[1]：

一是循着预算的流程，从经济社会发展规划、重大决策、政策、预算执行、绩效评价等方面，深化预算执行和决算草案审计，推动预算的全面规范透明，提高预算约束力，促进预算执行的真实性、完整性和科学性。

二是循着资金的流向，从政策要求、预算安排、资金申请、资金拨付、资金使用等方面，开展重点专项资金审计，确保专项资金的安全有效。

三是循着政策落实的流程，从政策内容、预算保障、项目落实、

1 肖振东：《对新时代国家审计深化发展的几点探讨》，审计署网站，2018 年 1 月 26 日，http://mp.weixin.qq.com/s/CyVRKqXgZlZezIPCi1yrpg。

资金绩效、权力运行等方面，开展重大政策落实情况审计，促进各项政策不断完善和发挥实效。

四是将政策、预算、资金、业务四个流程进行组合，从政策流、预算流、资金流、业务流四个方面开展审计，促进政策、预算、资金、业务的有机结合，确保政策落实有资金保障，预算一经下达资金即能支付，资金拨付支出后能发挥预期效益，相关业务工作能够顺利开展。

8. 自降 GDP 风波

事情要从贿选谈起，贿选让辽宁突然成了继湖南衡阳、四川南充之后又一个沦陷地。

2013 年前后的这次贿选风波，涉及包括辽宁省的第十二届全国人大代表选举、第十二届辽宁省人大常委会副主任选举在内的多场选举，甚至此前辽宁省委常委选举也波及其中。而在 2012 年 12 月—2013 年 1 月举行的第十二届全国人大代表选举中，辽宁省 102 名人大代表，至少有 10 名代表涉案。

接下来是“残酷无情”而老百姓拍手称快的“巡视”。

2014 年 7 月 7 日，一个普通的工作日。中央第十一巡视组正式向辽宁省反馈巡视情况。首次指出辽宁经济数据存在弄虚作假的现象。64 岁的时任省委书记王珉代表辽宁省表态，说巡视报告“一针见血、切中要害……完全符合辽宁实际”。

应中央巡视组要求，辽宁启动了整改。但是，要“浪子回头”谈何容易。

从根源上看，“GDP 数据造假”还是地方官员“政绩观”的问题，近年来东三省的“经济振兴”效果不够理想，随着全国整体经济形势压力增大，辽宁更是如临“凛冬”，在此前“以 GDP 论英雄”的政绩观引导下，便有可能会在经济数据方面作假以求虚高辽宁在全国的经济排名。

2016 年 8 月 26 日，中央纪委公布的辽宁巡视“回头看”整改情况报告中指出辽宁对“中央决策部署敷衍了事甚至唱反调”，具体的一个表现是“一个时期辽宁全省普遍存在经济数据造假问题”。可见此前辽宁并未彻底解决这一问题，经济数据中的水分未被“挤干”。辽宁应要求“切实解决”。

值得关注的是，中央巡视组对辽宁的“回头看”自 2016 年 2 月 27 日启动，至 4 月 28 日结束。4 月下旬，辽宁一季度 GDP 增速见诸媒体：出现罕见的“断崖式”下降，成为全国唯一负增长的省份。上半年的数据来看，辽宁经济仍旧为负增长，–1%的 GDP 增速在全国 31 省区市“垫底”。

2016 年上半年 31 省区市 GDP 增速排名及各项数据对比

排名	省份	2016 年上半年增速	2016 年一季度增速	上半年 GDP（亿元）
1	重庆	10.6%	10.7%	8000.82
2	西藏	10.6%	10.7%	471.96
3	贵州	10.5%	10.3%	4936.61
4	天津	9.2%	9.1%	8500.91
5	江西	9.1%	9.1%	7827.37
6	安徽	8.6%	8.6%	11028.49
7	福建	8.3%	8.3%	11815.51
8	青海	8.3%	8.3%	1068.98
9	湖北	8.2%	8.1%	14114.76
10	江苏	8.2%	8.3%	36531.73
11	海南	8.1%	9.7%	2008.95

续表

排名	省份	2016 年上半年增速	2016 年一季度增速	上半年 GDP（亿元）
12	河南	8.0%	8.2%	17954.9
13	新疆	8.0%	6.9%	3819.98
14	宁夏	7.9%	6.9%	1203.72
15	甘肃	7.8%	7.3%	2720.99
16	浙江	7.7%	7.2%	20762.33
17	湖南	7.6%	7.3%	13613.48
18	四川	7.5%	7.4%	14222.33
19	广东	7.4%	7.3%	37357.59
20	山东	7.3%	7.3%	31688.29
21	陕西	7.2%	7.6%	8207.85
22	广西	7.2%	7.0%	7311.64
23	内蒙古	7.1%	7.2%	7579.98
24	北京	6.7%	6.9%	11413.83
25	上海	6.7%	6.7%	12956.99
26	吉林	6.7%	6.2%	5604.85
27	云南	6.6%	6.6%	5806.57
28	河北	6.6%	6.5%	14467.69
29	黑龙江	5.7%	5.1%	5630.29
30	山西	3.4%	3.0%	5714
31	辽宁	–1.0%	–1.3%	12812.57

2017 年 1 月，辽宁省省长陈求发在辽宁省十二届人大八次会议中表示，辽宁省所辖市、县财政普遍存在数据造假行为，且呈现持续时间长、涉及面广、手段多样等特点，虚增金额和比例从 2011 年至 2014 年呈逐年上升趋势。

辽宁省委书记李希在 2017 年全国两会上表示，有一个镇，一年财政收入160万元，最后报成2900多万元。一个市，规模以上企业只有281家，却上报成1600多家。

辽宁省县级财政是辽宁数据造假的重灾区。对此，3月7日，中共中央总书记习近平参加辽宁代表团审议时，就辽宁曾存在的经济数据造假事件表示："此风不可长，必须坚决刹住。"[1]

习近平说，经济数据造假，不仅影响我们对经济形势的判断和决策，而且严重败坏党的思想路线和求真务实的工作作风，败坏党在人民群众中的形象。

他要求全国范围内都要杜绝数据造假现象。他说："要把数字誊清见底，排除水分，挤干水分，虽然你们拿出来的这个数字好像不太好看，但是我觉得实际上很好看，它是一个光明磊落的数字。"

听到李希代表介绍辽宁脱贫攻坚奔小康的工作时，习近平问：辽宁现在还有多少贫困人口？李希答：还有50万。

习近平指出，脱贫攻坚一定要扎扎实实，我们的时间表就是到2020年实现全面建成小康社会，还有几年时间，不要脱离实际随意提前，这样的提前就容易掺水。

到2020年完成脱贫目标还有不到3年的时间，时间紧、任务重，越往后脱贫难度越大。这个时候，最容易出现数据"掺水"、"数字脱贫"、对贫困户提前"兜底"了事的现象。

2017年以来，供给侧结构性改革的去产能、环保督查的去污染、加大统计执法力度，导致工业企业减少，以及习近平统计观——"数字好像不太好看，但是我觉得实际上很好看，它是一个光明磊落的数字"，

1 黄玥：《习近平辽宁团讲话贯穿了什么红线?》，新华社，2017年3月8日。

必然带来相关统计数据的“动荡”。

2018 年年初，有内蒙古、天津等更多地方“自揭其短”。比如，1 月 3 日，内蒙古自治区第十届委员会第五次全体会议暨全区经济工作会议上，内蒙古党委表示 2017 年挤掉财政收入虚增空转和部分旗县区工业增加值存在的水分，压实经济总量，夯实财政收入。

这里就有审计部门的“功劳”。

经内蒙古财政审计部门反复核算后，调减 2016 年内蒙古一般公共预算收入 530 亿元，占总量的 26.3%；经过初步认定，核减 2016 年规模以上工业增加值 2900 亿元，占全部工业增加值的 40%，2016 年地区生产总值基数也相应核减。

1 月 11 日，据“天津广播”官方微博消息，正在召开的天津滨海新区地方两会上，在更改统计口径（注册地改为在地）、挤掉水分后，滨海新区 2016 年地区生产总值调整为 6654 亿元。相较此前公布的 2016 年新区上万亿元的 GDP 规模，大致缩水约 33%。

调低了 2016 年财政、GDP 等数据之后，这些地方 2017 年的相关数据都获得了正常的增速。如天津滨海新区 2017 年 GDP 预计同比增长 6%，内蒙古 2017 年一般公共预算收入剔除虚增空转因素后同比增长 14.6%。

继内蒙古自治区自曝 2016 年财政收入虚增 500 多亿元后，下辖的包头市政府也首次公开承认财政收入虚增空转。

《包头日报》公布了包头市 2018 年政府工作报告。报告在回顾过去五年工作时提及 2017 年包头市一般公共预算收入 137.6 亿元，下降 49.3%，剔除虚增空转因素后同比增长 6.1%[1]。

1 《包头公开承认 2016 年财政收入虚增，测算约 141 亿元》，《第一财经》2018 年 1 月 16 日。

第一财经记者据此测算，包头市 2016 年一般公共预算收入约为 271 亿元，剔除虚增空转因素的实际收入约为 130 亿元，因此 2016 年包头市虚增空转一般公共预算收入 141 亿元。

2017 年底，受经济下行、减税降费、自治区调增增值税上划比例及落实中央巡视“回头看”对财政收入质量整改要求等影响，包头市政府调低了 2017 年一般公共预算收入预期目标，将 2017 年初的 288 亿元调减为 179.6 亿元，调减了 108.4 亿元。

上述报告称，针对中央巡视“回头看”和自治区党委巡视指出的问题，我们主动认领、坚决整改，及时停建压缩了地铁等 55 个政府性投资项目，压减投资 702 亿元；对主要经济指标作了调整，目的是压实总量、提高质量，卸下包袱、轻装上阵。

2017 年 6 月，中央第二巡视组向内蒙古自治区党委反馈巡视“回头看”情况，称有的地方经济数据造假。

包头市下辖区县（旗）也纷纷开始挤水分。具体来看，2017 年一般公共预算收入下滑超过 50%的有昆都仑区、青山区和达茂联合旗（旗的行政地位等同于县），包头稀土高新技术产业开发区收入下滑 47.1%，土右旗、九原区、东河区收入下滑超过 30%。

这些地方收入下滑可能与 2016 年财政数据造假有关。

比如，昆都仑区 2017 年一般公共预算收入 19 亿元，同比下降 58.3%。昆都仑区财政局近期在 2017 年预算执行情况和 2018 年预算草案报告中称，受经济下行、减税降费、落实提高收入质量等要求，2017 年一般公共预算收入由年初约 49.4 亿元调整为 18.8 亿元，调减 30.6 亿元。2018 年当地收入预算编制将坚持实事求是、积极稳妥、留有余地的原则，充分考虑当前经济增速放缓的实际，切实提高收入质量，合理确定规模。

达茂联合旗也由于相同原因，将2017年收入预期目标从约17.6亿元调整至5.3亿元。达茂联合旗财政局在2018年预算报告中表示，2016年根据上级要求，对全旗财政收入质量进行全面自查，提高财政收入质量。坚持依法依规组织收入，做到应收尽收，严禁采取“空转”方式虚增收入，坚决不收过头税、过头费。

前述包头市2018年政府工作报告谈到未来发展面临的问题时，称未来税收增长乏力，财政收支矛盾凸显，化解政府债务任务艰巨。报告建议2018年包头市一般公共预算收入增长预期目标为6%左右。

包头市只是内蒙古自治区财政挤水分的地方之一。一些分析人士预测，后续主动开展数据挤水分的地方可能会增多。党的十九大之后，我国发展进入新阶段，各地贯彻落实新的发展理念是重要动因。

“自降GDP风暴”出现之后，各界分析出来的原因主要有：

一是代表中央对新发展理念的一个引导，过去搞“两高一剩”的粗犷式发展，不符合高质量发展的要求；搞有水分的虚假数字，更不符合高质量发展的要求。

二是代表中央对干部要求和考核的引导，天津、辽宁等地区都是在主要领导出现腐败案件之后调减主要经济指标的，说明领导干部的腐败不仅仅表现在经济问题上，“数字出官、官出数字”这种现象是中央认为的重要腐败现象。

三是挤GDP水分是出于地方现阶段和未来考核的原因，具有内生动力去做的，以后还会有一些地区主动挤出水分。新时代统计数据继续造假不符合地方发展利益。纵观党的十九大报告和中央经济工作会议精神，不难发现，中国宏观经济核心已经由唯GDP论英雄，转为淡化 GDP 增速目标，推动高质量增长和补民生短板。这一发展目标的转向，意味着我国欠发达地区继续统计数据造假无益而有害。因为继续吹大 GDP 数据将减少该地区获得的中央转移支付，减少欠发达地区的可用财力和民生保障能力。同样，继续吹大 GDP 数据对发达地区也没有更多的好处。

四是统计改革使地方 GDP 造假不可持续。继 2016 年省以下统计实施垂直体制改革后，2017 年 6 月 26 日，中央全面深化改革领导小组会议审议通过了《地区生产总值统一核算改革方案》，这将避免各市 GDP 加起来大于全省 GDP，以及各省 GDP 加起来大于全国 GDP 等“数字打架”问题。

在具体时间上，将利用开展第四次全国经济普查的契机，2019 年实施地区生产总值统一核算改革。也即，在 GDP 注水较多的地区，如果不立刻、果断对其纠偏，在明年的经济普查中被发现的概率将是板上钉钉。

五是强化对统计造假问题的问责处理。2017 年 6 月 26 日的这次深改组会议，审议通过了《统计违纪违法责任人处分处理建议办法》，要对统计违纪违法行为发现、调查、行政处罚、案件移送提出程序性要求，明确对领导人员、统计机构及有关部门责任人员、统计调查对象、统计检查对象等违纪违法行为的认定。也即，如果在 GDP 注水较多的地区，如果不立刻、果断对其纠偏，在明年的经济普查中官员数据经济被发现的代价高昂。

六是有两个细节应该关注：

第一，三个地方挤水分的理由不同。其中，内蒙古和辽宁明确承认是数据造假，而天津说是统计方法调整“注册改在地”。也即是，落后地方承认造假，发达地区对统计方法进行调整。以来，渤海新区注册的企业多，因为有好处。现在强调在地统计，能够统计进来的企业就减少了。

第二，GDP 注水 / 挤水分主要在工业领域。各地农业加总和全国数据基本相同，服务业本地供给导致问题也不严重。

从以上可推论，落后地区 GDP 注水，主要是“数字出官”的政绩驱动，是数据造假。而发达地区 GDP 注水是统计制度标准造成，并非数据造假。

以上的分析，我基本上可以同意。但是，要注意两点：

一是最近两年工业企业数据的变化。原因是供给侧结构性改革（去产能）、环保督查（去污染）等措施，导致工业企业数量下降，引起了本年与上年数据的变化，经过调整之后才有可比性。

二是强大的统计执法力量，产生了有效的真实统计的氛围。

2017 年 4 月 20 日，国家统计局成立了专门机构——统计执法监督局，剑指数据造假。

网上一片叫好声。光明网评论：统计数据造假，既不是秘密也不是新闻，民间早有“上级压下级，层层加码，马到成功；下级哄上级，层层掺水，水到渠成”的官场对联。但在刚刚过去的岁尾年初，数据造假开始引起更深层的回响：前有中央深改组会议通过的《关于深化统计管理体制改革提高统计数据真实性的意见》，后有辽宁省长自曝“家丑”、坦陈 2011 至 2014 经济数据造假的新闻。这些“回响”，呈现出了统计数据造假的可能规模和严重程度，也构成了国家统计局专门打假机构的治理意图。

7 月 10 日，国家统计局关于印发《统计执法“双随机”抽查办法（试行)》的通知。

其中，第五条规定：国家统计执法“双随机”抽查，对检查对象采用多阶段抽样方式，根据执法检查计划和工作安排，先确定随机抽查的省、自治区、直辖市（以下简称省），再随机抽取市（地、州、盟，以下统称市）、县（市、区、旗，以下统称县），最后以县为总体随机抽取调查对象；对统计执法检查人员直接采用随机方式抽取。

这种做法是很有效果的。导致一部分人“谈统色变”。

就数据变化的不同原因问题，21 世纪经济报道记者对我与国家行政学院经济学部冯俏彬进行了采访[1]。

> “工作重心转移到追求高质量发展上来，不要片面追求经济增长速度，GDP 增速高一点低一点没关系，统计数据会更真实。”湖北省统计局副局长叶青对 21 世纪经济报道记者直言。
>
> 此外，统计数据调整还有部分技术原因。叶青表示，在国内推动供给侧结构性改革、去产能背景下，地方关停了很多工业企业，部分企业很长时间没有开工，统计时比较常规的做法会调整口径——按可比口径计算增速时，会在上年基数中剔除掉这部分关停企业的数据。
>
> 至于企业数据统计方面，叶青表示，不少企业注册在工业区或新区中，是为了享受该区域优惠政策，但部分企业并不在当地从事生产经营活动。在地统计是按照企业在哪里生产经营，统计就算在哪个区域。在地统计的方法，各地执行力度不同。
>
> 对于财政收入数据问题，国家行政学院经济学部教授冯俏彬

1 《多地调减经济数据：摆脱“速度情结”，追求高质量发展》，《21 世纪经济报道》2018 年 1 月 16 日。

对21世纪经济报道记者表示，按照我国财政收入划分体制，比如增值税属于央地共享税，中央对于地方每年增量部分会有税收返还。地方财政需要算一笔账，虚增财政收入究竟是上缴的多，还是返还的多。随着营改增的推进，增值税央地分享比例的调整，部分地方在财政收入方面可能需要重新“算账”，原来的算法对地方未必划算。

我在2003年到2012年，是全国人大代表。别人对我说得最多的就是“你们统计局也有法”？

《检察日报》2011年4月4日有一篇报道《叶青代表：让统计法不再成为“豆腐法”》。全文如下：

“我印象很深，统计法第二次修正通过的时间是2009年6月27日，那天是周六。”全国人大代表叶青对记者说，那次修订中，吸收了他在第十届全国人代会期间提交的“提高对违法统计者的处罚力度的建议”。

由于缺乏刚性，基层统计干部形象地称统计法为“水法”“豆腐法”。在叶青看来，这并不是在否定统计法的作用，而是随着新情况的出现，统计法中的一些规定已经不适应社会主义市场经济体制的需要，尤其在处罚力度方面，需要及时修改完善。

通过调查，叶青发现，当时的统计法主要存在三方面问题：一是处罚太弱，处罚最高额度是5万元，还要经当地的县、市长批准后才能处罚。二是对企事业组织、个体工商户违反统计法的处罚得多，对国家机关、社会团体处罚得少。三是依照现行统计法很难对造假官员问责。

为此，叶青在第十届全国人代会期间，连续向大会提交议案，建议提高对违法统计的处罚力度，引起有关部门的高度重视。

2009年6月27日修改后的统计法，将最高处罚额度提高到了20万元。但是另外两个问题还没有得到解决，叶青仍在为此呼吁。叶青表示："绝不放弃。毕竟在全国统计系统的全国人大代表不是很多，修改好这部法律，我们肩负重任。"

类似的采访很多。

现在，统计法终于露出了锋利的牙齿，像环保法一样。

审计部门审计GDP的，真是不多见。倒是时常审计投资数据。

2016年11月，为进一步加强和改进全省政府投资建设项目审计工作，湖北省审计厅印发了《湖北省政府投资审计实施办法》，对各级审计机关政府投资审计工作作出明确规定，促使进一步规范投资审计行为，提高审计质量，防范审计风险。

《办法》要求，政府投资审计要建立权利清单、责任清单和负面清单，定期开展监督检查。其中，"权利清单"明确了政府投资审计的范围、内容和对象，划定了投资审计的权利边界；"责任清单"规定了投资审计计划编制、审计实施和社会审计力量参与审计过程中，相关单位和人员的责任划分和具体操作事项。《办法》列明5类政府投资审计不得参与审计活动的"负面清单"，为基层投资审计部门严格依法开展审计监督工作，全面退出各类与审计法定职责无关的、可能影响依法独立进行审计监督的议事协调机构或工作提供了依据。

《办法》明确提出实行政府投资项目分类分层审计管理。各地审计机关要对本地政府投资项目，按建设行业、建设性质、建设规模等要素进行分类审计，充分发挥各种审计资源对各类投资项目的监督效能，积极稳妥地推进有深度、有重点、有步骤、有成效的政府投资项目审计全覆盖。其中，重大项目主要由审计机关依照法定程序直接组织实施审计；一般项目由建设单位内部审计部门或自行聘请社会中介机构进行审计，审计机关视情况进行重点抽审。

《办法》明确规定，要加强投资审计项目计划管理、过程管理以及聘请社会审计力量的管理。在审计项目计划管理上，明确了年度审计计划制定依据及上报时间，首次提出上级审计机关对下级审计机关调整新增的投资审计项目，可视情采取“上审下”“交叉审”“联合审”等方式组织审计；在审计过程管理上，对审计通知书下达、方案编制、到现场管理、证据采用、审计评价等全过程重要事项提出了具体要求，严格控制审计质量。在聘请社会管理上，要求建立购买社会服务信用评定制度，切实规范社会中介机构及人员参与政府投资审计行为。

2017 年 7 月 24 日，在湖北省第十二届人民代表大会常务委员会第二十九次会议上，审计厅长作了《关于 2016 年度省级预算执行和其他财政收支的审计工作报告》，其中提到，部分重点建设项目进展缓慢。审计抽查了 180 个项目，发现计划投资 166.92 亿元的 60 个项目，因前期准备不充分、实施条件发生变化及资金筹措困难等原因，截至 2017 年 2 月底，实际只完成计划的 50%。其中，应开工未开工的项目 17 个，未完成投资 35.94 亿元；应完工未完工 43 个，未完成投资 47.67 亿元。

企业越审越强

1. 市场内部审计

企业是市场经济的基石。有关企业的数据的变化，主要来自于国家工商总局每个季度的新闻发布会[1]。

2017 年一季度，全国新登记市场主体 359.8 万户，同比增长 19.5%，平均每天新登记 4 万户。至 3 月底，全国实有各类市场主体 8935.7 万户，其中，企业 2696.8 万户，占 30.2%；个体工商户 6052.8 万户，占 67.7%；农民专业合作社 186.1 万户，占 2.1%。

2017 年上半年全国新登记市场主体 887 万，同比增长 13.2%，每天新登记的市场主体 4.9 万户。在 887 万市场主体中，新登记企业是

1 《2017 年第一季度中国新登记市场主体 359.8 万户，同比增长近二成》，http://news.sina.com.cn/o/2017–04–12/doc-ifyecfnu8228055.shtml。

《工商总局：2017 年上半年企业商标注册量、申请量持续高速增长》，http://www.cipnews.com.cn/Index_NewsContent.aspx?NewsId=101243。

《国家工商总局就 2017 年前三季度市场环境形势情况举行发布会》，http://www.saic.gov.cn/hd/ftzb/hdzb/2017schj/。

291 万户，增速 11%。单从企业来看，每天新设企业 16000 家。

新设企业的结构性效应愈加突出，与宏观政策取向相一致。首先，第三产业虽然增速放缓，但是量非常大，上半年新设 228 万户。第二产业保持了高速增长的势头，与 2015 年的增长率 5.8%、2016 年的增长率 16.6%相比，2017 年上半年增长率是 18.4%，比 2016 年和 2015 年有了大幅度的增长。从这个角度来讲，第二产业制造业增长符合国家振兴实体经济发展趋势和政策走向。

其次，新经济特别是新兴服务业发展较快。现代服务业保持快速增长势头，教育、科学研究和技术服务业、文化体育和娱乐业，仍是大众创业的热门行业，同比增速分别为 41.1%、22.0%、18.0%。高技术产业稳步增长，新登记高技术制造业企业 1.2 万户，增长 15.3%。随着金融监管不断加强，金融企业增长持续下降，上半年新登记 2.2 万户，下降 30.9%。

市场主体退出机制逐步建立，有利于企业整体质量的提高。上半年，全国注吊销市场主体 478.5 万户，同比增长 12.4%，增速与上年同期基本持平。企业注吊销 100.8 万户，增长 14.8%，其中，外商投资企业注吊销 1.4 万户，增长 21.7%。个体工商户注吊销 375.1 万户，增长 11.7%。农民专业合作社注吊销 2.6 万户，增长 43.6%。注吊销的原因：一是企业的诚信意识进一步提高，企业注销的意愿增强；二是我们采取了一些企业注销的便利化措施，让企业注销更加便捷；三是对一些失联的企业、找不到的企业或者一些“僵尸企业”采取了相关吊销措施。

加强了涉企信息归集共享与联合惩戒。至 2017 年 6 月底，全国列入经营异常名录的市场主体 377.7 万户。其中，企业 347.3 万户，占全国企业总数的 12.4%；农民专业合作社 30.3 万户，占全国农民专业合作社的 15.8%。至 6 月底，全部移出的异常经营主体 197 万户，其中企业 180.62 万户，农民专业合作社 1.6 万户。

2017 年前三季度，全国新登记市场主体 1414.6 万户，同比增长 16.7%，平均每天新设 5.18 万户。特别是三季度出现新的增长高点，一、二、三季度新登记市场主体 359.8 万户、527.2 万户和 527.6 万户，同比分别增长 19.5%、9.2%和 23.3%。前三季度，新登记企业 451 万户，同比增长 12.5%，平均每天新设 1.65 万户，继续保持较快增长势头；个体工商户 941.8 万户，同比增长 19.5%；农民专业合作社 21.8 万户，同比下降 4.6%。随着市场主体大量涌现，特别是创新型企业大量发展，成为大众创业万众创新的重要风向标，也为经济持续增长夯实了微观基础。

截至 2017 年 9 月底，全国实有的市场主体量已经达到 9458 万户。2018 年整个市场主体会超过 1 亿户。9458 万市场主体中企业占 2907 万户。特别像北京、上海、广东、江苏、浙江等，企业的数量增长非常快，对增加就业起到了非常重要的作用。因此，大力支持企业发展已成为我国的一项国家经济发展战略。

与此同时，违规违法的市场主体，也是多得惊人。

2017 年前三季度，针对市场秩序中的突出问题，全国工商和市场监管部门共查处各类经济违法违章案件 33.7 万件，比上年同期增长 0.5%；案值 36.7 亿元，下降 10.3%。

各类经济违法违章案件主要特点：

一是市场准入监管案件继续位居案件数量首位。查处市场准入监管案件 11.2 万件，占案件总数的三分之一，并且增长较快，达 36.5%。

二是无照经营案件数量大但增速下降。查处取缔无照经营违法案件 7.2 万件，同比下降 24.4%；案件总值 6.9 亿元，下降 47.3%。

三是市场监管案件中网络交易违法案件快速增长。开展了网络市场监管专项行动，重点打击侵权假冒、刷单炒信、虚假宣传等违法行为。查处网络交易违法案件 1.2 万件，同比增长 124.7%，案件量为近五年之最。从违法载体看，网店占比最大，达 66.8%，且增长迅猛，同比增长 306.6%。

四是反不正当竞争案件较为突出。查处竞争执法案件 3.7 万件，同比下降 3.5%，案件总值 15 亿元，增长 11.2%。其中，反不正当竞争案件 1.8 万件，同比增长 5.1%，案值 11.8 亿元，增长 9.0%；反垄断案件 4 件，同比下降 33.3%。

五是广告监管案件增长较快。查处广告违法案件 1.9 万件，增长 24.6%，其中虚假广告 1 万件，占 52%，虚假广告中，网络媒体占 51.7%，同比增长 186.3%。

六是传销违法案件成为新的焦点。前三季度，查处传销案件 870 件，同比增长 2.7%。特别是利用网络技术，通过微博、微信、QQ 等手段，增强了传销违法行为的隐蔽性和蔓延速度，给监管执法带来了新的挑战。

七是商标知识产权保护力度进一步加大。查处商标违法案件 2 万件，同比下降 4.1%。其中商标侵权假冒案件 1.8 万件，同比下降 3.0%。

“双随机、一公开”新型监管方式全面实施。工商总局公布了随机事项抽查清单，将 12 类 40 项工商检查事项全部纳入，100%实施随机抽查。积极推动与海关总署、质检总局等部门进行跨部门联合检查。

2018 年 1 月 18 日，国家工商总局例行发布会公布数据[1]：2017 年，新设市场主体达到新高点，全国新设市场主体 1924.9 万户，同比增长 16.6%，比上年提高 5 个百分点，平均每天新设 5.27 万户，高于 2016 年的 4.51 万户。全年新设企业 607.4 万户，同比增长 9.9%，平均每天新设 1.66 万户，高于 2016 年的 1.51 万户。

至 2017 年底，全国实有市场主体 9814.8 万户，其中，企业 3033.7 万户，个体工商户 6579.4 万户，农民专业合作社 201.7 万户，分别占 30.9%、67.0%、2.1%。按 2016 年底全国人口计算，2017 年底，平均每千人拥有市场主体 71 户，比上年增加 7.7 户；平均每千人拥有企业 21.9 户，比上年增加 3.1 户。

2017 年，市场监管执法力度持续加大，全年全国工商和市场监管部门查处各类经济违法违章案件 49.4 万件，同比下降 4.3%；案值 99.1 亿元，增长 37.4%。其中，网络交易违法案件继续快速增长。2017 年，针对网络市场中突出问题，重点打击侵权假冒、刷单炒信、虚假宣传等违法行为。查处网络交易违法案件 2.2 万件，同比增长 106.8%，案件数量为近 5 年之最。

企业出现的这些问题，企业内部的审计部门不能说没有责任。

内部审计，是建立于组织内部、服务于管理部门的一种独立的检查、监督和评价活动，它既可用于对内部牵制制度的充分性和有效性进行检查、监督和评价，又可用于对会计及相关信息的真实、合法、完整，对资产的安全、完整，对企业自身经营业绩、经营合规性进行检查、监督和评价。

1　林丽鹂：《2017 年新设市场主体创新高》，《人民日报》2018 年 1 月 19 日。

国际内部审计师协会(IIA)于1947年第一次提出了内部审计定义，经过半个多世纪的探索，2001年IIA最新的第七次定义指出：内部审计是一种独立、客观的确认和咨询活动，旨在增加价值和改善组织的运营。它通过应用系统的、规范的方法，评价并改善风险管理、控制和治理程序的效果，帮助组织实现其目标。

内部审计是外部审计的对称。由本部门、本单位内部的独立机构和人员对本部门、本单位的财政财务收支和其他经济活动进行的事前和事后的审查和评价。这是为加强管理而进行的一项内部经济监督工作。

内部审计机构在部门、单位内部专门执行审计监督的职能，不承担其他经营管理工作。它直接隶属于部门、单位最高管理当局，并在部门、单位内部保持组织上的独立地位，在行使审计监督职责和权限时，内部各级组织不得干预。但是，内部审计机构终属部门、单位领导，其独立性不及外部审计；它所提出的审计报告只供部门、单位内部使用，在社会上不起公证作用。

内部审计的特点：

一是审计机构和审计人员都设在各单位内部。

二是审计的内容更侧重于经营过程是否有效、各项制度是否得到遵守与执行。

三是服务的内向性和相对的独立性。

四是审计结果的客观性和公正性较低，并且以建议性意见为主。

随着互联网技术的发展，企业内部审计也出现了外包。即通过审计信息化建设，扩大审计的广度和深度、规范审计实务操作、提升审计效率和质量、积累和分享审计经验，是企业内部审计发展的必然趋势[1]。这种模式具有重大的意义：

一是随着企业高速发展，企业规模不断扩大，风险防控要求日益提高。然而，企业也存在层级多、管理分散、跨地域、业务复杂等困难，各级审计机构之间如何有效协调运作，发挥协同效应。

二是随着企业信息化迅猛发展，审计人员面对的是种类繁多的电子数据，依靠传统的手工及简单的电算化审计不能满足审计全覆盖的要求，也无法保证审计质量，更无法应对业务网络化、数据信息化的挑战，审计工作方式面临转型。

三是审计人员相关从业经验各异，地域分布较为分散，如何实现统一的、规范化的管理，并确保信息和知识的及时传递与共享，这也是审计部门面临的挑战。

四是审计工作重点要从单纯的财务导向向经营导向转变，审计业务类型多样化对审计管理、审计实务工作也提出了更高要求。

因此，做好内部审计，既是企业发展壮大的需要，也是国家经济发展的需要。

2018 年 1 月 12 日审计署公布了《审计署关于内部审计工作的规定》，自 2018 年 3 月 1 日起施行。

新修订的《审计署关于内部审计工作的规定》正式出台并即将实施，这标志着新时代内部审计工作开启了新征程。

《规定》的出台为新时代内部审计工作提供了制度保障。《规定》

1 比如，慧点科技审计信息系统，基于风险导向审计的理念，提供风险评估、审计计划制定、审计项目实施、审计整改跟踪的全过程规范化管理，通过固化审计作业指引和模板等审计工作标准和规范，利用审计数据分析扩大审计的范围和深度，提升审计效率和质量，及时掌握关键风险，促进问题有效整改，助力企业防范风险，管理提升。

拓展了内部审计职责范围，共涉及12项职能，特别增加了贯彻落实国家重大政策措施情况审计，发展规划、战略决策、重大措施以及年度业务计划执行情况审计，自然资源资产管理和生态环境保护责任的履行情况审计，境外审计等，都是新时代国有经济规范发展、防范风险和提质增效的关键点，是社会关注的焦点。

《规定》的出台进一步增强了内部审计的独立性和权威性。新《规定》要求进一步健全保障内部审计独立性的领导机制，由单位党组织、董事会（或者主要负责人）直接领导。国有企业还应当按照有关规定建立总审计师制度。同时健全内部审计人员独立性约束和保护制度。

《规定》特别明确了如何运用内部审计结果，要求建立内部审计发现问题整改机制、内部审计与其他内部监督力量协作配合机制、重大违纪违法问题线索移送机制等机制，并将内部审计结果及整改情况作为考核、任免、奖惩干部和相关决策的重要依据。同时要求审计机关加强内部审计结果运用，有效利用内部审计力量和成果。

《规定》对审计机关指导监督内部审计提出了明确要求。对被审计单位的内部审计工作进行业务指导和监督，是审计机关的法定职责。《规定》明确了审计机关指导和监督的职责范围和主要方式。且在对《规定》进行修订时，一并研究制定了《审计署关于加强内部审计工作业务指导和监督的意见》，为审计机关加强内部审计指导监督工作提供了基本遵循。根据《规定》，加强对被审计单位内部审计工作的指导和监督，主要是通过业务培训、经验交流、工作质量专项检查等方式来进行。

2. 国企的审计

对于国企来说，又不同于民企，除了内部审计之外，还要有强大的外部审计——政府审计，因为国企主要是国有资本。进行混合所有制改革，审计也是先决条件之一。

国资委在2018年1月15日发布的数据显示，2017年中央企业全年累计实现营业收入26.4万亿元、利润总额1.4万亿元，同比分别增长13.3%和15.2%，利润增速创5年来最好水平。

国资委发布的数据显示，截至2017年年底，中央企业集团层面基本完成公司制改革，绝大部分中央企业建立了董事会；混合所有制改革稳妥实施，员工持股试点有序开展。中央企业混合所有制户数占比超过三分之二，上市公司占比超过63%；2017年，先后完成了18组34家企业重组，中央企业户数由117家调整到98家。

改革开放40年来，国有企业改革始终是经济体制改革的中心环节和主要任务。党的十八大以来，如何进一步推动国有企业改革发展、国有企业改革向何处去，社会各界都高度关心和重视。党的十九大报告，充分体现了以习近平同志为核心的党中央对国企改革发展的高度重视。

在党的十八大报告中，"强调要毫不动摇巩固和发展公有制经济，推行公有制多种实现形式，推动国有资本更多投向关系国家安全和国民经济命脉的重要行业和关键领域，不断增强国有经济活力、控制力、影响力。毫不动摇鼓励、支持、引导非公有制经济发展，保证各种所有制经济依法平等使用生产要素、公平参与市场竞争、同等受到法律保护。"这里，把制度与体制放在一起说了。

而在党的十九大报告中有两段，一是“必须坚持和完善我国社会主义基本经济制度和分配制度，毫不动摇巩固和发展公有制经济，毫不动摇鼓励、支持、引导非公有制经济发展，使市场在资源配置中起决定性作用，更好发挥政府作用，推动新型工业化、信息化、城镇化、农业现代化同步发展，主动参与和推动经济全球化进程，发展更高层次的开放型经济，不断壮大我国经济实力和综合国力”。

二是“加快完善社会主义市场经济体制。经济体制改革必须以完善产权制度和要素市场化配置为重点，实现产权有效激励、要素自由流动、价格反应灵活、竞争公平有序、企业优胜劣汰。要完善各类国有资产管理体制，改革国有资本授权经营体制，加快国有经济布局优化、结构调整、战略性重组，促进国有资产保值增值，推动国有资本做强做优做大，有效防止国有资产流失。深化国有企业改革，发展混合所有制经济，培育具有全球竞争力的世界一流企业。全面实施市场准入负面清单制度，清理废除妨碍统一市场和公平竞争的各种规定和做法，支持民营企业发展，激发各类市场主体活力”。

党的十九大报告，对于国企改革，内容多了，站位更高，表达更充分，更厚重，集中前五年探索的成果与智慧，站在新的历史时空上，总揽全局，指引方向，抓住重点，是国有企业改革的行动纲领，新意迭出，重点突出。

2018 年，国有企业会继续做强做优实业，扎实推进“瘦身健体”工作，提高企业管控能力。

因此，国企的审计，对中国特色社会主义市场经济具有特殊的意义。审计在反腐败斗争中发挥着越来越重要而关键性的作用，在国企这种特殊的领域，具有更关键的作用。每年 6 月份，都是中国的审计季，原因是6月底的全国人大常委会会议的重点是讨论预算审计及其他审计结果的内容。2014年的6月份更是如此。在常委会会议召开之前的十天，就陆续公布了一批审计结果，这些结果往往是让“小伙伴们惊呆了”。我个人的感觉是，现在的“审计飓风”已经超过了以前的“审计风暴”。

确实！当严格执行八项规定、中央地方巡视组加快出动频率、苍蝇老虎一起打、处理“裸官”、鼓励网站举报等力量与审计的力量结合在一起的时候，贪官的日子就难过了。因此，审计人员成为出色的“看门狗”[1]、称职的“啄木鸟”。他们离乡背井的超负荷工作给我们带来了经济的安全、社会的和谐。早在20年前我刚当特约审计员时，我就尽我民主党派成员的力量呼吁：机构无论怎么改革，审计力量不仅不能削弱，而且还要增加。一个社会最离不开的是审计人员与警务人员。要让我们的经济、政治、社会肌体安全，就要加强审计力量，我最近的建议是，审计特派员办事处能不能从17个增加到每个省一个？这样可以降低审计人员的劳动强度，完成审计“全覆盖”的神圣使命。多抓几个“蛀虫”所减少的损失，绝对会大大超过增强审计力量的成本。

由于我是国家审计署特约审计员，国家审计署公布了审计案件之后，总会有媒体打电话采访。我的感觉是，经过前30年的积累，央企的腐败案件爆发已经到了高峰期，综合性、广泛性、代表性、危害性都很大。综合性是指在一个案件中，集中了几乎所有违法行为，无一遗漏。广泛性是指在央企内部，存在严重的上下一同腐败的问题。我曾经对一个媒体说，一个民营企业的董事长，应该不会存在知道总经理、部门经理有违法行为却视而不见听而不闻的，因为这种现象的存在会损害

1 1998年央视部长访谈时，李金华说：审计，简单地讲，就是国家财产国家财政资金的看门狗，就是说你要通过审计维护国家财政国家财产的安全和有效。

到他的经济利益。然而，在有的国有企业中，居然存在从董事长、总经理、部门经理到采购员上下一同腐败的现象。代表性是指社会上存在的所有腐败违法行为，在国企中都有“杰出代表人士”。危害性是指国企腐败不仅仅表现在经济方面，还有对现行政治体制的伤害。

2014 年 6 月 20 日，国家审计署公布对中国烟草、中国核建、中国航天科技、中国航天科工、中国船舶、中国兵器、中国石油、中国大唐、中国海运、华润（集团）和中国冶金这 11 家央企的 2012 年度财务收支审计结果，涉及烟草、军工、能源等领域，审计发现涉问题金额数百亿元人民币。截至 5 月 31 日，经整改挽回和避免损失 32.96 亿元[1]。

2014 年 6 月公布的审计报告的主要内容：

一是审计资产量占企业过半资产总额。具体问题包括，2012 年华润集团所属华润电力下属单位未按规定公开招标，涉及金额 117.15 亿元；2006 年 11 月至 2013 年 7 月，中石油所属抚顺石化分公司等 9 家单位部分工程建设和物资采购未按规定公开招标，涉及合同金额 260.35 亿元。2008 年至 2012 年，中国兵器装备集团公司所属天威集团 21 个新能源固定资产投资项目中，有 20 个未经董事会审议等法定程序，涉及投资额 152.75 亿元。

2012 年，中国烟草总公司所属 38 家企业在工资总额之外列支工资性支出等，涉及金额 2.56 亿元。2012 年至 2013 年，中国船舶工业集团公司所属中国船舶系统工程研究院通过虚列会议费、现场补助费的方式套取资金 421.54 万元，用于购买消费卡、接待费等支出。

二是已处理相关责任人 190 名。

---

1 《审计署公布 11 央企财务收支审计结果》，《北京青年报》2014 年 6 月 21 日。

其中厅局级官员32人，这不亚于一个省在一个“巡视季”的反腐败成果。也是最多的一年[1]。企业已补缴各项税款1.78亿元，挽回和避免损失32.96亿元。对提出的62项审计建议，企业均已采纳。审计发现的相关人员涉嫌经济违法违纪线索，已经移送有关部门进一步调查处理。

三是焦点如下：

（1）违规招标，审计出问题资金达数百亿元

涉及金额最大的为违规招标问题，中石油、华润等央企牵涉其中，问题资金达近400亿元。其中，2006年11月至2013年7月，中石油所属抚顺石化分公司等9家单位部分工程和物资采购未按规定公开招标，涉及合同金额260.35亿元，其中工程建设238.51亿元、物资采购21.84亿元。

华润集团下属的华润电力则是另一家违规招标的大户。2012年，华润电力下属单位未按规定公开招标，而是采取邀请招标、议标等方式确定工程承包方、物资及服务商，涉及586个项目、金额117.15亿元。

引人关注的是，已经落马的华润集团董事长宋林曾多次被新华社《经济参考报》记者王文志及香港股民举报，而举报的主要事项就涉及华润电力。

（2）隐性福利，违规发放福利总额超2亿元

中冶集团、中石油、大唐集团等多家央企及其所属企业，被审计出存在违规发放福利的问题。上述央企违规发放的职工福利超过2亿元。其中，违规发放福利金额最高的为中国冶金科工集团所属的二十二

1　央企审计五年，被问责责任人：2010年：37人（局、处级干部33人），2011年：65人（厅局级干部10人），2012年：87人（厅局级干部3人），2013年：70人（厅局级干部15人）。

冶及其下属12家单位，2012年至2013年6月，上述各单位采取虚开劳务费发票或直接以劳务分包预结算单入账等方式套取资金8666.84万元，主要用于发放职工工资性津贴及奖金。

华润电力下属公司通过虚列原材料费用等套取资金854万元，用于购买超市购物卡发放给职工；大唐集团所属大唐同舟科技有限公司和大唐国际燃料公司通过虚列派遣劳务人员费用套取211.40万元现金设立"小金库"，全部用于向领导班子成员及中层管理人员发放奖金；中石油所属的两家公司，将所获利润3032.73万元以奖金、集体福利等名义违规发放给职工或相关人员。

2012年，中国烟草总公司所属湖南中烟等38家企业存在超缴住房公积金和在工资总额之外列支工资性支出等问题，涉及金额2.56亿元。

（3）高尔夫球场，投13亿违规建高尔夫项目

除了违规建高尔夫项目等问题外，华润集团公款列支高尔夫消费211万元一事同样引人关注。

在本次审计通报中，涉及违规建筑高尔夫球场共涉及两家企业、三个项目，分别是：中国烟草总公司所属红塔烟草和云南红河投资有限公司自2008年至2010年投资6.81亿元建成的高尔夫球场仍未按规定清理处置，上述高尔夫球场共占1728.45亩。

中冶集团两家下属公司也牵涉其中，其中一家投资5.76亿元、租地1640亩违规建设锦标级18洞高尔夫球场及配套设施，另外一家投资8488万元、占用农业用地860亩建设高尔夫球场。

上述三个项目共投资13.42亿元，占地达4228.45亩。此外，审计通报还显示，华润集团及部分所属单位于2012年公款列支高尔夫球消费支出211万元。

（4）境外投资，央企再曝巨额亏损

如中国兵器装备集团境外投资总体效益不佳，在境外投资成立的17家海外公司中，至2012年末有5家已停业、7家累计亏损1.38亿美元。

航天科技集团境外投资及财务管理制度不健全，至2012年底所属部分境外企业共亏损1.42亿元，且目前仍有两家企业的股权由单位委托个人代持。

（5）国资损失

中冶集团在被审计的2012年净利润为–98.4亿元，亏损近百亿元。

2007年8月至11月，在未经董事会批准、未按规定对民营企业联合体唐山恒通集团进行资产评估的情况下，中冶集团与唐山恒通集团以及1个自然人共同成立中冶恒通冷轧技术有限公司，此后中冶集团累计投入资金77.83亿元。至2012年3月国资委批复将中冶恒通全部国有产权无偿划转给中国港中旅集团公司时，该企业净资产仅5.62亿元，形成损失72.21亿元。

2010年至2014年公布的5批央企财务收支审计报告，共涉及62次审计，大多数央企只被审计过一次，中石油、华润、大唐、招商局、国航等知名央企，五年内均被审计过两次。能源行业的央企被审计的次数最多，达到近二十次。例如，审计署已对五大发电集团中的华能、大唐、华电、国电进行了审计并发布报告，中石油、中石化、中海油三大油企也早已悉数被审计。

与此同时，通过项目审计，也查出了一大批问题。

“西电东送21项目”审计出的一个个违法违规数字就可以说明以上这些问题的严重性。2013年4月至7月，审计署组织400多人对西电东送工程宁东至山东±660千伏直流输电示范工程等21个输变电项目的投资建设、运营管理等情况进行审计。审计发现的主要问题，一是工程建设中存在违反招投标规定的问题，电网公司未经招标将部分电网工程直接发包给关联企业，招标中存在大幅压缩招投标时间、评标不合规等问题，涉及金额 34.39 亿元，占审计抽查金额的 16%。二是设备材料采购、招标代理等业务中存在未按规定招标问题，电网公司直接指定关联企业承担部分设备材料采购、招标代理等业务，并借机多支付相关费用，由此向关联企业输送利益 8.19 亿元。三是工程投资控制不严，电网公司工程初步设计概算偏高，约束力不强，存在多支付工程价款、挤占工程建设成本等问题，导致多计投资 10.44 亿元。四是套取建设资金私设“小金库”问题，电网公司所属部分施工单位编造虚假合同、使用虚假发票等套取电网工程建设资金 13.81 亿元，私设巨额“小金库”，主要用于发放奖金、列支各种费用。

2016、2017 年，审计署的央企审计报告中，大规模的违规违纪案例有所减少。这是反腐败深入开展的结果。

审计署 2016 年 6 月 29 日发布中国石油化工集团公司、中国海洋石油总公司、招商局集团有限公司、中国铝业公司、中国航空工业集团公司、中国东方航空集团公司、中国南方航空集团公司、中国电子信息产业集团有限公司、中国电子科技集团公司和香港中旅（集团）有限公司这 10 户中央企业 2014 年度财务收支审计结果公告。重点审计了企业集团总部和部分所属骨干企业。这次审计关注重点包括：企业财务管理和会计核算、企业重大决策和管理、企业发展潜力方面的情况、企业及其领导人员遵守各项财经法纪、遵守廉洁从业各项规定、执行中央八项规定精神和厉行节约、反对浪费等方面情况以及企业对以前年度审计发现问题的整改情况和审计建议的采纳情况。审计发现这些央企存在“三重一大”决策违规、财务管理弄虚作假等共性问题[1]。

审计发现五方面共性问题，包括：有的企业经营业绩下滑，利润出现负增长；有的企业“三重一大”决策违规[2]，发生重大违纪违法、重大损失浪费等问题，有的企业违反廉洁从业等规定；有的企业在经营业务和财务管理上弄虚作假，内控制度和内部管理薄弱；有的企业执行重大资源利用和环境保护不到位、安全生产隐患较多；有的企业自主创新投入不足，影响发展潜力等。

对审计发现的问题，10 户企业已追回违规发放的各项资金，建立健全企业招投标管理、境内外资产管理等方面规章制度 609 项，处理 453 人次。对提出的 39 条审计建议企业均已采纳。此次审计发现重大

1 华晔迪、董峻：《审计暴露央企五大共性问题》，新华社，2016 年 6 月 29 日。

2 “三重一大”事项范围：

重大事项决策。党和国家方针、政策及上级重要决策、重要工作部署、重要指示意见的贯彻落实；全面从严治党主体责任和监督责任的贯彻落实；中长期发展规划、改革和发展目标、任务、措施等重要事项；年度工作计划、考核目标；规范性文件、重要管理制度、工作流程的制定和调整；党的建设、干部队伍建设中的重大问题；内部机构、人员编制的设置及调整；重大责任事故、突发事件的处置；向上级请示、报告的重大事项；涉及群众、干部职工切身利益的重大问题；其他应当集体决策的重要事项。

重要干部任免奖惩。领导班子分工及调整；机关、所属事业单位科级以上干部的任免、岗位调整、挂职交流；事业编制人员职级晋升；副县级以上后备干部的推荐；市级以上先进个人、集体的推荐申报；干部职工考核等奖惩事项；公开招考（聘）工作人员；对违纪违规干部职工的处理；按程序逐级上报婚丧喜庆事宜等个人重要报告事项；其他应当集体决策的重要人事事项。

重大项目安排。重点建设和投资项目计划；工程项目招投标；不动产的维修、改造；大宗物品、设备、交通工具的购置；经上级批准的考察学习活动安排；牵头实施的全市重大工程项目；其他应当集体决策的重大项目安排。

大额度资金使用。全年经费预算及资金安排计划；年度决算情况；本级财政或上级政府及有关部门、其他组织拨入的专项资金的使用情况，执收执罚资金的收支情况；5000 元以上办公经费、5 万元以上专项资金、10 万元以上建设项目资金的支出情况；其他应当集体决定的资金支出事项。

违纪违法问题线索40多起，涉及责任人员90多名，多发生在权力集中、资金密集、资源富集、资产聚集的关键部门和岗位，主要包括涉嫌滥用职权造成重大国有资产损失、利用职权输送利益、贪污受贿、挪用公款、违规投资入股等。对查出的这些问题线索，审计署已依照有关法律法规，移送纪检、监察或司法机关等查处。

在2017年6月23日，审计署发布了中国船舶工业集团公司、中国船舶重工集团公司、中国石油天然气集团公司、中国华能集团公司、东风汽车公司、哈尔滨电气集团公司、鞍钢集团公司、宝钢集团有限公司、中国中化集团公司、中国五矿集团公司、中国通用技术（集团）控股有限责任公司、中国建筑工程总公司、中国中钢集团公司、中国化工集团公司、中国建筑材料集团有限公司、中国有色矿业集团有限公司、中国铁路工程总公司、中国铁道建筑总公司、中国电力建设集团有限公司、中国铁路物资（集团）总公司等20户中央企业2015年度财务收支审计结果公告[1]。

据企业财务资料反映，至2015年底，20户企业共拥有全资和控股子公司1.1万家、参股公司2790家，资产总额11.77万亿元；当年实现营业总收入7.26万亿元，大多数企业实现盈利。

按照"核实业绩、揭示问题、推动改革、维护安全、促进发展"的工作思路，以20户企业财务收支及有关经济活动的真实、合法、效益为基础，重点开展了以下方面的审计工作：

一是财务管理和会计核算方面，主要审计企业经营成果真实性情况。发现一些企业经营业绩不实、虚增经营业绩，例如部分企业通过虚

1 《审计署谈20户央企审计：存在亲属经商办企业等问题》，审计署网站，2017年6月23日，http://finance.sina.com.cn/china/gncj/2017-06-23/doc-ifyhmtrw3727805.shtml。

构销售业务、虚增交易环节等方式虚增收入和成本，通过调节合并财务报表范围等方式虚增利润。

二是贯彻落实国家重大政策措施方面，主要审计中央企业落实供给侧结构性改革、国有企业改革、“走出去”战略等政策措施的情况。发现一些企业贯彻落实部分政策措施不到位、推动改革进程较慢等问题，例如厂办大集体和职工家属区“三供一业”尚未完成分离移交、“僵尸企业”和特困企业处置未按计划完成。

三是重大决策和内部管理方面，主要审计企业“三重一大”决策制度的建立执行、内部管理等方面的情况。发现一些企业经营管控仍然比较薄弱，因违规决策、决策失误或管理不善等造成损失或损失风险。

四是落实中央八项规定精神及廉洁从业规定方面，发现一些企业存在超标准购置公务车、亲属经商办企业、公款打高尔夫球、购买高档酒水礼品等问题。

针对审计发现的问题，20 户中央企业增收节支和挽回损失 6.9 亿元，建立完善规章制度 651 项，处理处分 309 人，审计建议全部予以采纳。但也有个别企业对以前年度审计查出问题整改不到位。

2018 年 1 月 17 日，国新办就 2017 年中央企业经济运行情况举行发布会[1]，国务院国有资产监督管理委员会总会计师沈莹就 2017 年央企做假账的问题回应称，从审计结果的量上来看，收入、利润不实部分分别占比 0.8%和 1.7%，可见整体央企信息质量还是比较高的，对真实性没有实质的影响。

同时沈莹也指出，2018 年要把会计信息质量的问题作为一个重要

1 《审计署抽查 20 家央企有 18 家做假账　国资委正面回应》，中国新闻网，2018 年 1 月 17 日。

的内容加强审核，对有关信息质量进行抽查，对发现的问题要严肃问责。今后进一步加强中央企业会计信息核算质量的管控，加大中介机构的审计力度，落实各级企业规范核算的责任。

沈莹称，2018 年要结合 2017 年的决算，把会计信息质量的问题作为一个重要的内容加强审核，对有关信息质量进行抽查，对发现的问题要严肃问责。企业也高度重视，对审计发现的问题建立了清单，一项一项地整改，按照“三不放过”的原则逐一进行整改[1]。今后的工作中，国资委会进一步加强中央企业会计信息核算质量的管控，加大中介机构的审计力度，落实各级企业规范核算的责任，推动我们做实质量和效益。

以上可知，几乎所有大型央企，只要一“巡视”一审计，都是“污点”累累，无一清白，完全经不起查[2]。按理说，这些央企应该比民企更健康，因为他们拥有强大的内审力量、有强大的纪委、有强大的党委等，但是，这些似乎在关键的时候都成为摆设和拿高薪的岗位。

对国企必须严加管束，审计之后要有一套完整的纠偏机制，否则各种问题会“屡审屡在”。国企的党委书记、纪委书记也要承担相应责任，不能成为摆设。

除了央企以外，地方国企也是审计的重点。各地在 2018 年前后，陆续加大工作力度[3]。

广东省委办公厅、省政府办公厅联合印发《关于深化国有企业和国有资本审计监督的实施意见》，明确进一步深化国有企业和国有资本

1 即不整改不放过、不问责不放过、没有长效机制不放过。

2 叶青：《几乎所有大型央企一审计都是污点累累》，《南方都市报》2014 年 6 月 24 日。

3 王立明、李忠颖：《各地深化国有企业和国有资本审计监督工作》，审计署网站，2018 年 1 月 19 日，https://mp.weixin.qq.com/s/cd9wDrElf-mbCGzUzWHEww。

审计监督的总体思路、基本原则、审计重点及保障措施。

意见强调，深化国有企业和国有资本审计监督，要坚持依法审计、客观求实、推动发展、统筹安排、先行先试的原则。认真贯彻落实宪法及审计法等法律法规，依法独立履行审计监督职责，审慎区分无意过失与明知故犯、工作失误与失职渎职、探索实践与以权谋私等情况，客观作出结论和处理。着力发现国有企业和国有资本管理运营中存在的普遍性、倾向性、典型性问题，关注体制性障碍和制度性缺陷，反映发展运营中的突出矛盾和风险隐患，积极提出解决重大问题和推动改革发展的建议，促进国有企业深化改革，不断增强国有经济活力、影响力和抗风险能力，防范国有资产流失。从广东实际出发，解放思想，大胆实践，先行先试，努力探索符合该省国有企业改革发展需要的审计监督机制和办法。

意见要求，要健全完善相关审计制度，做到国有企业、国有资本延伸到哪里，审计就跟进到哪里，不留死角。

江西省委办公厅、省政府办公厅联合印发《关于深化国有企业和国有资本审计监督的实施意见》。

《实施意见》要求，各市、县党委政府要统一思想，切实加强对国有企业和国有资本审计工作的组织领导，结合实际做好安排部署，明确目标任务，完善保障措施，强化督促落实。要支持审计机关依法独立履行审计监督职责，充分发挥审计在党和国家监督体系中的重要作用，确保各项审计工作有序推进、取得实效。

重庆市涪陵区委办公室、区政府办公室联合下发《关于深化国有企业和国有资本审计监督的实施意见》。《意见》指出，要建立国有企业轮审机制。围绕审计全覆盖，对纳入规划的 20 户区属重点国有企业由区审计局每五年审计 1 次。对区属重点国有企业主要领导人员履行经济责任情况做到离任必审，原则上三年任期内审计 1 次。同时，明确了对履行出资人职责的区国资委及其他国有资产主管部门的审计监督要求及内容。

山东省淄博市委办公厅、市政府办公厅印发了《关于深化国有企业和国有资本审计监督的实施意见》。

《意见》根据淄博市国有企业的现状和管理体制，实行“分级管理、分类审计”。按照国有企业管理体制，将市属国有企业分为一级审计对象、二级审计对象和三级审计对象，对不同审计对象，采取不同的审计方式和频次。按照企业功能分类，将国有企业分为商业一类、商业二类、公益类审计对象，对不同审计对象，确定不同的审计内容和重点。

3. 民企的审计

与国企不同，民企一般不会有政府审计人员上门，但是，遇到宏观调控政策审计时，也会被审计。因此，民企审计的重要性，就在于企业领导者的认识程度。

在民企中，当然有高调反腐的样板，比如说京东、阿里、腾讯等。

中纪委将“利用电子商务提供微信红包、电子礼品预付卡等”列入“反四风”查处范围。

京东作为时下电商巨头，在其企业越做越大的同时，内部贪污受贿等问题也浮出水面，已查处多起京东员工犯有“非国家工作人员受贿罪”案。为此，京东也加大了其内部反腐力度，“大案要案”算是得到一定缓解，但游走于灰色地带的“微腐败”却仍在滋生蔓延，“小打小闹”

蔚然成风。

利用微信红包送礼，提供了腐败的机会：

一是可以不必了解收礼人的住所从而提升了送礼的隐蔽性。

二是可以省去请客吃饭的奔波。

三是可以降低收礼人的戒备心理和手里负担。

四是因为微信红包不拆开不知道里面装了多少钱，等一旦开了红包，假使收礼人感觉金额过多再包个红包发回去，送礼人 24 小时之内不接收，钱最终还是退回到收礼人的账户，可谓是要也得要，不要也得要了。

虽然一个微信红包最多只允许包 200 元，但这对于像京东采销职务的员工来讲，也足以让其“开绿灯”了，更何况，逢年过节，婚丧嫁娶，生日纪念日等等，想送天天有理由。微信红包终将成为“腐败”的代名词，也会有更多的企业为避免腐败之风，像京东一样“一刀切”彻底将其封杀。

2017 年 8 月的一天，京东集团创始人、董事局主席兼首席执行官刘强东在谈到内部腐败问题时强硬表态：如果公司怀疑你贪了 10 万块钱，就算花 1000 万调查取证，也要把你给查出来。虽然贪污腐败的员工是凤毛麟角，但我哪怕一年只抓一个人，我就要投入 3 个人的力量，不是我为了他贪污我的钱，而是这是我创立公司的梦想[1]。

此前，京东通过公众号“廉洁京东”发布文章《京东集团反腐败公告》，将过去一段时间查处的 10 起内部腐败案件集中进行了实名公布，其中多名员工在办公室现场被警方带走、刑拘。

1 《员工现场被拘捕，刘强东誓言不留情!》，搜狐网，2017 年 8 月 14 日，http://www.sohu.com/a/164507825_750911。

以下为京东集团反腐败公告全文：

近期，京东集团内控合规部处理了一起运营人员收受商家贿赂的案件。根据内控合规部调查发现，京东商城3C事业部生活旅行业务部运营岗樊某利用职务便利，向商家索要股份、现金等大量财物。因其行为违反了《京东集团反腐败条例》第六条的规定，现已被公司辞退。同时，樊某因涉嫌“非国家工作人员受贿罪”在办公室被公安机关传唤带离，目前已被公安机关刑事拘留。

另外，京东集团对主动举报并积极配合警方调查工作的供应商给予相应奖励。京东将携手供应商及合作伙伴共同创造良好的商业环境，履行社会责任。

京东早前就明确表示，对于涉贪员工绝不姑息，情节严重者会移交司法机关处理；对于违法违规商家，京东将永久终止合作。

京东一个年薪150万元的副总裁，因为拿了供应商的一个大概300块钱的箱子，被人举报，经查实后被刘强东开除。如果没被开除，按京东上市之后的股价算，这位副总裁手里股票值六七千万元人民币。

当时供货商说箱子给他，他就拿回家，被查到后这位副总裁不认为这300块钱就是贪钱，他说：“如果是30万，300万，可能觉得就不对了，但是300块钱，我作为公司副总裁，供货商给我300块钱一个箱子，只是一个箱子，不是给我钱。”

但是刘强东说：在他这种思维里面，在他的价值观念里面，他认为这不是一种贪官，是可以容忍的。但是他作为副总裁，他的下属拿着一个30块钱的，他觉得是正常，今天拿着30，明天是3万，那样的话会导致企业的这种失败。

京东为了让员工拒绝商业贿赂，想了一个试行办法：员工主动拒绝行贿，且及时向公司说明，就可以获得奖励，最高可获得商业贿赂金额的 50%。以后升值加薪，也优先考虑。

刘强东多次指出：腐败行为是对社会公平公正和商业伦理的践踏，是少数人对大多数人努力与付出的严重侵害与剥夺，京东绝不姑息和放纵一丝一毫的腐败行为。

京东的审计力量很强大。比如，2012 年京东商城财务及审计研发部招聘，就把与审计有关的结构进行细分。

一是审计分析组，其岗位职责是：负责财务数据的差异分析；负责解释财务数据的差异原；负责支持审计的日常环境核对、提数，需求开发，差异解释等工作。

二是审计接口组，任职资格是：学历大专以上；工作 3 年以上；有较强的沟通协调能力及抗压能力等。

三是审计内控组，岗位职责是：定期对京东各业务系统流程进行收集整理、归纳汇总并跟踪变化，形成相应文档；定期对审计研发团队予以业务培训和指导辅助；辅助财务部门和外部审计公司，协调推动各信息团队完成审计各项工作等。

四是审计专家组，岗位职责是：按照需求描述开发相关 SQL[1]，从数据库中出具相关数据；对业务数据流产生的问题或差异进行分析、解读等。

在万达，军人出身的王健林，眼里同样揉不得半粒沙子。王健林在万达唯一管的部门就是审计部。这个被万达内部称之为“民间中纪委”

1 结构化查询语言（Structured Query Language）简称 SQL，是一种特殊目的的编程语言，是一种数据库查询和程序设计语言，用于存取数据以及查询、更新和管理关系数据库系统；同时也是数据库脚本文件的扩展名。

的部门，由万达党委书记高茜负责。这个几十人组成的审计部门，监管着 11 万万达人。根据万达内部披露的信息，万达每年要审计一两百次，涉及公司上千家，业务领域全覆盖。

2015 年 7 月 10 日，时代周报记者获得一份名为《许某某等移交司法、唐某某等解除劳动关系的审计通报》的万达集团内部文件（下称“审计通报”）[1]。这份发布于 7 月 10 日，编号为“大万股〔2015〕19 号”的文件，措辞严厉地通报了集团内部 18 起贪腐事件，详细描述了 17 名万达集团内部员工和 1 位万达合作方员工的贪腐行为，并公布了对这些人员的处理方法。

这份长达 2500 多字的审计通报，落款为“万达集团股份有限公司”，由万达集团审计中心经办，抄送至集团董事长、总裁，各系统总裁、执行总裁、副总裁。

文件显示，万达集团本次内部反腐共处理了 18 人，17 人为万达内部员工，1 人为万达总包单位的工作人员，涉及人员均为万达集团总部和地方公司的高管，其中总经理级别共计 4 人，其他人员均担任副总经理、项目总经理、主任工程师等高管职位。牵涉到的部门包含了万达百货总部、商管系统、牡丹江项目公司、西安项目公司。

按照审计通报给出的处理意见，17 名涉案的万达员工均被解除劳动合同，情节严重的 1 人已经被立案，1 人已经移交司法，6 人将被“视情况移交司法”处理。肖某被列入万达黑名单，万达集团要求中建一局承担违规套现金额的双倍违约金 900 万元，并要求中建一局立即全面整改。

阿里巴巴也是对腐败予以重拳打击。2017 年 4 月 7 日，阿里巴巴

1　覃硕、杨静：《万达反腐内幕：65 岁女高管带队审计部，打造民间中纪委》，《时代周报》2015 年 7 月 14 日。

集团廉正合规部发布处罚公告，宣布永久关闭平台上 36 家以不正当手段谋取利益的商家店铺。这是该部门连续第三年发布此类封杀令，通过定期清退违规店铺，重申持续透明反腐决心。

2016 年 2 月至 2017 年 4 月，阿里旗下各平台共有 36 家店铺因采取不正当手段谋求小二“照顾”被永久关店。这些店铺试图通过“潜规则”甚至违法犯罪手段谋求不正当利益，违背了诚信经营原则，依规被永久关闭店铺，情节严重的还被追究法律责任。

比如，某商家为使其店铺商品优先上平台活动，通过中间人贿赂负责审核的阿里小二，刚刚“合作”就被阿里大数据抓住踪迹，廉正部门随即介入调查并报案。2016 年 11 月，余杭区法院作出判决，商家、中间人、小二均构成犯罪，被判有期徒刑。

据廉正合规部有关负责人介绍，阿里集团有近 5 万名员工，分布国内及海外多地，廉正诚信文化和商业行为准则是每年必经的评估考核项目。除了法律和规章制度之外，出于“商业惯例”的礼品赠送，阿里巴巴也有相关规定：员工应当面拒绝，并第一时间向公司申报；对于无法退回的礼品，由公司统一用于公益捐赠。2016 年，阿里员工申报了 5300 多件礼品。

2017 年 3 月的一天，北京大学的百年讲堂举办了一个公开演讲，演讲人就是大名鼎鼎的阿里巴巴创始人——马云。

马云聊起一项很普通的员工福利——班车，马云说到，这件事在阿里巴巴内部引起了很大的争论，他坚决反对上下班提供大巴车班车，有些事情不一定非要别的公司有，阿里就必须有。“没有车，员工必然会选择其他交通工具来确保自己上班不迟到，无论是骑自行车，坐公交车，还是坐地铁，所有优秀的公司和员工都可以做到。”马云语重心长地说道：阿里巴巴不是买不起车，即使给大家提供了班车，将会有更多的员工迟到，将会有更多的人怠慢工作，阿里巴巴在乎的不是加班这点工作，我们真正在乎的是作为员工的你，是否热爱你的工作，是否在乎你的工作，如果你的答案是肯定的，那么你一定可以做到不迟到。希望每一个阿里人都能牢牢都记住，自己的每一笔收入和奖金都是要靠自己的努力争取来的，不是别人给你的[1]。

作为“叶车改”，我深有同感。在党政机关，也不是没有专车就上不了班。

阿里的一些做法，深深地影响到他的合作者。有一位客户就说：做阿里也一年了，遇到各种各样的客户，其中不乏要来厂看看的；来那我们当然欢迎，都会接待，如果本地或附近的还好，给个地址或路线他们自己就开车过来了，大门口一迎接就好了。但有那么些是外地过来，电话跟我们说我在哪在哪坐车不方便，不熟，看能不能有车接一下，按理说也没什么，但是我们公司也没专车司机，都是老板亲自开车去接。该怎么处理？不接怕失去真客户，接的话谈不拢的话有觉得费时间人力了。我们离动车站挺远的，平时我公交还要转车要差不多 2 个小时，开车走高速也差不多快 1 小时了。

这就是现在企业经营者的心声。

“诚信建设任重道远，需要全行业、全社会的共同参与和努力。”2015 年，阿里巴巴就联合万科、中集、碧桂园、美的、顺丰等知名企业发起了“中国企业反舞弊联盟”，并牵头成立国内首个“电商行业诚信共同体”，通过创新和合作共筑反舞弊防线。

---

1 《马云再曝神语录：阿里员工不需要班车和双休》，新浪财经，2017 年 3 月 15 日，http://finance.sina.com.cn/roll/2017-03-15/doc-ifychihc6662692.shtml。

截至2016年底，“中国企业反舞弊联盟”成员总数已达132家，吸引了新希望、三一重工、唯品会、滴滴等业内知名企业参与。

有的网友，是外审与内审方面的专家，对企业内部审计工作重点进行了很有深度的解读[1]，“财税小馆”就是这样的一位，他说：

> 我在会计师事务所从事外部审计1年，在企业集团从事财务工作兼内审工作10年多，中间接触了不少审计方面的事项，谈一下自己对企业内部审计粗浅的看法：
>
> （1）内审第一个方面要关注企业的内控是否存在漏洞。
>
> 审计方法：检查凭证，是否严格按照公司的付款审批制度执行？在此过程中反过来也能探究公司付款审批制度是否存在不合理或者存在漏洞的地方。这类审计，可以不断完善公司的财务管理制度以及制度的执行情况，对于发现公司内控漏洞、填补漏洞、纠正以及防范很有帮助。
>
> （2）内审关注的第二个方面是账务处理是否合理、合法。
>
> 审计方法：对于小公司，建议全面检查凭证；对于凭证量大的公司建议重要性把握，从报表层次重要性细化到科目层次重要性水平，重点的细查，非重点的粗查。审查的重点是账务处理是否符合企业会计准则的规范，后附单据是否充分、合法，是否能合理解释经济业务。举个简单的例子：办公用品除了取得相应发票外，还得取得该有发票专用章或公章的清单；差旅费需附出差申请单、出差费用报销单等。尤其对于某些用其他发票冲抵费用的情况，一定要注意入账的合理性，不光发票完事。

1 《企业内部审计工作重点内容》，财税小馆，2014年4月29日，http://www.360doc.com/content/14/0429/09/17057219_373122543.shtml。

(3) 审查税务风险，提出税务风险提示及整改办法，关注税务筹划的空间，必要时提出税务筹划建议。

这需要审计人员对税务非常了解，不但要知道这笔账务处理是否符合会计准则的要求，同时也要知道税务上的相关规定。举个例子：取得餐饮发票、日用品发票，一般只能入业务招待费，而取得会议费发票并补充会议纪要、签到表等可入会议费，全额扣除，取得办公用品发票和清单，也可全额扣除；再比如国庆节发现金福利需计入计缴个税，而作为高温补贴，只要在标准范围内，则是免税的。如此等等，做账的会计水平有高低，通过内审可以发现很多这方面的问题，并提出建议，这对公司非常有帮助，也是内审的重要价值之一。

(4) 对报表、财务指标等进行分析，对预算执行情况进行分析，了解公司的经营情况，发现经营管理方面可能存在的不足之处，比如项目拓展与资金流不匹配造成资金链紧张问题，比如利润统筹不合理造成集团多交税现象，比如财务指标异常可能存在的高风险领域等等，提出问题及其存在的风险，并提出整改建议。必要时单独出具管理建议书。

(5) 对中高层任期内经济责任、绩效进行审计，对高层离任等进行特殊审计。

(6) 对收购、兼并项目开展前期调查工作。

4. 上市公司审计

根据《中华人民共和国公司法》第四章第五节的相关规定，上市公司（The listed company）是指所公开发行的股票经过国务院或者国务院授权的证券管理部门批准在证券交易所上市交易的股份有限公司。所谓非上市公司是指其股票没有上市和没有在证券交易所交易的股份有限公司。

上市公司是股份有限公司的一种，这种公司到证券交易所上市交易，除了必须经过批准外，还必须符合一定的条件。

上市要求之一就是，公司在最近三年内无重大违法行为，财务会计报告无虚假记载。

公司向证券交易所上市委员会提出上市申请，经过证券监督管理机构核准后，应当向证券交易所提交核准文件以及下列文件：上市报告书；申请上市的股东大会决定；公司章程；公司营业执照；经法定验证机构验证的公司最近三年的或公司成立以来的财务会计报告等。

公司上市后，要有严格的公司内部审计制度。

比如，湖北福星科技股份有限公司内部审计制度，经 2017 年 7 月 6 日召开的第九届董事会第九次会议审议通过。主要内容有：

一是定义。内部审计，是指由公司内部审计机构或人员，对公司内部控制和风险管理的有效性、财务信息的真实性和完整性以及经营活动的效率和效果等开展的评价活动。

二是规定公司内部审计在公司董事会的审计委员会领导下，独立行使职权，不受公司内部其他部门或者个人干涉。

公司董事会审计委员会下设内审部作为公司的内部审计机构，对公司内部控制制度的建立和实施、公司财务信息的真实性和完整性等情况进行检查监督。

内审部直接向公司董事会负责，受董事会下设的审计委员会指导和监督，并向其报告工作。公司各内部机构或者职能部门、控股子公司以及具有重大影响的参股公司应当配合内审部依法履行职责，不得妨碍内审部的工作。

三是公司应当依据公司规模、生产经营特点及有关规定，配置专职人员从事内部审计工作。

公司审计人员必须具备以下条件：

具有审计、会计、财务管理、经济、税收法规等相关专业理论知识；

熟悉相应的法律法规及公司制度；

掌握内部审计准则及内部审计程序；

通晓内部审计内容及内部审计操作技术；

熟悉本公司生产经营及经济业务知识。

内审部应当保持独立性，不得置于财务部门的领导之下，或者与财务部门合署办公。

公司应该保证内审部获取相关资料和信息的全面和通畅，使其全面了解掌握公司董事会和管理部门的政策，及时获取公司生产经营业务有关的计划、组织、领导、控制的信息等。

四是内部审计的范围包括公司的经营管理过程中各项业务的决策、实施及其控制和监督。

内审部应当履行以下主要职责：

对本公司各内部机构、控股子公司以及具有重大影响的参股公司的内部控制制度的完整性、合理性及其实施的有效性进行检查和评估；

对本公司各内部机构（含外地销售办事处）、控股子公司以及具有重大影响的参股公司的会计资料及其他有关经济资料，以及所反映的财务收支及有关的经济活动的合法性、合规性、真实性和完整性进行审计，包括但不限于财务报告、业绩快报、自愿披露的预测性财务信息等；

协助建立健全反舞弊机制，确定反舞弊的重点领域、关键环节和主要内容，并在内部审计过程中合理关注和检查可能存在的舞弊行为。

五是至少每季度向董事会或董事会审计委员会报告一次，内容包括但不限于内部审计计划的执行情况以及内部审计工作中发现的问题。

内审部应当在每个会计年度结束后四个月内向审计委员会提交年度内部审计工作报告。

内审部应当将审计重要的对外投资、购买和出售资产、对外担保、关联交易、募集资金使用及信息披露事务等事项作为年度工作计划的必备内容。公司应当要求内部各部门（含分支机构）、控股子公司，积极配合内审部的检查监督，必要时可以要求其定期进行自查。

内审部应当对公司内部控制运行情况进行检查监督，并将检查中发现的内部控制缺陷和异常事项、改进建议及解决进展情况等形成内部审计报告，向董事会和列席监事通报。内审部如发现公司存在重大异常情况，可能或者已经遭受重大损失时，应当立即报告董事会并抄报监事会。董事会应当提出切实可行的解决措施，必要时应当及时报告证券交易所并公告。

在证券市场中，会计师事务所扮演重要的角色。随着我国资本市场的发展，上市公司在国民经济中的地位和作用日益重要。会计师事务所的审计“受托责任”也已从受出资人之托演变为受公众之托。据此，法律为会计师事务所及其注册会计师设定了严苛的社会公共义务及责任。与此不相称，确认会计师事务所承接上市公司审计业务的现行模式不但没有逐步社会化，反而更加商业化——由股份公司的管理者间接选择委托会计师事务所审计自己的经营活动。因此，该模式的一个直接不良后果是后者容易被前者所“俘获”，难以成为公众的“看门狗”。针对该模式的弊端，国内外研究者先后提出了多种解决方案但都不尽有效。

2013 年 4 月，中注协接连约谈两家会计师事务所，分别就业绩下滑的新上市公司年报审计风险与上市公司内部控制审计风险进行提示[1]。

据中注协披露，为进一步强化年报审计事前事中监管，进行了第四次年报审计监管约谈，约谈致同会计师事务所负责人，就业绩下滑的新上市公司年报审计可能存在的风险进行提示。

随着多家新上市公司披露 2012 年年报，业绩变脸的现象再次引起市场关注。对此，中注协相关负责人要求事务所保持高度的职业怀疑态度，实施有针对性的审计程序，从商业逻辑、资金使用、持续经营、数据核实与收入变化等多个角度入手，全面衡量企业业绩下滑背后的真实原因与财务表现。

中注协提示，事务所需要分析公司业绩变化是否具备合理的商业理由，尤其要关注公司是否存在为满足业绩承诺、股权激励条件或市场盈利预期等而舞弊的可能性。同时也要关注募集资金是否投入承诺投资项目以及募投项目的进展情况，是否存在募集资金使用不当而造成的经营风险。事务所还要求关注管理层对持续经营能力的评估，以及担保、诉讼或索赔事项对持续经营的影响。

此外，审计师还需评估公司财务数据的真实程度，这类评估包括前期比较信息，关注收入、成本和费用的真实性和完整性，防范企业通

1 施浩：《年报审计监管节奏加快，中注协接连约谈事务所》，《上海证券报》2013 年 4 月 10 日。

过自我交易或未披露的关联方交易实现收入增长，或者通过阶段性降低人工成本、延迟成本费用发生期间虚构利润的情况。

另一方面，上市公司的内控审计质量也越来越引起中注协关注。4月1日，中注协在京约谈中勤万信会计师事务所负责人，就其承接的部分上市公司2012年年报审计和内控审计业务可能存在的风险进行提示。

中注协相关负责人强调，事务所需要根据被审计单位的具体情况，采用“自上而下”的审计方法，根据企业财务报表的重大错报风险有效分配审计资源。

此外，如果上市公司在基准日前对存在的重大缺陷进行了整改，但新的内部控制尚未运行足够长的时间，应慎重考虑其对内部控制有效性评价的影响。

从全球来看，会计师事务所的审计都存在多种风险。2002年，原“六大”之一的安达信，因美国安然公司财务造假丑闻，导致其全球网络诚信瓦解，遭遇破产倒闭。

安然公司成立于1985年，是由美国休斯敦天然气公司和北方内陆天然气（InterNorth）公司合并而成。安然公司在肯尼斯·雷的领导下，经历了四大步跨越，从名不见经传的一家普通天然气经销商，逐步发展成为世界上最大的天然气采购商和出售商、世界最大的电力交易商、世界领先的能源批发做市商、世界最大的电子商务交易平台，一步一个高潮，步步走向辉煌。

当美国经济陷入衰退时，能源价格下降，网络经济泡沫破裂，股市下跌，安然的能源业务和金融衍生产品交易及电子商务都受到重大影响，面对这种情况，安然面临重大抉择，是实话实说，承认公司面临困境，还是通过不正当手段，继续“维持高增长”，继续创造神话，在当时普遍浮躁的气氛中，安然选择了后者。

当安然公司发表 2001 年第三季度亏损的财务报表后，安然帝国的崩塌就开始了。2001 年 10 月 16 日，安然公司公布第三季度的财务状况，宣布公司亏损总计达到 6.18 亿美元。

2001 年 10 月 22 日，The Street.com 网站发表文章进一步披露出安然与另外两个关联企业 Marlin2 信托基金和 Osprey 信托基金的复杂交易，安然通过这两个基金举债 34 亿美元，但这些债务从未在安然季报和年报中披露。也就在这一天，美国证券交易委员会盯上了安然，要求安然公司主动提交某些交易的细节内容，并于 10 月 31 日开始对安然公司进行正式调查，至此，安然事件终于爆发。

2001 年 11 月 8 日，安然向美国证监会递交文件，承认做了假账：从1997年到2001年间共虚报利润5.86亿美元，并且未将巨额债务入账。

美国证券交易委员会立刻介入调查，事实确认以后，安然公司及其相关的投行和会计师事务所都遭到了灭顶之灾：

（1）安然公司被美国证券交易委员会罚款 5 亿美元，股票被从道琼斯指数除名并停止交易，安然公司宣告破产。

（2）美国司法部的刑事调查结束后，安然公司 CEO 杰弗里 · 斯基林被判刑 24 年并罚款 4500 万美元；财务欺诈策划者费斯托被判 6 年徒刑并罚款 2380 万美元；公司创始人肯尼思 · 莱虽因诉讼期间去世被撤销刑事指控，但仍被追讨 1200 万美元的罚款。安然公司的投资者通过集体诉讼获得了高达 71.4 亿美元的和解赔偿金。

（3）有 89 年历史并且位列全球五大会计师事务所的安达信因帮助安然公司造假，被判处妨碍司法公正罪后宣告破产，美国休斯敦联邦地区法院对安达信处以 50 万美元罚款，禁止在 5 年内从事业务，从此全球五大会计师事务所变成“四大”。

（4）三大投行遭到重罚，花旗集团、摩根大通、美洲银行因涉嫌财务欺诈被判有罪，向安然公司的破产受害者分别支付了20亿、22亿和6900万美元的赔偿罚款。

这是血的教训!

朱镕基同志几乎从不题词，他在任国务院总理期间，却“破例”为新成立的国家会计学院3次题词“不做假账”[1]，并明确指示将其作为校训。

第一次是2001年4月16日，他视察上海国家会计学院，为学院题写了“不做假账”的校训。

第二次是10月29日，他视察北京国家会计学院时，又一次题了“诚信为本，操作为重，凡我校友，不做假账”16个字。

过了两天，朱镕基同志觉得那天的题词不太确切。“凡我校友，不做假账”，好像不是会计学院的校友，就可以做假账似的。他就重新写了一张，此为第三次题词，把第三句“凡我校友”改为“坚持准则”，第二天新闻稿中用的是“遵循准则”，于是就有了“诚信为本，操作为重，遵循准则，不做假账”这16个字。

1 项怀诚:《朱镕基同志3次题词不做假账》，《中国财经报》2008年7月18日。

审计技术

1. 传统方法

传统审计的方法主要是采用查账、现场核对实物，调取相关资料佐证等手段，均需要较长的时间，更要考虑被审计单位的实际工作时间及其相关人员上班的情况下进行。使得审计工作时间不自由，审计工作不能灵活高效进行。

传统审计技术方法有检查、监盘、观察、查询及函证、计算、分析性程序。具体内容：

一是检查。检查是审计人员对审计记录和其他书面文件可靠程度的审阅与核对。

（1）会计记录和书面文件的审阅。审计人员要对被审计单位的凭证、账簿、报表以及其他的书面文件进行审阅。通过审阅，找出问题和疑点，作为审计线索，据以进一步确定审计的重点和审计程序。

（2）会计记录的核对。审计人员还要对账证、账账、账实和账表之间进行相互核对。通过核对证实双方记录是否相符，账实是否一致。

如果发现有不符情况，应进一步采用其他审计方法进行跟踪审计。

二是监盘。监盘是审计人员现场监督被审计单位各种实物资产及现金、有价证券等的盘点，并进行适当的抽查。对资产进行盘点是验证账实是否相符的一种重要方法。

盘点的方式有突击盘点和通知盘点。前者一般适用于现金、有价证券和贵重物品等的盘点。后者适用于固定资产、在产品、产成品和其他财产物资等的盘点。

三是观察。观察是审计人员对被审计单位的经营场所、实物资产和有关业务活动及其内部控制的执行情况等所进行的实地察看。

四是查询及函证。

查询是审计人员对有关人员进行的书面或口头询问。

函证是审计人员为印证被审计单位会计记录所载事项而向第三者发函询证。

五是计算。计算是审计人员对被审计单位原始凭证及会计记录中的数据所进行的验算或另行计算。审计人员在审计过程中往往需要对凭证、账簿和报表的数字重新计算，以验证其是否准确无误。

计算的内容包括凭证中的小计和合计数、账簿中小计、合计和余额数，报表中的合计、总计的比率数，以及有关计算公式的运用结果等。

六是分析性程序。分析性程序是审计人员对被审计单位重要的比率或趋势进行的分析，包括调查异常变动以及这些重要比率或趋势与预期数额和相关信息的差异。分析性程序常用的方法有绝对数的比较分析和相对数的比较分析两种方法。

绝对数的比较分析，是通过某一会计报表项目与其既定标准的比较，判断其差额的程度是否在正常合理范围，来获取审计证据的一种方法。相对数的比较分析，是通过对会计报表中的某一项目同与其相关的另一项目比所得的值与既定的标准进行比较分析，来获取审计证据的一种方法。

2. 计算机审计

所谓计算机辅助审计，也称为利用计算机审计，是指审计人员在审计过程和审计管理活动中，以计算机为工具，来执行和完成某些审计程序和任务的一种新兴审计技术。它并非电算化系统审计特有的一种方法，对手工系统的审计也可应用这些技术。

计算机辅助审计包含两个层次的内容。

第一个层次是指在审计业务中利用 Exle、Foxpro、Word 等电子表格、数据库、字处理常规软件中的一些功能，或审计人员自编的一些小程序，帮助审计人员计算、复算、复核、分析审计数据，主要目的是节约审计时间、提高效率、增加准确性、减轻劳动量。比如，用电子表格软件审核工资表，复算固定资产折旧提取的正确性，复核材料成本差异科目；在项目审计中利用 Word、Wps 等字表处理软件，将全部的审计工作底稿均输入到计算机中，在编写审计报告时仅需调用底稿文件、稍加修改即可完成；自编简单的小程序对往来款项进行账龄分析。

第二个层次是指利用专门的辅助审计软件进行项目审计。这个层次也有两种类型：

一是主要用于审计情况汇总。在开展行业审计时，根据审计工作方案，编制专门的审计汇总软件，自下而上，从审计底稿开始，对审计情况进行逐级汇总。好处在于能全面、准确汇总反映审计情况，防止错漏和人为调整上报情况，便于统一定性、统一处理。如审计署统一组织的工商银行系统审计、国税系统审计就采用了这种方式。

二是主要用于协助审计人员对专门项目，用专门的审计方法进行比较全面、系统的审计。这是辅助审计的主流。审计署和地方各级审计机关编制了大量的这方面的审计软件，有不少软件还通过了审计署的评审，在各级审计机关不同程度地投入了使用。如预算执行审计软件、投资审计软件、银行审计软件、税务审计软件、海关审计软件、行政事业审计软件等。

利用计算机进行审计不仅仅是审计手段的改变，它必将带来审计领域里新的革命。在审计的各个领域和各个阶段，计算机都可以发挥巨大的作用。

一是信息统计与检索。充分利用计算机存储容量大、计算速度快并具有远程联网能力的优点进行有关审计资料的搜集、整理、分析与传递，大大改善信息的质量和利用程度。通过建立各地区、各行业及各单位审计情况的档案，以及审计常用的各种法律、制度、规定、准则等审计依据数据库，不仅便于及时获得有关的宏观信息，也便于审计人员检索使用。

二是实施审计检查、利用计算机直接检查、核对有关的数据，以确定数据的正确性。一般是通过审计软件的应用来实施的。审计软件是根据审计的需要而设计开发的，能够对数据进行一定的处理和分析的一组计算机程序。依据软件适用的范围，有通用审计软件和专用审计软件之分。通用审计软件一般具有访问文件、数据查询、抽样、文件合并与比较以及分析预测等功能。利用审计软件实施审计检查，能够使审计人员在电算化系统审计中直接访问以机读形式存储的数据，且能访问到远较其他方法为多的数据。

三是用于决策。国外将计算机用于审计决策领域，将审计工作中的经验进行归纳总结并编入计算机程序，由计算机自动完成审核检查，弄清事实，选择对照标准形成审计意见的全过程。这就是所谓的审计专家系统。

3. 大数据审计

大数据审计是传统审计向现代审计发展的必然选择，是传统资料向电子数据的转变。是在现有的基础上，各类信息海量累积，各种数据交织关联，被存放在不同的数据中，使得审计人员能够收集到比较全面的数据，就能跨部门、跨行业、跨区域数据的综合比对分析，筛选出审计重点核查重点。从而整体发现审计线索，提高了审计准确性及缩小了审计问题范围作用明显。

转变了审计人员传统方式。审计作为一个综合性的经济监督部门，有用数字说话传统。审计报告综合评价揭示问题，无不以数字为支撑。审计人员充分利用运用大数据技术，加大业务数据与财务数据、单位数据与行业数据综合比对和关联分析力度，大数据时代审计的对象、客体和载体都在发生深刻变化。有利于加大审计力度，创新审计技术方式；通过大数据审计，有助于提高审计效率，实现审计监督全覆盖。审计人员利用大数据，进行搜集筛查对比分析汇总，提高了审计结果的准确性，从而降低了审计风险，从而得出客观全面的审计结论。

随着“互联网 +”大数据云计算时代的到来，审计人员只需一台计算机、一根网线和取得相应权限直接获取的数据，进行集中分析分散核实的审计方式，也不用固定工作时间。

2017 年 4 月 18 日，世界审计组织大数据工作组第一次会议在南京召开[1]，来自大数据工作组18个成员国最高审计机关的50余名代表参加了此次会议。其间，世界主要国家最高审计机关围绕大数据分析和审计成果这个议题分享和讨论了世界各国在大数据环境下的审计工作现状、目标及前沿技术。

一是中国大数据审计。中国审计署将大数据审计工作总结为“三个集成、五个关联”。三个集成即是数据、分析、审计工作的集成。五个关联即：从中央财政到省市县乃至每个乡镇的资金使用、从部门到项目具体执行单位的资金使用的纵向关联；从市财政、市发改委到一级、二级预算单位的各种专项资金的横向关联；财政、金融和企业三方面的数据关联；财政与其他多部门、多行业的数据关联；财政数据与业务数据、宏观经济数据的关联。在获取到的各类型大数据基础上运用多种数据挖掘技术，实现对数据的集中分析、疑点发现和分散核查。

中国审计署实践的大数据审计工作包括：

（1）针对被审计单位和内部部门，建立采集、分析、保护数据的机制，此工作的前提是中国国家政策赋予了中国审计署收集和累积外部受审核方数据的权力。对于内部部门，中国审计署制定了一系列内部规则，规范其在收集、转移、存储、分析和保护数据方面的行为。

（2）建立专门的部门和多个交叉团队管理数据、深度发掘数据的

1 徐超、吴平平：《浅析各国大数据审计工作现状——基于世界审计组织大数据工作组第一次会议的研讨结果》，审计署网站，2017 年 6 月 1 日，http://www.audit.gov.cn/n6/n41/c96373/content.html。

价值。2014 年，中国审计署成立专业部门，负责管理和挖掘数据，并经常邀请来自不同部门的经验丰富的审计师，设各种立跨行业团队的审计数据分析。

(3) 数据的采集与管理方面，根据“审计工作‘十三五’规划”提出的目标，到 2020 年前收集我国主要经济运行行业的数据。未来，中国审计署将从管理、数据（包括质量、安全）、人力（训练）、基础设施（软、硬件）这四个方面来提升、创新大数据审计工作。总的来说，中国审计署认为大数据审计不仅是技术层面的革新，更多地代表审计理念的创新。

以下的两个案例可以说明这一点[1]：

在芜湖市“一站通”平台上，记者随机点开一名老人的医疗救助申请信息，系统显示镜湖新城公共服务中心一名工作人员受理该申请，在上传附件后该任务进入海南渡社区进行公示，公示完毕后将公示文件上传附件再进入中心（街道）审核。审核加盖电子公章后进入镜湖区民政局审批，由民政局电子盖章后再回传到最初受理的窗口。每个流程和所处的状态清晰可见。

山东省烟台市审计局运用大数据分析平台捕获“某医院医保基金报销拨付人员孙某重复打印医疗发票贪污医保基金”线索。此线索被查实后，孙某因贪污 58851.2 元医保基金被判处有期徒刑 5 年。

烟台市审计局自 2011 年正式启动建设“财政资金跟踪审计数据分析平台”以来，已相继建成财政、地税、社保、公积金等方面的数据分析平台，涵盖财政预决算、社保五险、非税收入、税款征收、住房公积

1 周畅、冯国栋、毛振华、南婷、周强、岳德亮：《大数据时代的政府转型，打破“信息孤岛”是关键》，半月谈网，2016 年 9 月 24 日，http://www.sohu.com/a/115018241_468714。

金等 10 多个方面，构建起数百个审计分析模型，并完成数据采集入库和审计方法体系建立工作，审计人员利用“大数据”平台就可掌握市直预算单位财政资金来龙去脉，准确快速发现违法违规问题。

政府利用大数据提高自身管理水平，这就意味着更多的信息会向社会公开，更多政府掌握的数据会向社会开放，公众在获得更多信息和知情权的同时，也能更好地监督政府行为。

二是世界各国大数据审计。

美国审计署认为，大量数据和增强数据分析可以为审计界带来许多机会。通过利用数据分析领域不断发展的方法、工具和技术，最高审计机关可以大大增强其审计工作的影响。这些方法使得最高审计机关可快速发现审计线索和形成审计结论，以便在问题发生之前实施干预。近年来，美国政府在提高政府数据的透明度、可用性和可靠性方面已经付出了很大努力，一些立法工作努力使美国联邦政府的支出和业绩数据更加准确和广泛可用。然而，即使可以提供更多关于美国联邦政府的计划消费数据，也需要美国审计署有能力分析这些数据。最后，美国审计署强调了数据分析方面协作的重要性，其一直非常积极地与其他实体合作，以促进数据分析在政府责任审计中的应用。

英国国家审计署（National Audit Office, NAO）关注于如何在大数据环境下增加数据分析的价值，同时降低分析成本。通过数据关联分析挖掘模式和异常，创造新的数据见解和价值，从而获得最佳审计实践方式和更可靠的审计意见。其审计过程应用计算机自动化技术降低审计成本并加速数据分析以获得新发现。在保持避免错误的同时，利用各种机会增加数据的更大价值。目前，英国国家审计署主要关注审计数据分析中的三个方面，即数据服务（数据清洗、关联、存储）、审计分析（将统计、机器学习、文本挖掘等大数据技术应用于审计）和可视化（运用数据可视化技术清晰简明的呈现和传播分析结果）。这三个方面均由更大程度地应用自动化、编程、软硬件技术来支撑，其工作特点是尽可能地利用外部力量来保证工作的创新。

印度最高审计机关主计审计长公署（Comptroller and Auditor General of India, CAG）的电子治理（E-governance）很有特色，并在此基础上引入数字审计（E-Auditing/Digital Auditing）的概念。印度最高审计机关从数据整合（内部、被审单位、第三方）、统计分析、可视化技术、建立数据仓库、能力建设等方面着手，通过实施标准模型（审计计划、报表可视化）、特定审计分析技术（识别审计目标、风险评估、抽样、审计证据、审计报告）、试点项目等手段展开大数据审计工作。他们指出，在获取被审计方信息和 IT 能力这两个方面面临挑战。最后，他们提出一个开放性主题，即鉴于数据分析技术的使用发展，审计师要在重复性审计模式转变为持续审计中发挥更大的作用。

奥地利审计院（Austrian Court of Audit, ACA）针对大数据环境下的审计工作成立了 R 语言工作组以及 R 语言导师计划（有经验的 R 语言审计人员作为新人员的导师），通过应用 R 语言展开审计任务中数据分析，并应用于绩效审计、医保资金流动审计等方面。

厄瓜多尔审计总署（The Office of the General Comptroller of Ecuador）在公共信息数字化、开放数据采集和处理方面的最新进展。该国政府已经签署了促进在线公共信息获取的新规定，并介绍了几种可供公民访问信息的工具软件。通过各种门户，厄瓜多尔审计总署将采集的信息用于审计活动和监督管理。此外，该审计总署引入信息技术实现审计总署大部分内部流程的自动化，例如，其开发的“家庭地址咨询”应用程序允许审计人员查找被审计对象的家庭住址，便于通知处理。

爱沙尼亚审计署缺乏应用大数据审计的经验，然而在其高校、科研机构以及商业公司，大数据分析得到广泛应用。爱沙尼亚两所大学分别进行的两项大数据分析案例，一是塔林技术大学针对爱沙尼亚政府与三菱公司之间的二氧化碳排放交易的项目，二是可为个性化医疗开发相关工具的大型健康数据分析（爱沙尼亚中央电子健康数据库、保险基金数据库等）项目。

巴西联邦审计法院（Federal Court of Accounts, TCU）自2006年以来，TCU已经收集到的代表巴西最重要政府进程的公共数据库。至今，TCU拥有56个数据库，其总数据量达7TB。为充分利用这些数据，2017年，TCU创建了一个相应的信息管理部门。TCU的使命在于提高巴西的公共行政能力，通过公共行政的外部控制，以提供更好的服务、更好的公共政策，为社会造福。他们认为大数据环境下，审计工作的挑战在于如何提高数据和数据分析在审计工作中的作用以及如何提高数据分析效率。

芬兰审计署（National Audit Office of Finland, NAOF）认识到需要新的审计方式来应对社会变革的速度和社会的不可预测性，因此，NAOF试图寻求一种新的策略分析数据并以可视化方式呈现相应的数据与结果。在财务审计与合规审计方面，国家各部门和机构使用同一会计制度，从审计计划到审计报告生成都系统地使用IT系统审计技术和分析工具。目前，IT系统审计已成为财务审计和合规审计的一个组成部分。NAOF已认识到审计人员获取新技能的需要，因此审计人员的培训重点在于发展其IT分析技能。然而，NAOF对数据的使用还没有超出传统的财务数据。而在绩效审计和财政政策审计方面，过去20年里只有数十个审计案例使用了数据统计分析。目前，NAOF 正在筹备中央政府的实体预算和其他财务数据的可视化，并积极寻找一个使用大数据的实验性审计主题。

挪威审计长公署（Office of the Auditor General of Norway, OAG）在财政审计和绩效审计中数据收集和数据分析方面很有经验。相关法案规定挪威审计长公署可以要求被审计单位提供任何信息或任何文件进行审核。被审核单位应确保审计长公署可以检索所需的任何信息，且以其认为的适当的方式进行审计。信息（包括个人信息）应以审计长公署要求的形式和媒介免费提交。未来他们将建设一个新的数据服务中心，该中心不仅提供数据导入、清理、分析和可视化功能，还将应用开源软件如 R/Shiny 来开发审计应用程序，以不断提高审计人员的数据科学和分析能力。

俄罗斯联邦审计院（Accounts Chamber of Russian Federation）利用数据预测分析技术面临的挑战和局限。他们正收集数据和利用大数据分析展开前瞻性审计。

未来将从技术创新、管理变革和审计实践三个方面来推进大数据审计工作。其中，大数据审计技术革新主要包括：(1) 多源、异构数据的标准化与整合研究；(2) 大数据存储架构研究；(3) 大数据分析技术研究。

最近两年来，中国扶贫审计方面取得重大的突破。其中，在扶贫大数据审计方面，湖北省采用得比较早，而且取得显著的效果。覆盖 114 个县（市区）、2.7 万多个村居、12 个精准扶贫项目涉及资金 575 亿元、扶贫数据 4.3 亿条……如此广的涉及范围、如此大的资金投入，怎样监督检查？湖北运用“大数据”快速完成了海量信息检索，迅速锁定疑点问题，“大数据”督查已成为整治基层蝇贪的利器，助力精准扶贫、精准脱贫的法宝。在湖北，“大数据”督查已连续运行两年。2016年运用大数据开展惠民政策落实情况监督检查工作，其中，通过对全省2014—2015年农村低保项目执行情况开展检查，共取消了26万余人违规享受的补贴，追缴违规资金1.22亿元；13504名违纪违规党员干部被处理，736个基层单位被问责。

2017年5月，启动了全省运用大数据对精准扶贫政策落实情况的监督检查，重点围绕12个精准扶贫项目政策的落实情况展开，有力促进了扶贫政策落实。

在此，以老河口市为例加以说明。

2017年6月，湖北省老河口市成立10个“大数据”工作专班，运用大数据对精准扶贫政策落实情况进行监督检查。同时，湖北省在省、市、县三级组建巡查督导组，围绕精准扶贫政策落实，着力发现在大数据监督工作中弄虚作假、虚报瞒报等违纪问题。专班工作人员对27个部门和单位提供的源数据，认真开展数据比对，从中发现问题线索。

截至2017年6月10日，老河口市共采集数据571.6万条，其中，源数据326.94万条，比对数据244.65万条，发现问题线索28115条。通过对问题线索进行逐一核查，查实问题被严肃处理。

为了反映这种精彩，将当时的精准扶贫政策落实情况大数据检查公告实录如下：

广大市民朋友们：

为贯彻落实党中央关于推进精准扶贫的重大决策部署，推进全面从严治党向基层延伸。市委、市政府决定，在全市开展运用大数据对精准扶贫政策落实情况进行监督检查工作。

监督检查工作主要是通过运用操作软件对数据信息进行比对，深入查找全市2015年以来整村推进、易地扶贫搬迁、教育扶贫资助资金、扶贫小额信贷资金、基本公共卫生服务补助、新型农村合作医疗基金、就业专项资金、残疾人两项补贴、农村低保、城市低保、农村五保、户户通等12个精准扶贫和惠民政策落实情况存在的问题，对核查出的问题进行整改纠正，解决侵害群众利益的不正之风和腐败问题，确保贫困户识别精准、资金使用精准、脱贫成效精准。

（一）贫困户精准识别。通过全面收集户籍、房产、车辆、工商、税务等数据，比对建档立卡贫困对象基础信息，分析研判贫困户家庭经济状况，检查贫困户评定是否精准。

（二）整村推进（村级扶贫项目）。通过采集所有到村扶贫项目建设单位的工商注册时间、资质、中标信息、实际承包人信息等，检查项目实施过程中存在的不招投标、招投标走过场、围标、串标、无资质中标、一注册即中标、特定关系人中标、多次中标及工程建设进展缓慢，质量不达标等问题。

（三）易地扶贫搬迁。通过采集已搬迁贫困户、已实施危房改造的农户信息，检查非贫困户享受搬迁政策、已进行危房改造农户又被列入易地扶贫搬迁名单、房屋建设超面积以及张冠李戴、面积缩水、弄虚作假、欺上瞒下等问题。

（四）教育扶贫资助资金。包括学前教育资助、义务教育阶段家庭经济困难寄宿生生活费补助、普通高中国家助学金、中等职业教育国家助学金、雨露计划。通过采集学生学籍数据，检查虚假发放、超范围超年龄发放、重复发放、该发的没有发到位以及克扣、挤占、挪用等问题。

（五）扶贫小额信贷资金。包括扶贫部门小额信贷和人社部门小额担保贷款。通过采集发放数据信息、工商登记、农机具购买信息、纳税信息等数据，检查贫困户是否用贷款资金发展生产，有无个人、法人单位虚假申报贷款的现象。

（六）基本公共卫生服务补助。通过采集糖尿病人、预防接种、高血压、精神病、肺结核、儿童妇幼、65岁以上老年人等重点服务对象的有关信息，检查有无弄虚作假、套取资金的情况。

（七）新型农村合作医疗基金。通过采集新农合参合人员信息、居民医疗保险参保人员信息、新农合刷卡频次、外出务工就业人员刷卡信息等数据，检查贫困人口应保尽保不够、参保资助不到位、违规重复参保问题，检查个人、村医、定点机构、民营医院骗取套取医保基金问题。

（八）就业专项资金。通过采集参加职业中介、职业培训、创业培训及已就业人员信息数据，检查虚假套取资金，中介机构与管理部门不脱钩等问题。

（九）残疾人两项补贴。包括困难残疾人生活补贴、重度残疾人护理补贴。通过采集享受两项补贴的残疾人员名册、残疾证等信息数据，检查享受困难残疾人生活补贴的是否为低保家庭中的残疾人，重度残疾人是否属实等内容。

（十）农村低保、城市低保、农村五保。检查截留挪用、虚报冒领、贪污侵占、优亲厚友、失职渎职及特殊教育学校、福利院等公益机构挪用低保救助资金等问题。

（十一）广播电视户户通。通过采集比对户户通发放信息、领取人员身份信息、发放区域范围等信息，检查发放对象不准、未发放、伪造名单发放、转卖等问题。

我市已将运用大数据对精准扶贫政策落实情况进行监督检查的相关政策和内容向社会公开。希望广大群众积极参与，支持大数据监督检查工作，对精准扶贫政策落实情况进行监督，为打赢我市精准扶贫、精准脱贫攻坚战提供有力的政治保障。

对在扶贫资金审批发放过程中存在虚报冒领、截留挪用、吃拿卡要、以权谋私、优亲厚友、贪污侵占等问题的，欢迎广大群众向市纪委举报。

监督举报电话：0717—4214145

枝江市运用大数据对精准扶贫政策落实
情况进行监督检查工作领导小组办公室
2017 年 5 月 26 日

4. 区块链审计

2017 年以来，区块链频频刷屏。企业蜂拥蹭热点，资本市场沸腾。

第一，什么是区块链?

通俗地说，区块链技术是指一种全民参与记账的方式。所有的系统背后都有一个数据库，可以把数据库看成是一个大账本。那么谁来记这个账本就变得很重要。目前是谁的系统谁来记账，微信的账本腾讯在记，淘宝的账本阿里在记。

但在区块链系统中，系统中的每个人都有机会参与记账。在一定时间段内如果有任何数据变化，系统中每个人都可以来记账，系统会评判这段时间内记账最快最好的人，把他记录的内容写到账本，并将这段时间内账本内容发给系统内所有人进行备份。

这样系统中的每个人都有了一本完整的账本。这种方式称为区块链技术。

第二，区块链解决了什么问题？

区块链最重要的是解决了中介信用问题。在过去，两个互不认识和信任的人要达成协作是很难的，必须要依靠第三方。比如支付行为，在过去任何一种转账，必须要有银行或者支付宝这样的机构存在。

但是通过区块链技术，可完成双方可以互信的转账行为，这是区块链的重大突破。

第三，区块链技术主要可以用在哪些行业？

区块链主要的优势是无须中介参与、过程高效透明且成本很低、数据高度安全。所以如果在这三个方面有任意一个需求的行业都有机会使用区块链技术。

不少专家认为，2017 年算是区块链年，这个领域的投资和资产价值都是突飞猛进的，2017 年迎来了整个全球区块链参与人数以及试验项目最大的增长。比如，恒生电子在做一些区块链的应用，已经把它认为是未来金融基础设施之一。所有的金融流程、链条以及业务模式的运行，甚至人和人之间的一些交互，都会被区块链这个基础所改变。

作为一种安全可靠的去中心化技术，区块链在风靡金融领域后，在其第二大战场——医疗也收获颇丰[1]。

目前，医疗数据安全和患者隐私保障仍是医疗行业的核心问题。

---

1 毛琬迤：《医疗区块链趋势待发，2017 年取得十大关键突破》，医疗信息网，2017 年 12 月 28 日，http://www.1168.tv/news_181001.html。

区块链因其区高冗余、无法篡改、低成本和能进行多签名复杂权限的管理能力，成了医疗数据保管的最佳方案。

协调的完整的电子健康记录的缺乏会影响到患者、医务人员和行政管理系统与服务。从患者的角度来看，每次去新的医疗机构就诊时，都必须重新录入所有的病例信息，这是一个痛苦过程。更大的问题在于错误的医疗信息。如果之前的病例记录中录入了不正确的过敏或血型信息，那么当患者下次接受治疗或手术时，可能会造成非常严重的后果。从提供服务的医疗机构角度来看，日益增长的病例信息现已经成为天文数字，创建和维护这些信息将消耗很大的资源。

2017 年，众多公司及机构加入到应用区块链技术来开发更安全高效的医疗平台或应用的大军中来。区块链，最为直观的就是电子病历。

当今世界，电子病历面临数据泄露、可扩展性、操作性和数据集成等问题。此外，由于用户缺乏电子病历的相关知识，导致公司在个人医疗记录的销售和交易中牟取暴利。随着消费者意识的提高，他们有了更高的期望。他们希望能够掌握自己的健康数据，能随时随地获取自己的健康信息。

针对这一情况，2017 年 11 月，Health Wizz 宣布推出了一款移动平台，利用区块链、移动技术和数据管理技术，帮助患者整理病历数据，让患者可以随时随地安全访问自己的数据库。

此外，一些特定的组织可以使用加密货币来激励患者为医疗研究贡献自己的健康数据。这种货币是 Health Wizz 发行的数字以太币 OmCoin，它允许用户通过区块链安全可靠地交换自己的健康信息。

在医疗领域里，随着电子健康档案存储在一个潜在的且有趣的应用程序中，机会也增多了。当前的封闭系统具有防止互操作性，可移植性和协同性的特点。一方面，可以真实地记录一个人的健康历程。另一方面，不同医院的医生可以提供记录。

实践证明，虽然数据是分布式的，访问是全球性的，所以对患者的大样本的数据分析是有可能的，从而提高了人口的健康。当然，所有的访问病人的数据会通过系统设计，甚至通过平台选择性加入因为患者有密码，对此拥有决定性意见。

这样的解决方案也将会是更安全的，因为它防止大规模的破坏。攻击面就是个单一的患者，和一个不具有相同类型的漏洞去勒索或社会工程攻击的分布式账本。每个病人的病历根据需要将被安全地记记录下来。整个模式比如今的混乱局面更好更简单，这应该被视为一个转折点，重新思考我们的医疗数据结构。

由上可知，目前，区块链已经在很多行业实现了应用，但在会计行业的认知度却不高。实际上，区块链对该行业的影响也是巨大的，其强大的记录和防篡改功能可能会大大减少甚至消除对审计的需求，最终颠覆整个行业。因此，会计师事务所应该重视区块链的影响，积极迎接新技术并作出相应调整。

以下是区块链在会计和审计中的一些潜在用途：可追溯的审计跟踪；自动审核流程；交易认证；追踪资产所有权；发展“智能合约”；任何资产（从原材料到知识产权）的注册和库存系统。

从医疗记录到身份管理再到土地权和全球贸易，区块链都在其中作为一个不可或缺的账本（事实中心）发挥着作用。而不是像公司那样在其私人管理的独立数据库或账本中保存和调整相同交易的记录，交易双方同时被记录在共享账本中。这种能力以及实时记录交易的能力使区块链可以终结大小型企业和行业传统的发票、文件、合同和支付处理方式。

像大多数技术一样，区块链在会计和审计中能大大降低调整多方复杂的不同信息时的错误率。此外，区块链中的财务记录一旦生成就不能改变，即使是会计系统的管理员也无法更改。因为每笔交易都会被记录和验证，财务记录的真实性得以保证。虽然这种技术令人信服，但它有可能大大减少甚至消除对审计资源的需求——可能会颠覆整个会计行业。

以下是这四家公司在比特币和区块链技术方面开展的相关工作[1]。

一是德勤会计师事务所。德勤用“谜团”“悖论”和“机遇”这些词来形容区块链技术。2014 年，德勤推出了 Rubix，这是一个提供咨询服务的区块链服务，并为包括政府在内的各个部门的客户构建分布式应用程序。

2016 年 5 月，德勤在都柏林成立了第一个区块链实验室，并于 2017 年 1 月在纽约成立了第二个。德勤于 2017 年 5 月加入了企业以太坊联盟（EEA）和由 Linux 基金会主导的“超级账本”项目。

德勤独联体（CIS）机构与 Waves 平台建立了合作伙伴关系，为客户提供全面的 ICO 服务和针对特定业务量身定制的区块链解决方案。他们还将共同研究规范 ICO 项目的法律机制。

因此，德勤（Deloitte）作为一家提供专业审计服务的公司。正在尝试将区块链技术应用到客户端的自动审核及众包（公司以自由形式外包给非特定大众网络）公司在应用程序上的咨询服务。

最为直观的感受就是，因为公司的每笔交易都在区块链上进行，

1 巴比特资讯，slieta5 译：《全球审计四巨头同时看好区块链产业，都在积极布局》，亿欧网，2017 年 7 月 10 日，https://www.iyiou.com/p/49626。

所以利用区块链设计出的解决方案将会加快审计进度。同时由于区块链具有不可逆性和时间邮戳功能，对于需要审核的公司，会核查该公司的区块链及全部交易。这将加快审计进程，使其更便宜，更透明。

二是安永会计师事务所。安永是第一家接受比特币支付的咨询公司（在特定地区）。安永瑞士分公司的客户现在（自2017年起）就可以选择使用比特币支付发票审计和咨询服务。

安永瑞士分公司首席执行官Marcel Stalder认为："大家都要准备好迎接商业世界即将通过区块链、智能合约和数字货币爆发的革命，这对我们来说非常重要。"该公司于2017年5月加入了瑞士比特币协会，展示了对比特币的进一步支持。

安永的网站上写着"区块链技术已正式提上日程"。2017年4月，安永推出了Ops Chain，包含促进区块链技术在企业中的商业使用的一系列应用和服务。它还选择纽约作为成立区块链实验室的第三个地点，其他两个分别是伦敦和特里凡特琅（印度）。

三是普华永道。普华永道（PwC）认为区块链在金融服务领域有着巨大潜力。为了利用区块链并使其商业化，普华永道招募了15位领先的技术专家，于2016年1月成立新的全球技术团队。

此后，普华永道与众多企业（包括公有和私营企业）开展了合作，以提高区块链技术在世界范围内的适用性。

2016年11月，普华永道推出了Vulcan数字资产服务，通过与Bloq、Libra和Netki合作使数字资产能够用于日常银行、商业和其他关于个人货币和资产的服务。而3月的一则公告显示，普华永道正在与阿里巴巴及食品行业利益相关者探讨区块链解决方案，以解决供应链欺诈问题，并建立人们对食品行业的信任。

普华永道在一份报告中宣布“区块链正在从实验走向实践”，强调了全球超过四分之三的金融服务公司计划在 2020 年之前把区块链应用到生产系统中去。这个预测很有杀伤力。

四是毕马威。2016 年 9 月，毕马威推出了数字账本服务（Digital Ledger Services），这套服务旨在帮助金融服务公司实现区块链的潜力。毕马威表示，数字账本服务包括整个生命周期的支持，从战略资格和业务案例开发到相关用例开发，系统和运营整合以及公司区块链基础架构的持续管理。毕马威的区块链计划得到微软的“区块链即服务”（BaaS）平台的支持。

毕马威和微软还在这种战略合作伙伴关系的基础上于 2017 年初推出了联合区块链节点，旨在创建和演示将区块链技术应用于业务命题和流程的用例。

由上可知，专家们对区块链审计系统建立和完善的重要意义做了充分的表述[1]。

一是区块链可以改进审计中的数据记录方式。现行的联网审计中，虽然有审计预警机制，但仍然需要审计人员对于异常记录的手工判断与处理，区块链则可以通过各个节点是否对区块和其内的交易信息进行验证并认可，网络节点是否受到攻击，各节点的账本是否完整等信息，对异常记录进行自动处理，使实时审计成为可能。而审计人员可以直接访问查询区块链上的有效信息，判断处理是否合理并进行修正，区块链中采用时间戳来记录各项交易与操作，可以实现历史溯源与追踪，极大地提高审计质量与效率。

1 李孟萱：《区块链可以改进审计中的数据记录方式》，审计之家，http://www.sohu.com/a/213134016_481558。

一是区块链可以改变审计数据的存储方式。传统审计中，都将数据存储于一台审计中心服务器上，不仅存在负载高、运行速度慢等问题，而且容易受到攻击，而区块链审计系统则是典型的分布式存储，每个节点均有相同备份，不仅可以节省服务器的高额成本与维护费用，更重要的是保障了数据的完整性。

三是可以采用半公开私有链做到实时审计。区块链分为公有链、半公开私有链、完全私有链三种形式，而考虑到审计行业的特点，适宜采取半公开私有链模式。对于被审计单位、企业内部分商业机密信息不予以公开，而在其集团内部的预选节点来决定区块的生成，外部供应商等可以参与交易但不过问记账过程。对外则提供第三方查询节点，通过开放的 API 来进行查询。这样，既可以保证企业内部的私密性，又可以使外部审计人员实施实时审计查询。

我们有理由相信，区块链在未来某个时刻会颠覆审计领域!

在谈了区块链与我们的会计、审计的关系之后，我们再来看看区块链与统计的关系，这可是我的本职工作。

仅从统计上来看，区块链让我想到“一套表”的一些特征。“企业一套表”是指以统计调查对象为核心，整合现行报表制度，消除不同统计调查制度对同一调查单位的重复布置和重复统计，充分运用现代信息技术，实现数据采集方式的统一组织管理和统计资源共享的一种新的统计调查制度。“企业一套表”制度下，统计部门只向企业布置一套统计报表，由企业通过网络直接向国家统计局数据中心报送数据，各级统计部门在线审核、查询及汇总处理统计数据。

“一套表”首先是“企业一套表”，其主要内容经过了三个变化阶段：

第一阶段（2011—2012 年）：在工业、建筑业、批发和零售业、住宿和餐饮业、房地产开发经营业等国民经济行业，以及科技、能源等主要专业的全面调查企业范围内实施一套表。

第二阶段（2013 年）：将一套表的实施范围扩大到工业、建筑业、批发和零售业、住宿和餐饮业等国民经济行业，以及劳动工资等专业的抽样调查企业。

第三阶段（2014 年至今）：全面实施企业一套表，将生产价格、服务业等抽样或重点调查内容纳入企业一套表范围。

从这三个阶段来看，“一套表”从企业“一套表”走向了统计“一套表”。下一个阶段则是成为“政府一套表”，也就是说，所有找经济组织要数据的，都在一个统一的数据平台上自动抓取。企业等经济组织，只需要按时按规定报一次数据即可。这是实现了与区块链相似的数据报送模式，解决企业重复报数的问题[1]。

有媒体代表消费者问政府部门：买一套房需要填报十几张表格，每张表三分之一以上填的是重复的基础信息，这些都是政府拥有的基础数据，为什么不能根据身份证号码自动生成？这些问题确实需要认真考虑。

依据《统计法》，企业有责任服从政府统计机构下达的调查任务，按照规定的时间和内容填报数据，为政府统计提供基础资料。但是，企业所要面对的政府统计并非来自一个部门，而是涉及很多具有不同职能的政府部门。首先是国家统计局以及归属不同级别（省、地、县）政府的地方统计部门，一般称其为综合统计。其次是各政府主管部门下的专业统计机构，比如在商务部(或者工商管理总局、人民银行、民政部等)

1 高敏雪、李璐：《企业填报负担与政府统计指标开发利用程度——关于政府统计效率和公开性的案例研究》，《调研世界》2016 年第 1 期。

内部设置的、从本部门管理职能出发进行的政府统计，所谓“专业”，是指调查内容只涉及该部门的管理职能，调查对象可能覆盖全部企业也可能只是一部分企业。

就某个特定企业而言，向哪些部门填报调查表，取决于它身上贴着什么“标签”。一般而言，这些标签所代表的企业属性，大体可以分为三个维度。第一是企业所在区域，按照在地统计原则，必须要向当地统计局报送相应的调查表；第二是企业所属行业及其派生出来的相关产业概念，由此就会与某个政府主管部门发生关联，要服从主管部门要求报送相关调查表；第三是企业的组织形式，按照企业登记注册类型划分，是不是国有企业，是不是外资企业，如果符合条件，就需要对应国资委、商务部等相关部门及其下属机构，报送与此有关的调查表。以上是原则性划分，实际操作过程中还有很多具体情况。比如企业规模大小，当前政府统计许多调查都是针对“规模以上”企业进行的，如果一个企业处在规模以下，可能就无须填报。

首先考虑企业填报负担问题。减轻企业填报负担的前提是要保证政府多头统计需求；二是指标填报的重叠，比如电信业务部分要同时报送统计局和工信部，财务指标要分别报送统计局、工信部、国资委，尽管其详细程度可能有所差别，但基本内容框架是一致的。显然，如果能够消除此类重叠重复，即可显著降低企业填报负担。过去相关部门已关注过此类问题，提出的解决办法主要是加强政府部门之间的分工和数据交换，以数据共享来避免企业重复填报。但实际执行起来却常常无法实现，其中原因固然与各政府部门之间的“行政壁垒”有关，同时也不能忽略技术上存在的障碍。

因此，减少企业重复报数的关键在于，第一，相关部门应转变意识，将服务社会公众置于服务政府部门管理同样的位置；第二，要辅之以一定的行政规制，约束政府统计部门及时、最大限度地公布基于基础数据加工生成的综合统计指标；第三，涉及技术手段方面的改进，也就是从互联网报数发展到区块链技术报数，把区块链技术与“政府一套表”结合起来。

“审计风暴”

1. 风暴的起源

审计署向全国人大常委会作审计工作报告始于1996年。从1998年开始，李金华担任国家审计署审计长。接下来6年，在李金华的领导下，审计署每年都查出了多起大案要案——

1998年，清查粮食系统违规违纪问题。立案2268起，1302人受到党纪政纪处分。这一年，审计署因进一步强化审计监督职能，更直言被审计单位问题，引发了被媒体称为“审计风暴”的审计浪潮。

1999年6月，李金华向九届全国人大作《关于1998年中央预算执行和其他财政审计情况》的报告。这是他第一次公开审计报告。报告作完后，会场响起罕见的经久不息的掌声。对一些问题，予以毫不留情地揭露。比如，1999年，审计三峡移民资金和移民建镇资金，挤占挪用现象严重。从这一年开始，审计署首次开始在审计工作报告中曝光部分发生违规问题的单位。自此之后，伴随李金华每年一度的审计报告，总会引一场发全社会沸腾的“审计风暴”。审计报告通常会对数十个中央政府部门审计的基本情况、主要问题、处理情况及建议，以及整改情况逐一罗列陈述。

2000 年，审计 16 个省区市 1999 年国债重点建设项目资金的使用情况，发现挪用国债资金 4.77 亿元。

2001 年，审计贵州省国债资金中发现，贵州省交通厅原厅长卢万里在国债项目招标中弄虚作假，造成国家建设资金损失 9800 多万元。卢万里已判处死刑。

2002 年，查出中国建设银行广州地区 8 家支行 10 亿元虚假按揭；中国农业发展银行 8.1 亿元资金投资股市，所获收益去向不明。从这一年起，审计署在审计工作报告中进一步加大点名范围。

在公众的视野里，李金华的名字和“审计风暴”是联系在一起的。一位审计干部回忆说，审计被老百姓认识，是在 2003 年 6 月 23 日。那天，李金华代表国务院，向全国人大常委会提交了 2002 年度中央财政执行和其他财政收支情况的审计报告。一大批中央部委的财经违规违纪案件被公开。当天，报告也在审计署官方网站上公开，引起社会的广泛关注，媒体给这次震动中央各部门的事件冠名为“审计风暴”。

这份沉甸甸的预算审计报告内容如下[1]：

五年来，审计署通过审计处理，已上缴财政 260 多亿元，追还被侵占挪用资金 240 多亿元。国务院各部门针对审计发现的问题，制定完善财务管理制度 400 多项，依法理财水平逐步提高，预算分配秩序明显好转。1998 年审计查出国务院部门违法违规问题金额 164 亿元，2001 年下降到 20 亿元，下降了 87%。

---

1 李金华：《关于 2002 年度中央预算执行和其他财政收支的审计工作报告》，中国人大网，2003 年 6 月 25 日，http://www.npc.gov.cn/wxzl/gongbao/2003-08/12/content_5318891.htm。

第一，2002 年度中央本级预算管理中存在的主要问题。

（1）2002 年，财政部、原国家计委等部门在年初安排预算时，有部分资金没有批复落实到具体部门和项目，而是在年度执行中通过追加的方式再进行分配。

（2）1999 年，财政部在清理整顿国务院其他部门周转金时，对援外合资合作基金和对外承包工程保函基金未按规定予以清理。

（3）2002 年，财政部在批复和追加 4 个部门预算时，将中央补助地方支出 9.58 亿元，作为中央本级支出列入部门预算，由这些部门用于对地方的补助。

（4）2002 年，财政部用退库方式解决应由预算安排的部分支出。其中，从增值税中退库 11.23 亿元，用于三峡建设；从企业所得税中退库 2.4 亿元，用于解决库区移民安置问题。1988 至 2002 年，经财政部批准，国家物资储备局系统从实现的物资变价收入中，坐支 38 亿元用于管理费开支，其中 2002 年坐支 5.78 亿元。

（5）原铁道部、交通部等 11 个行业基本养老保险统筹移交地方管理后，财政部自 1998 年开始，陆续将存放在这些部门的行业统筹资金结余收缴到中央财政养老保险基金专户，截至 2002 年底余额为 59.34 亿元。财政部一直将这部分资金存放在中央财政养老保险基金专户，没有按规定安排使用，每年又另外通过预算支出，安排行业统筹移交地方后的资金缺口。

第二，中央专项转移支付管理中存在的主要问题。

（1）有些项目重复设置，存在多头审批现象。2002 年，为改善中小学基本办学条件，中央财政安排 10 个专项转移支付项目，金额 31.2 亿元，分别由财政部、教育部、原国家计委审批管理。安排地方救灾专项转移支付项目 15 项，金额 41 亿元，由财政部、原国家计委、民政部、农业部、教育部分头审批，财政部管理的项目还分散在各司局审批管理。

（2）有些资金分配超范围，对本系统安排资金偏宽。2002 年，财政部在分配社会保障、中小学建设等 10 项补助资金时，将国家明确规定不应给予补助的地区和单位纳入补助范围，共超范围安排 5 亿元。

（3）有些资金的分配与实际情况脱节。2002 年，财政部在分配市县乡在编人员分流期间工资补助时，未充分考虑各地编制精简和人员分流的实际情况，对有的尚未进行机构改革的地区也给予补助。

第三，中央税收征管中存在的主要问题。

审计 8 个省（市）国税局和 16 个直属海关税收征管情况，查出违法违规问题金额 73.49 亿元，影响中央收入 26.38 亿元。

第四，国务院部门预算执行中存在的主要问题。

审计国务院 60 多个部门单位预算执行和贯彻“收支两条线”政策情况，结果表明，部门本级挤占挪用财政资金、隐瞒收入等问题继续呈下降趋势，但管理中仍存在一些问题。

一是本级预算管理不规范。主要表现在：23 个部门未按规定细化预算或预算编制不完整；6 个部门没有按规定及时足额批复预算；12 个部门擅自调整预算项目及金额。

二是对所属单位疏于管理和监督，一些部门的二三级单位财务管理混乱。这次延伸审计 216 个二三级单位，查出隐瞒收入、私设账外账等问题金额 37 亿元。个别单位甚至为谋取小团体利益，编造虚假项目，骗取财政资金。

三是有的部门边纠边犯。1999 年，审计署曾查出交通部违规借给山东某公司3000万元资金的问题。按照审计决定的要求，该部虽于2000年将资金收回，但2002年又继续将等额资金以同样方式借给同一公司。

四是执行“收支两条线”规定不严格。有14个部门自立项目或超范围收费5.22亿元，15个部门应缴未缴中央预算收入3.31亿元，29个部门未按规定上缴财政专户资金18.53亿元，26个部门隐瞒、截留或坐支预算外资金2.68亿元，有的甚至设立账外账。

第五，专项资金管理使用中存在的主要问题。

审计国土专项资金、企业基本养老保险基金、民航建设资金，发现欠收欠缴、挤占挪用问题依然存在。3个城市土地管理部门应收未收、违规减免国土专项资金66.96亿元，地方财政等部门挤占挪用4.55亿元，主要用于平衡预算、兴建办公楼和对外投资等；抽查8000多户企业发现，因缴费基数不实造成漏缴企业基本养老保险基金问题比较普遍，仅2001年就漏缴7.64亿元，有关管理部门挤占挪用4.2亿元；部分航空公司欠缴民航建设资金和机场建设费43.06亿元，占应缴额的56%，民航管理部门和机场还挤占挪用3.24亿元。

审计15个省（区、市）国债资金管理使用情况，发现一些国债项目损失浪费、效益低下问题比较突出。9个省的37个污水处理项目，总投资额58.41亿元，其中使用国债资金19.95亿元。

在审计民航建设资金的同时，还对18个重点机场和38个支线机场建设管理情况进行了审计，发现大部分机场亏损严重，经营困难。已竣工投产的12个重点机场中有9个亏损，累计亏损额14.46亿元。38个支线机场中有37个亏损，2000至2001年度累计亏损15.27亿元。

第六，建设银行和农业发展银行经营管理中存在的主要问题。

审计建设银行及其20个分行2001年资产负债损益情况，查出隐瞒收入、盈亏不实、私设“小金库”等问题；违规经营问题比较突出，主要是违规放贷、违规签发及贴现承兑汇票、高息揽存和违规拆借。

审计农业发展银行及其34个分行2001年资产负债损益情况，发现财务管理中存在一些比较突出的问题。1995年以来，农发行总行通过虚列支出套取资金、变相融资收取高息等方式，私设“小金库”，累计金额达5736万元，这些资金的管理使用混乱，不少支出没有必要的批准手续和会计记录。

第七，国有骨干企业领导人经济责任审计中发现的主要问题。

上年，审计署对12户中央管理的重要骨干企业领导人进行了经济责任审计，发现企业经营管理中存在的主要问题是，由于企业诚信意识不强，以及对企业领导人的业绩考核过多依赖于收入、利润等指标，导致企业做假账的现象比较普遍，特别是虚增利润的问题较为突出。

2003年12月，审计署发布了我国第一期审计结果公告——“审计署关于防治非典型肺炎专项资金和社会捐赠款物审计结果的公告”。

在2004年6月23日，李金华审计长作了《关于2003年度中央预算执行和其他财政收支的审计工作报告》[1]。主要内容有：

第一，中央预算管理中存在的主要问题。

（1）预算外资金清理不够彻底，彩票公益金等财政性资金271.94亿元仍未纳入预算管理。

（2）在中央本级支出年初预算中安排补助地方支出502.13亿元。2003年，财政部在批复和追加交通部预算时，同意交通部将车辆购置

1 李金华：《关于2003年度中央预算执行和其他财政收支的审计工作报告》，中国人大网，2004年6月23日，http://www.npc.gov.cn/wxzl/gongbao/2004-08/05/content_5332191.htm。

税435.2亿元直接拨付地方交通部门，用于公路建设；将中央本级基本建设资金39.77亿元，调整为补助地方支出；将补助地方的教育支出24.66亿元编入中央本级预算；将补助地方的卫生防疫专项经费2.5亿元列入农业部预算。

（3）采取退库、退税的方式，解决应由预算安排的支出282亿元。主要是对9家企业集团仍实行所得税超额或定额返还的“包税”方式，2003年共退付所得税254.55亿元，用于解决企业办社会和医疗卫生、社会保障等方面的支出。

（4）中央部门上年累计结余资金589.38亿元未纳入当年部门预算予以安排。据部门决算反映，129个中央一级预算单位2002年底财政拨款结余646.03亿元，其中有些是预算编制不严格、管理不规范造成的，也有些是由于历史原因多年累积下来的。财政部在核定2003年部门预算时，仅将其中56.65亿元纳入部门预算，其余589.38亿元仍沉淀在中央部门。

（5）一些省对中央补助地方收入预决算编制不完整。据对17个省（区、市）的审计调查，这些省2002年本级预算共编报中央补助收入936亿元，仅为实际补助4149亿元的22.5%。有4个省根本没有编报中央补助收入。

（6）部分专项转移支付管理仍不够规范。审计发现，一是目前中央补助地方基本建设专项资金和其他19项专项转移支付资金，没有具体的管理办法或办法没有公开，涉及金额111.72亿元。二是在采用因素法分配的中央专项转移支付资金中，有11项没有严格按规定进行分配，人为作了调整，调整率达11%，涉及金额33.07亿元。三是有些项目的预算安排与实际情况不符。

第二，中央基本建设预算管理中存在的主要问题。

（1）中央预算内投资年初预留比例过大。2003 年，国家发改委安排中央预算内基本建设投资 304.49 亿元，年初审批下达 228.36 亿元，预留 76.13 亿元，占年度预算的 25%。在年初审批下达的 228.36 亿元中，含有可研报告尚未批复和“打捆”项目投资 54.96 亿元，实际落实到项目的只有 173.4 亿元，仅占年度预算的 57%。

（2）部分中央预算内基本建设投资按基数法分配，不够合理。2003 年，国家发改委按基数法分配 63 个中央部门和单位基本建设投资 80.18 亿元，其中超过 1 亿元的部门有 13 个，不足 1000 万元的 24 个，不足 200 万元的 5 个。

（3）2003 年，国家发改委安排的中央预算内补助地方基本建设投资为 88.19 亿元，共涉及 11 个行业、2040 个项目，其中 20 万元以下的项目有 809 个。

（4）1994 年国务院决定停止征收“国家轿车零部件横向配套基金”后，由于当时的客观原因，原国家计委未将此前已收取的基金上缴财政，截至 2003 年底，该基金本息合计 8.58 亿元。

（5）1994 年，原国家计委批复同意所属宏观经济研究院等 7 个单位联建科研办公楼，截至 2000 年底，实际投资 8.59 亿元，建筑面积 8.87 万平方米。办公楼建成后，原国家计委并未全部交给所属单位使用，而是将其中部分面积用于出租，2001 至 2003 年共收取租金 3285 万元，用于机关离退休干部医疗费超支等。

第三，中央其他部门预算执行中存在的主要问题。

审计 55 个中央部门和单位 2003 年度预算执行情况，查出的突出问题是：

（1）7 个部门采取虚报人员、编造虚假项目等方式，套取财政资金 9673 万元。如国家林业局调查规划设计院等 4 个单位编造、变造 7 份“林业治沙项目”贷款合同，套取财政贴息资金 415 万元。

（2）41 个部门挤占挪用财政专项拨款和其他有专项用途的资金 14.2 亿元，主要用于建设职工住宅、办公楼和发放各类补贴。如 1999 年以来，国家体育总局动用中国奥委会专项资金 1.31 亿元，其中用于建设职工住宅小区 1.09 亿元，用于发放总局机关工作人员职务补贴和借给下属单位投资办企业 2204 万元。

（3）一些部门预留预算资金问题比较突出。一是有预算分配权的部门年初大量预留资金。2003 年，国防科工委共分配预算资金 162.1 亿元，年初预留 62.91 亿元，预留比例达 38.8%；科技部在年初分配预算资金时，将科技三项费用 17.01 亿元全部预留，直到当年 8 至 11 月份，才采取追加的方式批复到有关地方和部门。二是 22 个部门在向所属单位分配预算资金时，年初预留 223.69 亿元，占财政部批复预算的 13.65%。

第四，税收征管中存在的主要问题。

审计调查 17 个省（区、市）35 个地（市）的税收征管质量，重点抽查了 788 户企业，发现少征税款问题比较突出。这些企业 2002 年少缴税款 133 亿元，2003 年 1 至 9 月少缴税款 118 亿元。

第五，专项资金管理使用中存在的主要问题。

2003 年，围绕“三农”、教育、安全生产等社会关注的热点、难点，审计署组织对国土出让金、扶贫资金、基础教育经费、社保资金、救灾资金、“大学城”开发建设情况以及武警消防系统财务收支进行了审计和调查，发现并纠正了一些侵害群众切身利益的突出问题。

比如，通过对南京、杭州、珠海、廊坊4个城市的"大学城"开发建设情况进行了审计调查，初步发现的问题：一是违规审批和非法圈占土地问题突出。如2001至2002年，东方大学城开发有限公司以建设大学城配套设施等名义，与廊坊市和北京市通州区的5个村委会非法签订协议，大量租用农民集体土地，并将其中的6007亩(含耕地5728亩)用于建设5个标准高尔夫球场。二是"大学城"建设贷款规模过大，存在偿贷风险。如南京市仙林、江宁和浦口新校区的12所高校建设项目，目前银行贷款为27.28亿元，占实际到位资金的71%。这些学校还本付息主要靠学杂费收入，按目前收费情况测算，今后每年还本付息额将超过学杂费收入的40%，个别甚至达到80%。

审计21个省(区、市)592个国家扶贫开发工作重点县的扶贫资金，发现财政扶贫资金被挤占挪用问题比较突出，其中用于平衡预算等4.28亿元，用于买车和弥补行政经费等1.5亿元；扶贫贴息贷款投向不合理，主要投向了交通、工业、电力、通讯等基础性和竞争性行业，而用于扶持农户的小额贷款却逐年萎缩，不利于发挥扶贫资金的作用。

审计19个省（区、市）武警消防系统财政财务收支，发现各地消防基础设施建设滞后，器材装备严重不足，消防的安全防御和应急能力较弱，给社会生产和人民生命财产安全带来隐患。一是消防站数量不达标。湖北、四川等11个省应建消防站2479个，实有1267个，仅占应建数的51%。二是消防配套设施建设不足。甘肃、云南等5省有一半以上的市政消火栓应建未建，其中甘肃省的应建未建率达到72%。三是消防配备缺口较大。6个中西部省份消防车的配备缺额26.9%，河南省特勤车辆配备缺额高达83%。湖北、辽宁等7个省的消防救生、排烟等器材缺额65%。造成上述问题的原因主要是，目前武警消防系统的行政经费和消防事业费分别由中央和地方财政负担，一些地方政府对消防建设重视不够，投入不足，有些地方的财政预算甚至没有安排消防事业费。

第六，财政资金投资效益方面存在的主要问题。

部分项目未按期建成投产。抽查的28个省（区、市）利用国债建设的526个城市基础设施项目，有136个未按期建成，占25%。

部分已建成项目运营效果差。抽查已建成的320个城市基础设施项目，有32个没有投入运营，18个长期处于试运营或开开停停的状态，69个运营水平未达到设计能力。

第七，金融机构资产负债损益中存在的主要问题。

比如，审计工商银行总行及21个分行的资产负债损益情况，查出的主要问题是：违规发放贷款，违规办理票据承兑和贴现。同时发现各类案件线索30起，涉案金额69亿元。

2006年开始，审计署公告审计结果实现制度化。

2007年9月19日审计署发布了49个中央部门2006年预算执行情况的审计公告，与6月底李金华审计长向全国人大常委会提交的1万多字的审计报告相比，近10万字的公告更加详尽地向公众披露了49个中央政府部门及其所属部门究竟有多少问题资金。

一是依托中央部门权力收费现象比较突出。李金华在审计报告中说："12个部门存在违规收费或未严格执行非税收入管理规定的问题，涉及金额1.85亿元。"公告还原了这些部门违规收费的事实。

2005年、2006年，国家发改委通过举办大型会议、展览会等向企业收取赞助费1340万元，最大的一笔，是为筹备中国西部人才开发基金会原始基金，向中国石油化工集团公司收取赞助费500万元；在收费标准未经批准的情况下，国家工商总局商标局收取“特殊标志登记费”28.5 万元。

2000 年至 2006 年，教育部所属全国继续医学教育委员会、医院管理研究所等单位，未经国家发改委和财政部批准，收取证书工本费等 3754.15 万元。

李金华曾在审计报告中强调，一些中央部门的所属单位依托部门权力收费的现象比较突出。抽查 26 个部门所属的 138 个单位的收费情况发现，有 5 个部门将享有的收费权转移、分散到下级单位，涉及收费 4.84 亿元，仅 2005 年和 2006 年，这些单位就因此受益 1.15 亿元；有 12 个部门所属或管理的 28 个单位依托部门的权力、影响及公共资源等收取费用，涉及 45 个收费项目，仅 2006 年收费就达 3.37 亿元，比上年增长 10.8%。

二是工资、福利、保险的钱来得有问题。通过采取隐瞒收入、虚列支出、挪用专项资金等方式用于发放职工奖金福利等。

比如，2003 年至 2006 年，中国工程院对财政拨款的重大咨询课题提取管理费 387.27 万元，用于职工和离退休人员的工资性支出。

2006 年，人民银行南京分行及其所属 3 家分支机构在邮电费、差旅费等科目中，列支发放在职人员补贴、奖金等 1735.77 万元；分行本级在办公费用中，发放岗位责任奖等 392.68 万元。

从 2005 年 4 月至 2006 年年底，外交部机关工会按每人每月 50 元的标准，向各司局工会发放职工福利费和工会活动费共计 589.85 万元。

科技部中国农村技术开发中心在部分课题研究项目支出中列支在职人员奖金和节日补贴共计 164.45 万元。

三是盖楼攀比之风还未刹住。一段时间以来，中央部门及其所属机构在盖办公楼上都有攀比之风，审计报告说，民航总局、信息产业部等4个部门所属的5个单位存在未经批准和超标准、超概算建设办公楼、培训中心等问题，涉及金额17.39亿元。

2006年，国土资源部未经批准擅自在部机关大院东段实施绿化工程改造，截至审计时，已用以前年度结余支付工程款140万元，工程尚未结算。在工程实施中，存在人为缩短投标文件提交时间、建设单位参与评标且评标人员无专业资质、已支付的工程款超过中标价26万元等问题。

除了超标盖楼外，还有一些单位会议超标，买车超标。2005年至2006年，南水北调办召开的49个会议实际人均支出超过了规定的支出标准，如2005年7月南水北调办在北京召开的"南水北调工作协调会"，人均房费和餐费为598元/天。

四是投资不严导致国有资产损失。中科院、水利部等13个部门所属的50个单位对外投资管理不严，转制不规范，少计国有资产和权益等，涉及金额22.84亿元。其中，5个部门所属的39个单位在转制和对外投资过程中，少计国有资产和权益20.12亿元；4个部门所属的7个单位出借资金、对外投资造成国有资产损失或潜在损失2.29亿元；5个部门所属的5个单位擅自处置、核销或低价出售国有资产4300.05万元。

审计署还发现，有376.87亿元资金未纳入预算管理。其中，储备物资变价款收入32.46亿元、中央广播电视大学"全国网络统考考试费"8062万元未纳入预算，而是作为预算外资金管理。2007年中央财政专户管理的行政事业性收费等非税收入343.6亿元未清理纳入预算。

2008年，审计署进一步提出要强化审计的"免疫系统"功能，提前发现问题促进整改预防违规情况的出现，在国家治理中发挥国家审计的作用。2008 年以后，从公告时效看，无论是审计结果公告，还是向全国人大的审计工作报告，其反映内容的时效性逐年增加。

2009 年，审计署计划安排作了调整，尽可能地围绕着当年的账目展开审计，要求各审计小组自进驻被审计单位至汇总信息并形成报告，应在 3 至 5 个月内完成。这样，审计内容及时性得以大幅加强，包括预算审计在内等，不少审计公告都直接反映的是对上年问题的审计。

由此从 2010 年开始，审计报告反映的关于 2009 年度的预算执行和财政收支情况，大部分项目都是 2009 年度的。随着审计管理科学化水平的提高，审计监督的时效性大大增强。

截至 2013 年 8 月 9 日，审计署共发布审计结果公告 171 个。2008 年以来全国审计机关发布审计公告 16000 余篇。

2. 是民间的说法

2008 年，李金华从审计长一职上退离。20 年来，审计署共为国家挽回损失逾 4000 亿元。

媒体热衷于一句话，就是李金华喜欢前联邦德国审计法院院长扎维尔伯格的：“审计是国家财产的看门狗。”

审计署原来只是财政部的一个部门，如今却是主要监督财政预算以及预算执行的部门。在李金华的审计工作报告中，曾多次严厉批评财政部，因为财政审计一直被李金华列为审计署工作的重中之重[1]。

在 2006 年 6 月 27 日十届全国人大第 22 次会议上，李金华作 2005

1 张向东、席斯：《李金华：我是国家的看门狗》，《经济观察报》2006 年 12 月 31 日。

年度中央预算执行的审计工作报告中时，对财政部的审计结果第一个公布出来。李金华对财政部部分财政的少报、超支、操作混乱现象不留情面地一一列举。

李金华说，找他讲情的人很多。国内某银行在上市前找李金华沟通，希望不要在这个关键时刻对他们公告。李金华只回了他们一句话："晚披露不如早披露。"

李金华说他最大的压力就是，他审计过的地方，那些重大的违法违规问题或贪污腐败问题是不是真正揭露了出来。他说，这份压力不是来自政府，也不是来自公众，而是来自他的良心和法律。

一直以来，很多人认为审计就是监督。而按照李金华给审计所作的定位：审计不仅仅是监督，它还是推进民主和法治建设的工具。2006年，在李金华的推动下，审计署逐渐向公开、透明的法制建设发展。李金华并不满足审计署以往的工作效果，他说他其实不希望老刮"审计风暴"。

2003年7月，审计署公布《审计署2003至2007年审计工作发展规划》，"效益审计"被前所未有地高调推出。分析人士认为，这事实上标志着一次"审计变法"：审计署的职能、工作方式正在发生根本变化——从原先监管国资的真实合法，到现在同时监管国资的使用效益。李金华说，效益审计是更高层次的审计目标，也是审计工作的发展方向。

所谓的效益审计，是指检查财政资金的使用效果。李金华将工作向效益审计的转化，视为审计署职责的回归。但很多专家并不看好效益审计的发展，他们认为，在中国目前的条件下，效益审计不可能完成。

2007 年 7 月，李金华审计长在接受央视经济半小时记者采访说[1]："第一，审计风暴不是我刮起来的，我从来不认为我自己是在刮审计风暴，第二个我也不提倡讲审计风暴，因为风暴它好像给人的感觉是一种运动式的刮风，实际上审计是一种制度，你有问题没问题年年都在审，形成一种制度多好呢，我觉得应该是一种制度，而不提倡去刮风。"

10 年来，"审计风暴"年年刮起，然而中央各部委挪用或挤占财政资金等问题也依旧存在。

对此，李金华认为，审计的效果还是明显的。他表示，往年在部门的违法违规资金，一般所占的比例开始都在 30%、40%左右，随后逐年下降，去年降到占整个存在问题的 4%、5%，"我觉得这点应该是情况是有很大的好转"。

3. 为何不再刮？

2010 年 3 月 11 日上午，全国政协副主席李金华做客人民网强国论坛，就"加强对权力的监督与促进民营经济发展"等话题与网友进行在线交流[2]。

有人问：审计署在"后李金华时代"不怎么刮"审计风暴"了，您觉得是不需要了？还是现在审计署的风格改变了？

李金华说，我的看法是这样，审计工作是依法进行审计，这是一方面。审计工作的基本方针，还是不可能有什么大的变化，比如依法审

1 李金华：《审计风暴不是我刮起来的》，《上海证券报》2007 年 7 月 19 日。

2 《李金华解释审计署为何不再刮审计风暴》，人民网，2010 年 3 月 11 日，https://news.qq.com/a/20100311/001322.htm。

计、围绕中心、服务大局、突出重点、求真务实，这二十字方针，本届审计机关一直在按照这个在执行。对于审计的质量和效果如何去评判它？我觉得最重要的就是看他是不是依法，是不是按照程序，是不是敢于揭露问题，并且向社会公开，是不是既揭露问题，又来促进这些的纠正，促进强化管理，完善制度建设。因此，我觉得也不能够用是不是形成“审计风暴”这个标准来衡量审计的质量，这是一个方面。

另外，不同历史时期可能有不同的历史重点，从 2008 年以后，我们现在遇到两个大的重点，一是 2008 年的汶川地震，当时对救灾资金的监督已经成为全国一个很强烈呼声的；二是金融风暴以后，对国家采取的措施方面的监督。所以，总理和审计署提出来，财政资金走到哪儿，审计要跟踪到哪儿，这个任务是非常重的，所以重点也发生了一些变化。

三是一个人有一个人的风格，工作方法也不一样，这几方面的因素都有。我觉得中国的审计事业在国务院的强有力领导下，还是在不断发展、不断前进的。

4. 打铁还需自身硬

审计风暴为什么能够得到公众的普遍关注与欢迎，因为审计系统作为一个查别人的单位，自身必须过硬。这就是我们常说的“打铁还需自身硬”。有五个故事值得一说。

一是审计署“自曝家丑”[1]。

2009 年 6 月 24 日，在第十一届全国人大常委会第九次会议上，刘

1 殷国安：《且慢为审计报告“自揭家丑”欢呼》，《中国青年报》2009 年 6 月 30 日。

家义审计长作审计工作报告。审计专家解读和分析了此次审计报告新变化、新特点的三个"首次"，引起了业内人士的高度关注。而第一个"首次"就是"审计署首次自揭家丑最抢眼"[1]。

审计署首次自我点名，在审计报告第二部分"中央部门预算执行审计情况"中，有"教育部、审计署等15个部门本级年初预算有103.92亿元未细化"的表述，这句话乍看并不起眼，但却是审计署在历年审计报告中首次点自家名字。

就此问题，赵伟凯展开了一次特殊的采访。

中国审计学会副会长张立民把这一点与审计报告和审计机关近年来的变化联系起来，他认为这是一个突破，审计署正在从"审计风暴"的激进中走出来，更加客观、务实，也并不避讳自身存在的问题。

南京审计学院副院长王会金表示，这是一个很好的姿态，监督者自身也需要监督，审计署是在实事求是。"审计风暴"是前几年社会上对审计报告的过高期待造成的，但实际上"审计不是整人，审计的人要低调一些"，审计长刘家义的风格是突出预防，"善医治未病"，审计不一定要把披露作为重点，而是在发现问题后及时沟通、整改。

张立民看来，我国的审计工作近年来从过去注重反腐败和事后追查，已转向服务于经济建设决策，审计监督的关口前移到了预防上。刘家义审计长提出的审计"免疫系统"的定位，更加贴近于审计机关的基本职责，避免了"把审计署当监察部"的倾向。2009年的审计报告相比过去的变化是对宏观问题、体制问题的调查多起来，更加关注从政府自身行为和政策上找原因，突出了"惩前毖后"的建设性色彩。近两年

1 赵伟凯：《权威专家解读今年审计报告中的三个"首次"——审计署首次自揭家丑最抢眼》，《中国经济周刊》2009年6月29日。

为什么不再刮审计风暴了？这是很多人关心的问题。由于审计署近两年不在审计报告中具体披露各部委的具体问题金额，各部委不再强力反驳，这也就在一定程度上降低了社会舆论的关注度。

张立民指出，事实上，2009年的审计报告在全国人大常委会宣读前已经在国务院内部开了个会，组织各部委搞好审计结果和审计建议的整改落实，因此此次审计报告并没有引起各部委群起争论。

而王会金也对此认为，审计署能在审计报告公布之前与有关方面沟通，自然是更加注重实效的做法。

不过，审计专家林炳发对此表示，2009年审计报告如此温和，已经没有当年审计风暴的激烈了，审计署把自己降到监督对象的级别，某种意义上说也不太正常。当然，从2009年的审计报告来看，最重要的不是揭露问题，而是执法能不能跟得上。每年的审计中，各部委都暴露出问题，但正因为大家都有问题，最后法不责众，这样会否影响审计本应发挥的作用。

可见，在审计署“自曝家丑”这个问题上，也是仁者见仁智者见智。

审计署审计报告中点自家名字，曝光自己的问题，这显示了审计部门的一种觉悟和姿态。“革命也得革自己的命”，他们决不是天生地分工负责监督别人的，自己也是一个被监督的对象；在审计别人的问题时，也对照财经纪律来审查自己的问题，并且同样向社会公开，同样按要求整改，这体现了一种高度的自觉性。

二是请别人来查自己。

以我的经验与体会，自己查自己，问题会越来越小。别人查自己，问题会越来越多。我是一名党外干部，总觉得八小时以外多做点事是应该的，而有的党内干部认为，党外干部也是干部，什么事情都要一视同仁。所以，有的时候，对与错可能是相对的。

审计部门自查问题、自曝问题体现了一种觉悟，但作为监督需要的是制度，而不是觉悟，被监督者的觉悟是靠不住的。要想有力地监督审计署，还是要靠外部监督。

国家审计署前任审计长李金华曾坦言："你只有请外面的人来对你进行监督，才能够真正起到监督作用，你自己监督是起不到这个作用的。"

审计署并未拒绝外部监督。2007 年，李金华在接受中国政府网在线访谈时表示，审计署决定请其他部门对其进行审计。此前修改《审计法》时，审计署已主动提出，希望加上"由某个部门对审计机关进行定期审计"的条款。2007 年 8 月，审计署曾向国务院起草了一份报告，主动要求引入"外部监督"，邀请财政部和监察部来监督审计署。舆论认为政府部门之间的相互监督效果不会好，主张应由人大监督审计署，可惜没有回音。

2013 年 3 月至 4 月，审计署经监察部同意，委托驻署监察局牵头，由中央统战部推荐、审计署聘任特约审计员和相关专业人员，参加检查组，对审计署 2012 年度部门预算执行和其他财政收支情况进行了检查，重点检查了审计署本级及所属京津冀特派办、沈阳特派办和国外贷援款项目审计服务中心等 3 个单位，并对有关事项进行了延伸检查。这样的外部检查相对独立，能够保持公正。

三是尝试评价投入产出。

审计署也一直为打造自己公信力颇为用心。比如，2011 年，审计署发布了审计署绩效报告（2010 年度）[1]，这是审计署历史上首次尝试评

---

1 《审计署发布 2010 年绩效报告，年基本支出 41043 万元》，审计署网站，2011 年 8 月 1 日。http://www.gov.cn/gzdt/2011-08/01/content_1917458.htm。

价自身的投入产出情况。

参考国外审计机关的做法，结合我国审计工作的实际情况，审计署从两个方面来评价审计署的投入产出情况：

第一，可用金额计量的审计成果。即审计工作中产生的能用金额计量的成果。

审计署审计（调查）单位539个，现场审计工作量364432人·天，全年可用金额计量的审计工作成果为649.5亿元，即：查出违规问题金额599.4亿元，损失浪费问题金额47亿元，侵害人民群众利益问题金额3.1亿元。

上述审计发现的问题有92%已经整改，约为597.54亿元。此外，通过审计整改，还为国家增收节支14.5亿元，挽回（避免）损失12.2亿元。

全年财政拨款支出7.91亿元。从审计发现问题角度看，投入产出比为1：82，人均审计成果为2139万元；从审计整改角度看，投入产出比为1：79，人均审计成果为2055万元。

第二，不可用金额计量的审计成果。即审计工作中产生的不能用金额计量的成果。

（1）向国务院上报了191份专项审计信息，为国家重大决策提供了重要参考。

（2）向有关部门、地方政府和被审计单位各类审计专题报告、综合性报告和信息简报3260篇，其中被党政领导和有关部门批示、采用2219篇次，占68%。向被审计单位出具审计报告437份，报送专项审计调查报告84份。

（3）完成国外贷援款公证审计项目102个，向世界银行、亚洲开发银行和联合国开发计划署等国外贷援款机构出具公证审计报告 102 份，审计发现问题 194 个，向相关项目执行单位提出建议共计 194 条。相关机构通过会谈和发函等形式，对审计署出具的审计报告质量表示满意。

（4）截至 2011 年 6 月底，已向社会发布 2010 年实施审计项目的审计结果公告 35 份（详见附录 1 和附录 2），加大了政府信息公开力度，提升了公众知情权和审计公信力。

（5）向被审计单位或有关单位提出审计建议 1717 条，其中已被采纳 1029 条，占 60%。被审计单位根据审计建议制定整改措施 347 项，建立健全规章制度 175 项。其中，关于城市基础教育经费审计调查情况、部分地方电力建设审计调查情况、中央扩大内需促进经济平稳较快发展政策措施贯彻落实审计调查情况，由国务院办公厅向各省区市人民政府和中央各部门单位转发，要求有关部门和地方认真整改，成效显著。

（6）向司法、纪检监察机关移送案件线索和事项 131 件。这些案件涉案金额巨大、涉案人员级别高（厅局级及以上 13 人），多发生在银行放贷、保险理赔、国有企业投资、土地和采矿权出让、工程招投标等环节，其中 60%以上是 2009 年新发生或审计时违法犯罪行为仍正在进行的。

（7）组织实施了对联合国 14 个单位 36 个项目的审计工作，正式签发审计报告 9 份，管理意见书 8 份。联合国审计项目关注联合国系统财务报表的真实公允性，通过审计揭示联合国系统内部控制的薄弱环节、运营管理的不善和低效之处，并针对联合国体制、机制和政策方面存在的漏洞和不足，提出审计建议 470 条。

（8）在节能减排和中央企业审计中，发现 186 户企业违规建设火电项目 44 个、钢铁项目 143 个和水泥产能 4083 万吨，183 户企业存在应淘汰未淘汰落后产能等问题。4 个省区以化整为零、协议出让等方式违规供地 1.35 万亩，5 个省市的 49 户企业采取以租代征、未批先用等方式违规用地 1.9 万亩。

综合以上情况，审计署投入产出简表如表 1 所示：

表 1　审计署 2010 年投入产出简表

可用金额计量的审计成果	
审计发现问题金额	649.5 亿元
其中：查出违规问题金额	599.4 亿元
查出损失浪费问题金额	47 亿元
查出侵害人民群众利益问题金额	3.1 亿元
审计整改金额	624.24 亿元
其中：审计发现问题已整改金额	597.54 亿元
为国家增收节支	14.5 亿元
挽回（避免）损失	12.2 亿元
审计投入（单位：亿元）	7.91 亿元
投入产出比	
审计投入：审计发现问题金额	1:82
审计投入：审计整改金额	1:79
人均审计成果	
审计发现问题金额 / 审计署在职人员人数	2139 万元
审计整改金额 / 审计署在职人员人数	2055 万元
不可用金额计量的审计成果	
其中：专项审计信息	191 份
审计专题报告、综合性报告和信息简报	3260 篇
审计报告	437 份
专项审计调查报告	84 份

续表

可用金额计量的审计成果	
完成国外贷援款公证审计项目	102 个
审计公告	35 份
审计建议	1717 条
被审计单位根据审计建议制定整改措施	347 项
被审计单位根据审计建议建立健全规章制度	175 项
向司法、纪检监察机关移动案件线索和事项	131 件
完成联合国审计项目	36 个
人员培训	8956 人·次
发现违规建设火电项目并建议处理	44 个
发现违规建设钢铁项目并建议处理	143 个
发现违规建设水泥产能并建议处理	4083 万吨
发现违规供地并建议处理	1.35 万亩
发现违规用地并建议处理	1.9 万亩

2010 年，审计署可用金额计量的审计工作成果投入产出比（从审计发现问题角度）为 1：82。同年，英国审计署可用金额计量的投入产出比为 1：11[1]，日本会计检察院可用金额计量的投入产出比为 1：81，美国审计署可用金额计量的投入产出比为 1：100。

四是详细公布“三公经费”。

2011 年，审计署公布了“三公经费”财政拨款情况，被赞为中央部门公布内容最详尽的一次[2]。

1 资料来源：英国审计署《Annual Report 2010》，日本会计检查院《会计检查のあうまし（平成 21 年度决算）》，美国审计署《GAO Performance and Accountability Report（Fiscal Year 2010）》。

2 蒋彦鑫：《审计署公布“最详细”三公，去年养公车 5.4 万 / 辆》，《新京报》2011 年 7 月 12 日。

7月11日，审计署公布了2010年“三公经费”预决算和2011年“三公经费”预算情况。数据显示，2010年决算数为2488.79万元，其中公务用车购置及运行费1229.65万元，平均每辆车运行维护费用5.41万元。

在公布的各项数据中，审计署做了比较详细的说明。

此次公布的数据，反映了审计署（含署本级、18个派出机构和7个直属事业单位）所有因公出国（境）费、公务用车购置及运行费和公务接待费的财政拨款支出情况。

与多个部门仅公布2010年“三公经费”决算数和2011年“三公经费”预算数所不同，审计署还公开了2010年的“三公经费”预算数。

数据显示，2010年，审计署“三公经费”财政拨款预算2711.65万元，其中：因公出国（境）费近617万元，公务用车购置及运行费1229.65万元，公务接待费865万元。

2010年，审计署“三公经费”支出财政拨款决算数为2488.79万元，其中因公出国（境）费617万元；公务用车购置及运行费1229.65万元；公务接待费657.42万元。

此前国务院曾表示，各部门要压缩“三公经费”。对此审计署也做了说明，2011年的预算数，公务用车购置及运行费用压缩了2%，其他两项则均是零增长。

2011年审计“三公经费”财政拨款预算2687.06万元，其中因公出国（境）费617万元，公务用车购置及运行费1205.06万元，公务接待费865万元。

按照国务院主管部门批准的因公出国（境）计划，2010年全年安排因公出国（境）团组69个、368人次。其中，部级领导参加世界审计组织、亚洲审计组织以及联合国审计、访问外国审计机关10个团组、

60 人次；司局级、处级及以下审计人员与外国审计机关同职级人员开展双边交流、参加世界审计组织、亚洲审计组织以及其他国家审计机关组织的国际研讨会和培训班等 59 个团组、308 人次。

审计署表示，2010 年公务用车购置及运行费主要包括两方面的支出。

其一，车辆购置支出 115 万元。按国家规定的汽车配备使用标准，全年更新购置轿车 2 辆（每辆 25 万元）、小型客车 1 辆（每辆 27 万元）、越野车 1 辆（每辆 38 万元）。

其二，车辆运行维护支出。2010 年，审计署及 18 个驻地方特派员办事处的公务车辆编制数和实有数均为 206 辆，全年车辆运行费 1114.65 万元，平均每辆车运行维护费 5.41 万元。

较之往年单车运行维护成本有所上升，主要原因：一是 2010 年油价持续上涨，燃油费成本增加；二是现有车辆使用时间长，车辆油耗大，维修成本偏高；三是审计机关没有配备业务用车，审计时，为解决省内或同城审计人员的交通问题，使用公务车接送审计人员。

审计署表示，其中涉外的公务接待费支出 140 万元。全年接待国外来访团组 24 个（含部级以上国外代表团 12 个），接待来访外宾 139 人次（含部级以上国外审计机关领导人 54 人次）。

而其他公务接待费支出 517.42 万元，则主要是用于审计署及 18 个驻地方特派员办事处与其被审计单位及地方审计机关交换审计情况、交流审计意见等公务活动所必需的会议室租赁、交通费和工作餐费等开支。

对此，京华时报对我有一个采访[1]。

1 蒋彦鑫：《审计署公布“最详细”三公，去年养公车 5.4 万 / 辆》，《新京报》2011 年 7 月 12 日。

叶青，全国人大代表，曾连续8年就公车改革上交议案。

“审计长刘家义给其他部长每个人送了一个大‘鸭梨（压力）’”

京华时报：审计署的“三公”经费公开情况说明可以称为样本吗？

叶青：审计署公布的是我目前看到的最公开、最满意的“三公”数字。

京华时报：这种详细度是否与审计署职能有关？

叶青：当然，在其他部门的“三公”经费公开尚不能使公众满意的情况下，以经济审计维护公民权益为重要职能的审计署如果都含糊其辞蒙混过关，那其他中央部门会怎么做，可想而知。

实际上，可以认为审计署做了一个表率，审计长刘家义在6月底列席全国人大常委会时说过，审计署去年“三公”的数字，是经过他们严格审计过的，所以，要公布就得有个审计署的样子。目前来看，他们是最令人满意的。下一步看看还有没有更满意的。

京华时报：您是说审计署公布的并非全让人满意？

叶青：确实还有缺陷，没公布今年“三公”预算具体情况。决算与预算同样重要，结果只做了一件，令人遗憾。

京华时报：这是否与目前的预算体系有关系？

叶青：是的，“三公”公开今年是第一次，没有先例，肯定问题一大堆，这个大家可以理解。以后的预算法肯定有针对“公开具体”的管理条文，现在从法律上没有要求，也没办法对不进行公开的部门进行惩罚。

京华时报：就是拿它们也没辙了？

叶青：在社会和舆论的聚焦之下，审计署已公布得这么详细，其他部长也会很紧张的。审计署公布了每辆车的维护费用，每个出国人员的费用，那么其他部门敢不敢公布这么细，如果再想蒙混过关，如何面对公众。也就是说，审计长刘家义给其他部长每个人送了一个大"鸭梨（压力）"。我们会期待下一个公布的会是谁。

京华时报：部门之间也在比较，总的趋势是在细化？

叶青：不能比它（审计署）差，要不然会挨骂。国务院没有出台关于"三公"公开的通知，包括公布到什么程度，细化到什么内容等。这也导致有的部门找理由想蒙混。我想有了今年的经验，明年可能有所进步。

审计署的部门预算与"三公"公开，总是走在其他部委的前面，成为预算公开的模范。

2013 年 4 月 19 日，人民网刊登了一篇对我的采访，说的是"三公公开"的事情[1]，全文如下：

中央 80 余部门昨日公布了 2013 年预算和"三公经费"，引起各界热议。湖北省统计局副局长、原全国人大代表叶青在接受人民网记者采访时谈到，今年的预算公布有明显进步，其中审计署公开的"三公经费"清楚细致，值得学习。各部门的预算还有进一步细化、透明的空间，建议继续推进公车改革将进一步大规模压缩"三公经费"。

1 干咏昕：《审计署公开做得最好》，人民网，2013 年 4 月 19 日，http://politics.people.com.cn/n/2013/0419/c99014-21202968.html。

进步很大，时间提前指标细化

叶青认为，今年的预算公开与往年相比进步很大，首先是提前了发布时间，并且同时公布了预算和“三公经费”，便于社会对对预算情况进行比较，能够吸引更多的人来关注此事。其次，细化了指标并对其进行了更清楚的说明。比如财政部在预算报告里提供了名词解释，例如对每条内容的类、款、项属性加以说明，使普通人也能看明白预算报告的内容。从数据的内容上，让群众切实看到了中央部门的“三公经费”财政拨款预算有所削减，也是一个很大的进步。

“三公经费”公开审计署做得最好

叶青认为，“三公经费”这块审计署做得最好，值得所有部门学习。审计署的报告对“三公经费”的每个部分都有详细说明，如列出公务出国的团组、人次、领导级别、是否带翻译等具体内容，对公车费用的具体构成、平均每辆车的运行维护费用进行了说明，甚至对2012年平均每辆公车维护成本上涨了1100元的原因进行了分析。细致的费用明细使得公众更容易了解预算过程，增加了部门的公信力。

呼吁部门预算的进一步细化

中央部门预算报告规定可以细到“项”，但叶青认为，预算到“项”还不够，还可以进一步细到“目”。在公车一事上，如果能够公布有多少辆车、车的款型、多少司机等，就可以算出人均、车均的具体费用，将有利于增强预算的信服度。

关于公车改革的两个关键问题

叶青长期关注公车改革，并在湖北省统计局率先推动“叶氏车改”，为国家每年节省出约8万元费用。叶青表示，车改有两个问题比较关键，第一个问题是需要清楚界定“什么是公车”。例如广州规定“党政机关和参公管理事业单位”公车纳入管理，这可能是个小口径的说法，还有更大的口径，目前不统一。叶青认为，凡是用财政经费支付与车辆相关的费用的，都应该被纳入公车的范畴；因而实际的公车数量将远远大于目前公布的数量。只有统一了公车的口径，才能加强管理。第二个问题是司机的费用如何统计。如审计署所公布的“平均每辆车运行维护费5.11万元”应该未包括司机的薪酬，若加上司机的成本，每辆公车一年的运行成本将达到10万元左右，甚至更高。如果都想办法节省公车的费用，全国的“三公经费”将省下来多少?!

预算和“三公经费”的公开之后，全社会反映了很多问题，叶青总结，希望进一步增加预算数据的详细程度，毕竟越真实越能够推动改革。

五是面对“询问”不遮遮掩掩。

戴志华撰文讨论“专题询问”问题，这是不多见的选题。他说，自全国人大常委会首开专题询问“先河”以来，国内20多个省级人大常委会也已开展，更多的市、县级人大常委会也纷纷尝试。尽管专题询问存在着刚性不足等局限，但在增强人大监督力度和实效上，影响深远。

戴志华在文中记录了我在一次全国人大常委会上对财政部与审计

署的专题询问[1]。

2010年3月召开的十一届全国人大三次会议上，吴邦国委员长在全国人大常委会工作报告中对依法开展专题询问作出部署。

自此以降两年来，全国人大常委会选择财政决算、国家粮食安全、保障性住房建设、保障饮用水安全等一批事关改革发展稳定大局和人民群众普遍关心的问题，先后开展了8次专题询问。

从尝试探索到全面展开，从逐步完善到形成机制，专题询问取得了积极成效，积累了丰富经验，在增强人大监督力度和实效上，影响深远。

“2010年全国的机场建设费才区区146亿元，相对国家10万亿元财政收入，这点钱的收取早该取消了！”

“对国内旅客收不收确实没什么，但有部分是外国人缴纳的，收了能增加收入。”

这是全国人大代表、湖北省统计局副局长叶青和财政部一位副部长的对话。对话发生在2011年6月28日，全国人大常委会的一次专题询问中。

“专题询问能帮助政府发现工作漏洞，应该推广。”2011年6月28日，全国人大常委会审议2010年中央决算报告时，叶青列席了会议，并参加了专题询问。

叶青问审计署审计长刘家义，对中央部门的“三公”经费是否审计过，刘家义回答：“审计过了”，但他没有进一步阐述。

叶青说，他对应询官员回答的态度是满意的，但专题询问的

---

1 戴志华：《专题询问“破冰”两年》，《浙江人大》2012年第10期。

效果是有限的。一般回答总是短平快的“已经做了”或“认真对待”，具体怎么做，没有下文。

“效果有限”的困惑，不仅存在于叶青一人身上。2011年，中国人大新闻网刊载署名文章指出，这种监督方式刚性不足，很多地方专题询问会一结束便没了下文，没有进一步的监督手段跟进。文章提出，如问题得不到解决，人大就应启用刚性的特定问题调查、质询等监督手段。

审计报告

1. 报告越来越尖锐

2004年6月，审计署公布了最新年度政府审计报告，大批案件被曝光，十多个部委被点名，在社会上引起风暴般的效应。如此不留情面地揭发中央部委和地方政府的问题，触动体制痛处，还是第一次。

近些年来，政府审计报告在“点击”问题时也毫不客气，呈现出越来越尖锐的态势。以下仅举最近几例。

——2015年6月28日在第十二届全国人大常委会第十五次会议上，2014年度中央预算执行和其他财政收支的审计工作报告中提到：审计44个中央部门及303个所属单位，抽查财政拨款预算2213.49亿元（占其财政拨款预算总额的41%）[1]。其中，“三公”经费、会议费等管理使用中还存在违反财经纪律的问题。

1 刘家义：《国务院关于2014年度中央预算执行和其他财政收支的审计工作报告——2015年6月28日在第十二届全国人民代表大会常务委员会第十五次会议上》，审计署网站，http://www.audit.gov.cn/n5/n26/c67491/content.html。

（1）因公出国（境）方面。一是卫生计生委、贸促会等 5 个部门和单位的 8 个团组擅自更改行程或境外停留时间，如故宫博物院的 5 人团组在智利、巴西期间，擅自增加 4 个参观城市，还向审计提供虚假行程单。二是海洋局、新华社等 26 个部门和单位超范围、超标准列支或由企事业单位等承担出国（境）费用 1105.33 万元。

（2）公务用车和公务接待方面。一是科技部、文化部等 33 个部门和单位长期占用其他单位车辆，或以租赁方式变相配备公务用车 122 辆。二是贸促会、中科院声学研究所等 21 个部门和单位挤占其他支出用于车辆购置、运行维护，以及违规发放交通补贴等，共计 1058.19 万元。三是工程院、商务部等 10 个部门和单位超标准列支或由其他单位承担公务接待费 169.66 万元。

（3）会议费方面。一是国家民委、司法部等 27 个部门和单位在京外、非定点饭店召开会议 134 个。二是环境保护部、工业和信息化部等 26 个部门和单位超标准支付、虚列支出或由其他单位承担会议费 346.05 万元。

（4）津补贴方面。一是住房城乡建设部、外交学院等 40 个部门和单位转移、挪用或套取财政资金等 2.54 亿元，用于发放劳务费、职工福利等。二是国土资源部、中国海事服务中心等 36 个部门和单位违规发放津补贴或奖金、实物等共计 6466.41 万元。三是环境保护部、税务总局等 26 个部门和单位的 103 名干部，违规在所属企业、社团兼职取酬 473.18 万元。

审计署审计长刘家义在作报告时指出，审计移送的重大违法违纪问题涉及公职人员 2200 多名，多与公职人员滥用权力、内外勾结有关。刘家义还在报告中“点名”部分领导干部及公职人员。在党的十八大以来的历次审计报告中，公开点名到具体违法违纪人员的做法，尚属首次。

上海市电力公司原总经理冯军：在所属集体企业资产处置中，涉嫌违规决策、暗箱操作，使最优质的一家企业以最低溢价率定向转让给特定关系人。

云南省第一医院原院长王天朝：违规要求进口医疗设备供应商在中标后，将采购合同“委托”其亲属参股企业代理牟取暴利，并接受药品供应商出资购买的房产等财物。

湖南省发展改革委原总经济师杨世芳：利用审核中央投资补助的便利，通过亲属控制的 3 家中介承揽有关申报和评审等服务，仅 3 个项目就涉嫌骗取中央投资补助 1300 多万元。

南方电网原副总经理肖鹏：亲属涉嫌利用多家电力供应商的内幕信息炒股，连续 8 年无一亏损、年均收益率近 50%。

中央电视台财经频道原总监郭振玺：郭振玺等人涉嫌利用组织有关评选活动的影响，以广告代理或接受赞助的名义牟取私利。

——8 月 28 日，审计署发布了 2015 年 7 月稳增长促改革调结构惠民生政策措施贯彻落实情况跟踪审计结果公告，审计署提供了 7 个典型案例：

正面典型 1——北京市以中关村创新创业为突破，加快释放创新驱动势能；

正面典型 2——河北省固安县创新运作模式，破解园区建设资金瓶颈；

正面典型 3——浙江省大力推进以“四张清单一张网”为重点的政府自身改革。

整改典型 1——审计促进重庆观景口水库项目审核批复工作；

整改典型 2——审计推动辽宁省朝阳热电项目开工建设。

反面典型 1——山西省 70 处引调提水工程建设任务未按要求完成，中央专项补助资金 2.41 亿元闲置；

反面典型 2——吉林省四平市多报 2014 年棚户区改造新开工任务完成量及整改情况的问题。

像这样点名道姓、直接说事的政府审计报告，过去还不多见。但是，公众还是希望政府审计报告的法律效力能够更充分一些，让各级政府部门及官员对审计报告更有敬畏之心，问题非整改不可，这样的话，政府审计工作的效力也就会直线上升。

2. 报告有没有法律效力？

好的建议，总会被采纳。比如，2016 年一季度，岳阳市审计局在稳增长等政策措施落实情况跟踪审计中，发现该市洞庭湖生态经济区机构组建迟缓，项目推进缓慢等问题。对此，向岳阳市人民政府呈报了题为《洞庭湖生态经济区建设不能上“热”下“冷”》的《审计要情》，引起了市政府领导的高度重视。岳阳市人民政府为确保洞庭湖生态经济区建设行动落到实处，采纳审计建议，一次性出台了洞庭湖生态经济区《沟渠塘坝清淤增蓄专项行动方案》《畜禽养殖污染整治专项行动方案》《河湖围网养殖清理专项行动方案》《河湖沿岸垃圾清理专项行动方案》和《重点工业污染源排查专项行动方案》5 个专项行动方案。这一系列方案从总体思路、组织领导、目标任务及工作措施等方面均作了周密而详细的部署，打破了洞庭湖生态经济区建设由少数部门单位单打独斗的局面，形成了由各级人民政府主导、多部门单位联动的新格局。

审计报告是不是都有这么好的结果呢？关键是审计结果使用效力问题。

关于政府审计报告的法律效力问题，理论界、实务界历来持有两种观点。一种观点认为，作为审计机关的内部工作报告，政府审计报告是没有法律效力的。审计报告只对报告本身的内容负责，对报告使用者的使用后果不承担责任。说白了，它只是提供一种参考依据，只要其披露的内容没有故意虚假或重大遗漏，它就不承担责任。

就法律效力而言，完全取决于使用者的主观判断，可以将其作为重要依据，也可以不予理睬。至于“执行”，就更不靠谱，审计报告最多只能提出一些建议，使用人可以采纳，也可以不采纳。另外，审计报告只针对被审计人提供的材料，对其真实性没有侦查的义务，也就是说，如果材料是假的，审计人员只要按照规定的程序，对相关材料认可或不认可，就不承担责任，毕竟他们没有侦查能力。因此，审计报告只能作为参考依据，其效力取决于使用人的主观判断能力。

另一种观点认为，作为国家意志的反映，政府审计报告是有法律效力的。主要理由如下：

首先，政府审计报告法律效力是由《宪法》和《审计法》赋予的。《宪法》第九十一条规定：“审计机关依照法律规定独立行使审计监督权，不受其他行政机关、社会团体和个人的干涉。”这就确立了国家审计在我国审计体系中的地位，显然，国家审计机关的审计报告也是遵照宪法的精神编制的。《审计法》第四十条规定，审计机关审定审计报告，出具审计意见书。对违规行为，可在法定职权范围内作出审计决定或向有关主管机关提出处理、处罚意见。可见，审计决定的法律效力是显而易见的，而审计决定是依据审计报告作出的，如果说政府审计报告是没有法律效力的，那么可以推断，依据一份没有法律证明效力的文书作出的审计决定却具有制约被审计单位的法律效力，这同《审计法》是相背离的，逻辑上也是不成立的。

其次，政府审计的本质决定了政府审计报告具有法律效力。政府审计报告是国家审计的成果，国家审计是一种代表国家利益而具有独立性的高层次经济监督活动。它具有强制性和权威性，这是其他审计组织无法比拟的，它的权威性和强制性决定了它所作出的审计结论必须受到法律的保护。

第三，多级审计质量控制程序和国家审计机关的权责说明政府审计报告应该具有法律效力。我国政府审计报告在由审计组集体讨论定稿后，要征求被审单位的意见，然后交由审计组所在部门复核，再交由审计机关审理人员审理，最后由审计机关负责人进行审定。这样多级审计质量控制的目的，是因为政府审计报告最终导致的结果可能会对审计机关和被审单位造成直接的法律后果，这也是政府审计报告具有法律效力的一个有力证明。

第四，承担法律责任说明审计报告是具有法律效力的。政府审计报告之所以事先征求被审计单位的意见，其中就包含着一旦造成法律后果，已认可了报告所列事实的被审单位及相关人员必须承担相应的后果。被审单位和审计机关及人员因违反规定造成法律后果说明，审计报告的结论最终对审计主体和被审计客体都形成了法律约束，这种约束恰恰是国家审计报告法律效力的最终体现。

3. 报告制度的不足

在我国，政府审计报告制度从理论和实践角度看处在形成过程中，目前还存在不少问题，主要表现在：

（1）跟不上国际审计发展的要求。审计结果公告在世界上已是一种通行的制度。美国审计总署在向国会提交审计报告后，稍隔一段时间就会将审计报告分发给更广泛的部门和单位。此外，还定期编制《会计总署报告目录月刊》，分发给每一位国会议员，该月刊在《国会大事记》上转载，使任何人都能够看到。会计总署还设立情报资料办公室，协助审计长回答各方咨询。德国联邦审计院将年度审计报告递交议会、参议院及联邦政府，同时召开新闻发布会，由审计院长将年度审计报告有关重点公布于社会。

（2）审计披露范围小，限制多，操作难度大。在我国的审计实际工作中，审计机关对审计结果的通报和公布制度执行得不够，工作相对滞后。

主要是因为：其一，《审计法》没有把向社会公布审计结果作为审计机关法定义务，审计机关在可以公布也可以不公布审计结果、公布什么公布多少审计结果中有所选择。其二，《审计法》关于“审计机关通报或者公布审计结果，应当依法保守国家秘密和被审计单位的商业秘密，遵守国务院有关规定”的理解，由于规定不具体明确，也导致了审计机关在公布审计结果方面的倾向性选择。由政府来决定将政府的哪些问题公布于众，这就不是审计机关可以左右的了。

（3）审计机关的风险和压力增加。审计机关一方面顶着压力公布了审计结果，一定程度上赢得了社会的支持；另一方面，社会公众必然将目光集中于审计结果的处理上。2002年的审计署审计报告首次向社会公开解读，在内容上跟以往的相比，“并没有实质上的区别”，但社会反响“出乎意料”。多数媒体称此报告引起了“审计风暴”，2003年也被称为“审计元年”。

（4）审计人员的职业道德与审计质量问题。在这种情况下，要求审计人员要有良好的职业道德。国家审计人员的执业风险主要是来自行政部门的处罚。由于出具不实审计意见而承担刑事责任的案例并不多见，处罚力度明显过低。这就导致了国家审计人员的权力寻租成本不高，会出现一些违规的现象。

4. 提高报告法律效力

影响政府审计报告法律效力的因素有很多，比如，有关法律法规的不完善是影响审计报告法律效力的重要因素。《行政处罚法》规定行政机关在作出处罚决定之前应告知当事人作出处罚决定的事实、理由及依据，并告知当事人享有的权利。在审计实践中，当事人有提起审计复议等的权利。问题是：审计组征求被审单位对审计报告的意见是否意味着已“告知”了呢？再比如，我国目前的体制弊端是对审计报告法律效力影响的又一因素。在审计体制上实行双重领导体制，省级及省级以下审计机关既受上一级审计机关的领导，也受同级政府的领导，经费由同级政府供给，这种行政模式存在诸多弊端。

具体建议如下：

（1）修订审计法规的有关规定

以“审计事实确认书”取代目前实行的审计报告征求被审单位意

见制度。审计报告本来是审计组依法作出结论性法律文书，它的审核权在审计机关而不在被审单位，无须征求被审单位意见。而只需用“审计事实确认书”让其确认事实。

在《审计法》中废止有关审计报告在提交前应征求被审单位意见的规定。同时增加审计报告在提交审计机关之前，应由审计组编写审计事实确认书，并征求被审单位意见的内容。

增设审计处罚告知程序，并应当符合《行政处罚法》的要求。即要求审计机关在作出行政处罚前应告知当事人。

实行审计取证与审计处理处罚分离制度。审计组的主要任务是审计取证和编制审计报告，而审计决定书、移送处理书应由审计机关成立专职机构来完成。类似于法院的执行局。

2015 年 12 月上旬，中共中央办公厅、国务院办公厅印发了《关于完善审计制度若干重大问题的框架意见》(简称《框架意见》) 及《关于实行审计全覆盖的实施意见》等相关配套文件。《框架意见》对“完善审计结果运用机制”提出了新的要求:“把审计监督与党管干部、纪律检查、追责问责结合起来，把审计结果及整改情况作为考核、任免、奖惩领导干部的重要依据。对审计发现的违纪违法问题线索或其他事项，审计机关要依法及时移送有关部门和单位，有关部门和单位要认真核实查处，并及时向审计机关反馈查处结果，不得推诿、塞责”。“领导干部经济责任审计结果和审计发现问题的整改情况，要纳入所在单位领导班子民主生活会及党风廉政建设责任制检查考核的内容，作为领导班子成员述职述廉、年度考核、任职考核的重要依据”。在现有模式之下，这些意见提高了审计报告的法律效力。

（2）强化审计决定的效力

审计报告是对被审计单位财政财务收支行为的一种评价，如果被审计单位存在应当给予处理、处罚的行为，则必须依法作出审计决定或向相关机关提出处理、处罚的意见。也就是说，如果审计机关没有作出审计决定或向相关机关提出处理、处罚的意见，只出具审计报告，则说明被审计单位即使存在上述行为，但审计机关认为无须进行处理、处罚。因此，即使审计报告中针对违反国家规定的财政收支、财务收支行为，提出了具体的处理、处罚意见，如调整账目、调减投资额等，如果没有作出审计决定，那么被审计单位只需认可报告内容，无须按照报告要求作出改正行为的义务。

审计决定属于行政处罚的范畴，具有强制执行效力，当事人必须履行。《审计法》第四十七条规定，“审计机关在法定职权范围内作出的审计决定，被审计单位应当执行”。结合《行政处罚法》第四十四条“行政处罚决定依法作出后，当事人应当在行政处罚决定的期限内，予以履行”的规定，审计决定属于行政处罚的范畴，具有明确的强制执行效力，当事人必须履行。如果当事人不予履行或履行不及时，《行政处罚法》第五十一条还规定了进一步的强制措施。而法律没有赋予审计报告有此效力，可见审计决定的强制执行效力是审计报告无法代替的。

从维护行政相对人的救济权利的角度，审计报告不能代替审计决定。《审计法》第四十八条规定“被审计单位对审计机关作出的有关财务收支的审计决定不服的，可以依法申请行政复议或者提起行政诉讼。被审计单位对审计机关作出的有关财政收支的审计决定不服的，可以提请审计机关的本级人民政府裁决，本级人民政府的裁决为最终决定”。而按照法律规定，当事人对审计报告并没有提起复议或诉讼的权利。实践中，被审计单位按照审计报告的要求对自己的行为进行纠正，即使有异议，也无法按照法律规定采取救济措施。因此，从维护权责统一的角度看，审计决定的效力是审计报告无法代替的。

因此，审计报告和审计决定具有不同的法律效力。审计决定的强制执行效力和当事人对审计决定不服享有提起复议或诉讼的救济权利都是审计报告所不具备的，因此，审计报告的依法出具不能代替审计决定的法律效力。

（3）审计体制改革按两步走模式逐步完善

逐步把我国现行的行政型模式向立法型模式转变，这是增强审计独立性的必由之路。在《宪法》的原则下，近期我国审计体制改革可分两步走：

第一步，用几年时间实现省及省以下政府审计管理体制垂直领导。人、财、事权三方全部垂直。经费上，有省级财政统一编制预算，省级审计机关拨至地市。审计业务上，由省级审计机关统一编制辖区审计计划。这一点在《框架意见》中已经有明确的指示：探索省以下地方审计机关人财物管理改革。2015 年选择江苏、浙江、山东、广东、重庆、贵州、云南等 7 省市开展省以下地方审计机关人财物管理改革试点，试点地区省级党委和政府要按照党管干部、统一管理的要求，加强对本地区审计试点工作的领导。市地级审计机关正职由省级党委(党委组织部)管理，其他领导班子成员和县级审计机关领导班子成员可以委托市地级党委管理。完善机构编制和人员管理制度，省级机构编制管理部门统一管理本地区审计机关的机构编制，省级审计机关协助开展相关工作，地方审计人员由省级统一招录。改进经费和资产管理制度，地方审计机关的经费预算、资产由省级有关部门统一管理，也可以根据实际情况委托市地、县有关部门管理。地方审计机关的各项经费标准由各地在现有法律法规框架内结合实际确定，确保不低于现有水平。建立健全审计业务管理制度，试点地区审计机关审计项目计划由省级审计机关统一管理，统筹组织本地区审计机关力量，开展好涉及全局的重大项目审计。

第二步，实行国家审计署垂直管理体制。全国国家审计体制的垂直管理，包括人、财、事权。由审计署实行下管一级的体制。财务经费由国家财政统一编制，由审计署拨至省、市。在审计业务上，由审计署统一编制全国审计计划，经国务院批准后执行。

（4）建立监管国家审计的专门机构

在国外，已有很多国家在议会内设立了专门监管最高审计机关的委员会，其任务主要是详细审查审计报告，核实审计资料、审计证据、审计建议，审查后就审计机关对政府活动的审计情况向议会提出他们自己的意见和建议。根据我国的实际情况，建立这种委员会很有必要。虽然党的十八大提出人大及其常委会要加强对“一府两院”的监督，加强对政府全口径预算决算的审查和监督，表面上人大加强了对政府预算执行审计的监督，加大了对审计报告的审议力度，但由于政府在中间环节，最后报道出来的可能是经过加工后的审计资料。

如果这个委员会设在人大，则是我国行政型审计模式向立法型审计模式转变迈出的第一步。建议在设立监管委员会的初期，采取从审计机关的预算和账目开始对国家审计进行监督，并负责审批国家审计机关的经费预算和划拨。待条件成熟后再成立专门负责处理与国家审计相关的事务——审查审计报告并提出意见等。

（5）完善国家审计公告制度

审计公告制度是国外的普遍做法。从根本上说，国家审计的真正委托人是人民，国家审计机关要向人民负责，并将审计结果通过报纸、电台、电视等新闻媒体或召开新闻发布会、发表公报等形式向社会公布。公告制度的推行是对国家审计人员的有力监督，它对审计工作和审计的客观公正性提出了更高的要求。这就从客观上使审计机关在监督别人的同时，自身也受到监督，这必将对审计机关的廉政建设起到一定的促进作用。我国的审计公告制度已经逐步建立起来。事实已经证明，这种监督方式是极受社会公众欢迎并得到好评的。建议修改审计法时将现行审计法中关于审计公告的规定从审计机关的法律权力改为法律义务，将审计法中审计机关“可以”向政府有关部门通报或者向社会公布审计结果，改为“应该”公布审计结果。《框架意见》中提出：“审计机关要依法依规公告审计结果，被审计单位要公告整改结果。”对审计结果披露的总体格式规范作出明确具体规定的同时，还应当根据形势发展的需要进一步完善国家审计结果披露程序，全面实施各种程序和规范，确保国家审计结果得到合理披露和全方位披露。

审计全覆盖

1. 全覆盖的提出

审计全覆盖是指在一定时间内，对稳增长、促改革、调结构、惠民生、防风险等政策落实情况，以及公共资金、国有资产、国有资源、领导干部经济责任履行情况进行全面的审计监督，涉及公共资金、国有资产和国有资源的分配、管理和使用的全部环节。

审计全覆盖，是指动态意义上对审计监督对象的全面覆盖。即通过科学安排审计计划，合理选择审计方式，使所有监督对象在一定时间内都能接受审计监督，形成周期性的动态审计全覆盖。而不是在短期内就要全覆盖。

2014 年 10 月 8 日的 26 次国务院常务会议上，部署加强财政扶贫等保民生资金管理和公共资金审计监督的工作[1]。

会议指出，扶贫资金是贫困群众的“保命钱”和减贫脱贫的“助

1 《李克强主持召开国务院常务会议》(2013 年 10 月 8 日)，中央政府门户网站，http://www.gov.cn/guowuyuan/2013-10/08/content_2591080.htm。

推剂”，多年来对加快贫困地区发展、改善扶贫对象基本生产生活条件，发挥了积极作用。但近期审计发现，一些地方的扶贫等保民生资金存在虚报冒领、挤占挪用、滞留沉淀和监管弱化等问题，值得警醒。必须坚持改革创新，注重健全制度机制，筑牢扶贫资金管理使用的“高压线”，对贪污侵占挪用等违法违规行为严惩不贷，确保扶贫资金充分惠及扶贫对象，让减贫成为促进社会公正和文明进步的重要内容，切实发挥好扶贫等公共资金保民生、“兜底线”的重要作用。

会议决定，进一步加强扶贫资金管理。

一是明确和强化各级政府职责，做到权责一致。严格落实扶贫开发规划责任、权力、资金、任务“四到省”制度，项目审批权限原则上下放到县，省市两级要将主要精力放在资金和项目监管上，县级要切实负起责任。对出现的问题要毫不手软、严格问责、严肃处理。

二是增强扶贫资金使用的针对性。对扶贫对象建档立卡，与低保衔接。项目资金要到村到户，切实使扶贫资金直接用于扶贫对象。

三是创新资金管理使用方式。在贫困地区特别是集中连片特殊困难地区，以扶贫攻坚规划和重大扶贫项目为平台，整合扶贫资金和各类相关涉农资金，集中解决突出贫困问题。积极探索政府购买社会服务、金融机构等参与扶贫开发的有效做法。

会议强调，对扶贫等保民生资金管理中存在的问题，要举一反三。公共资金、国有资产、国有资源是全体人民共有的财富。管好用好这些资金、资产和资源，尤其是关乎民生的低保、社保、医保资金和保障房等资源，既是人民赋予政府的重大责任，也是建设廉洁政府的基本要求。国务院各部门要主动作为，自查自纠，并有针对性地制定和完善制度，防止资金沉淀和滋生腐败。国务院要专门听取汇报。

问题的关键在于，审计部门要依法加大力度，实现审计全覆盖。要创造条件，采取第三方评估等方式加强监督，依法公开信息，提高透明度，及时曝光和严惩违法违规行为，让公共资金在阳光下运行，建设廉洁政府，真正做到政府过紧日子、人民过好日子。同时，要深挖存量资金潜力，通过自查和审计督促盘活沉淀资金，将长期闲置的资金清理出来，合理调整使用方向，有序投入急需项目，切实提高公共资金使用效益，这有利于控制财政赤字，更好保障民生，造福全体人民。历史性的重任，就落在了审计部门的肩上。

2013 年 12 月 27 日，全国审计工作会议在京召开。会前，李克强总理在听取审计署的年度工作汇报时指出，按照国务院部署，2013 年审计机关开展了政府性债务等重大审计工作，摸清了“底数”，并向社会如实公布。2014 年要围绕经济工作重大部署，进一步加强审计监督，敢于碰硬，严肃财经纪律。

李克强强调，审计工作要突出重点。一是加强财政和金融审计，用改革的办法推动用好有限的增量资金，把闲置的存量资金清理出来，盘活用好。切实防范财政和金融风险。二是切实加大对民生资金等公共资金的审计监督，对挪用、侵吞、贪污等行为，要严肃查处、严惩不贷，使民生资金真正成为“高压线”，谁也不能碰、谁也不敢碰。三是围绕新一届政府提出的“政府性楼堂馆所一律不得新建”等“约法三章”落实情况，进行专项审计，对顶风“闯红线”的，发现一起、严处一起，做到有令必行、令行禁止。要用“火眼金睛”发现重大违法案件线索，发挥好审计监督在揪“蛀虫”、打“硕鼠”、反腐倡廉建设和惩治腐败中的重要作用。

李克强要求，要实现审计全覆盖，凡使用财政资金的单位和项目，都要接受审计监督。

2015 年 12 月 8 日，中办、国办印发《关于完善审计制度若干重大问题的框架意见》及相关配套文件对外发布，对完善审计制度做出全面规划和部署。

党的十八届四中全会对完善审计制度作了重大部署。框架意见及配套文件是贯彻落实四中全会精神的具体措施。

一是明确了完善审计制度的核心。即保障依法独立行使审计监督权、更好发挥审计在党和国家监督体系中的重要作用。框架意见及配套文件中的所有措施都是围绕这一核心来确定和设计的。

二是明确了完善审计制度的总体目标。即 2020 年基本形成与国家治理体系和治理能力现代化相适应的审计监督机制。具体内容包括三个部分：从保证审计独立性的角度，提出健全有利于依法独立行使审计监督权的审计管理体制；从全面履行审计监督职责的角度，提出对公共资金、国有资产、国有资源和领导干部履行经济责任情况实行审计全覆盖；从保证审计队伍素质和职业需要的角度，提出建立具有审计职业特点的审计人员管理制度。

三是明确了完善审计制度的八大任务：实行审计全覆盖；强化上级审计机关对下级审计机关的领导；探索省以下审计机关人财物管理改革；推进审计职业化建设；加强审计队伍思想和作风建设；建立健全履行审计法定职责保障机制；完善审计结果运用机制；加强对审计机关的监督。

对于这个框架意见，南方都市报记者程姝雯、陈磊对特约审计员进行了“轮番轰炸”[1]。这种方式过去很少见，我们不妨来一个实录。

---

1 程姝雯、陈磊：《实行审计全覆盖：中央印发完善审计制度若干重大问题框架意见、意见首提同时审计党政一把手经济责任》，《南方都市报》2015 年 12 月 9 日。

——重点部门单位每年要审计。

在审计制度改革中，《意见》对审计内容作出明确：审计机关将在一定周期内保证对审计对象的审计频率，并针对重大政策措施、重大投资项目、重点资金和重大突发事件等开展跟踪审计，党政一把手要同时进行经济责任审计，坚持“党政同责”。

这是首次对审计具体频率作出明确规定。《意见》要求，审计机关对重点部门、单位要每年审计，其他审计对象1个周期内至少审计1次，对重点地区、部门、单位以及关键岗位的领导干部任期内至少审计1次。

审计署特约审计员、中央财经大学财经研究院院长王雍君告诉南都，这也体现了审计“全覆盖”的要求，按此规定，未来审计任务将成倍增加。

——党政一把手要一起审计。

南都记者了解到，党政一把手要同时进行经济责任审计，在2014年出台的《党政主要领导干部和国有企业领导人员经济责任审计规定实施细则》中曾有过规定，而此次则是中央层面首次明确提出。

审计署党组成员、法规司司长刘正均介绍，过去的经济责任审计，主要是对政府的主要领导同志进行，而对党委主要负责同志相对开展得较少。

审计署人教司巡视员兼副司长刘小丽解释说，在实践中，地方上很多工作是由党政一把手共同决策，尤其是在贯彻落实国家宏观经济政策方面和一些重大投资方面的问题，可能有省委作出的决定，因此要考虑党政一把手一起审计。

刘正均说，2015 年，审计署已开始对省委书记和省长同步进行经济责任审计，审计结果及其整改情况也将作为领导干部考核任免和奖惩的重要依据。

——审计体制改革焦点。

【焦点一】省级统管试点推向全国。

昨日公布的框架意见及配套文件，明确提出“强化审计机关对下级审计机关的领导、探索省以下地方审计机关人财物管理改革”，标志着省以下地方审计机关人财物统一管理改革将在全国范围内拉开帷幕。

2014 年，党的十八届四中全会《中共中央关于全面推进依法治国若干重大问题的决定》指出：要完善审计制度，强化上级审计机关对下级审计机关的领导，探索省以下地方审计机关人财物由省级统管。南都记者了解到，其后，省以下地方审计机关人财物统管的改革在江苏、浙江、山东、广东、重庆、贵州、云南 7 省（市）先行试点。

解读：

让地方审计机关保持独立性。

审计署特约审计员、湖北省统计局副局长叶青向南都指出，省以下地方审计机关人财物由省级统管，有利于统筹本地区的审计力量，解决审计力量分散、审计成果碎片化问题，发挥整体效能和规模效应，推动国家重大政策措施落实。同时，省以下人财物统管能够确保地方审计机关依法审计、依法报告和查处问题，解决易受干预干扰、独立性不强的问题，能使审计地位更加超脱，解决不想审、不敢审的问题，增强地方审计机关的威慑力。

叶青说，由于目前地方审计机关人、财、物、事都归当地政府管理，“人在屋檐下，不得不低头”，导致地方审计机关更多听从地方党委政府指挥。比如在人事任免方面，按照规定，地方各级审计机关对本级人民政府和上一级审计机关负责，地方各级审计机关负责人的任免应事先征求上一级审计机关的意见。但实际中，一些地方党委在选配审计机关领导干部时，常常在人选已基本确定后，才征求上级审计机关意见，甚至少数地方未征求意见就直接任命，导致一些地方把不懂审计业务的人员调进审计机关担任领导干部，影响到地方审计的战斗力。

王雍君向南都指出，在审计机关对本级政府负责的现状下，当审计机关发现本级政府存在重大决策方面失误、支出违规等问题，当地政府往往不希望审计机关向上级报告。“这可不就成了‘自己审计自己’？只有相对集中统一领导，才能让审计保持独立性。”

南京审计大学审计学院执行院长郑石桥也告诉南都：从江苏当地试点情况来看，省以下人财物统管对提高审计效率效果作用明显，“但统管后，还要考虑到如何结合省以下党政机关重点工作进行审计的问题。”

【焦点二】“谁来审计审计机关”？

值得关注的是，针对“谁来审计审计机关”的问题，《意见》也明确提出，将“试行由外部单位对审计系统干部开展经济责任审计”“特约审计员制度”。

解读：

外部单位、特约审计员完善监督

有审计系统人士向南都指出，这一引入“阳光”的制度设计，有助于解决“灯下黑”问题。“审计部门和审计人员由于工作的特殊性，既受到各方面的关注，也因此容易成为被拉拢腐蚀‘围猎’的对象。”该人士坦言。

南都记者了解到，近年来，审计署在打击犯罪之外，也自我“晒丑揭短”，数次公布预算执行、“三公经费”自查报告，对违法犯罪的审计干部出重手、“清理门户”，但外界依旧对这种“自我监督”模式存有一定疑虑。

上述审计系统人士认为，由外部单位对审计系统干部开展经济责任审计以及建立特约审计员制度的做法，则是主动把审计系统的干部和作风“晒”出去让外部监督者查一查。

王雍君也告诉南都，审计机关作为政府重要组成部门，要对人大负责，受人大的监督；同时，审计部门也要公开自身的审计报告，接受社会各界的监督。“现在再加入这外部单位审计、特约审计员监督，也是对外部监督的完善。”王雍君坦言，此前特约审计员制度已实行多年，但多数还是通过政策咨询、参与实际审计工作等发挥“智囊作用”，而《意见》的提法，将为特约审计员更好地发挥建议监督作用提供了制度框架。

【焦点三】探路大数据审计

据了解，《意见》中对审计体系引入新的工作方法，探索大数据审计和利用社会审计力量。《意见》中还明确，被审计单位需全权向审计机关提供电子数据信息和技术文档，以构建国家审计数据系统和数字化审计平台，为将来实现全国实时审计监督做准备。

解读：

成立数据审计司建立大数据库

刘正均介绍，引入大数据审计，将改变以往在审计过程中翻阅大量的财务会计和管理的资料的做法，借助大数据审计平台，可以很快地对单位的经济活动进行分析，查处存在的主要问题。此外，针对目前审计全覆盖面临的人员缺口，未来我国审计系统还将采取购买社会审计资源的形式，更好地实现审计监督作用。

据审计署人教司巡视员兼副司长刘小丽介绍，现在，审计署已成立了数据审计司，负责搜集金融、企业、投资、财政等各个业务口的数据，建立大数据库。

2. 应审尽审

从税收部门来看，是“应征尽征”，既不征“过头税”，也不能“藏税于企”，国家要用钱的地方很多。从统计部门来看，是“应统尽统”，既不能“加水”，也不能漏统，不断提高统计数据的真实性。从审计部门来看，就是“应审尽审”。

那么，如何实现审计全覆盖？审计署政研室主任郭彩云做了系统阐述[1]。

郭彩云说，在审计实践中推进全覆盖需要把握三个基本要求：一是党政同责、同责同审。也就是中央和地方各级党政工作部门、企事业单位及其主要领导干部，以及地方各级党委政府及其主要领导干部都是审计监督对象，对审计发现的问题都要承担责任。

二是应审尽审、凡审必严、严肃问责。对依法属于审计监督范围

1 董峻：《解读审计制度改革：提出完善审计制度八大任务》，新华网，2015 年 12 月 9 日。

的所有管理、分配、使用公共资金、国有资产、国有资源的部门和单位，以及党政主要领导干部和国有企事业领导人员履行经济责任情况要进行全面审计，实现审计全覆盖。

三是有重点、有步骤、有深度、有成效地推进全覆盖。首先是确定审计周期，在一定周期内有计划地推进全覆盖；其次是确定审计频次，对重点对象每年审计1次、其他对象1个周期内至少审计1次；再次是确定审计方式，灵活采取年度常规审计、专项审计、跟踪审计、联网审计等方式；第四是确定审计重点，对重点领域、重点问题要集中力量、重点突破、审深审透，不能所有领域、所有项目平均用力，确保审计效果。

实现审计全覆盖，一要靠资源，二要靠技术。从审计资源讲，关键是加强统筹整合：一是计划统筹，突出年度审计重点，又保证在一定周期内实现全覆盖；二是力量统筹，优化配置各层级审计资源，适当利用内部审计和社会审计力量；三是成果统筹，加强各级审计机关、不同审计项目之间的审计成果的综合利用。从审计技术方法讲，关键是构建大数据审计工作模式，优化审计组织方式，提高审计能力、质量和效率。

在我当湖北省人大常委、全国人大代表期间，人们说得很多的就是“审了也白审”。

因此，如何完善审计结果运用机制，就是一个大问题。

框架意见主要围绕强化问责和推动整改，对审计结果运用作出规定：

一是要求把审计监督与党管干部、纪律检查、追责问责结合起来，把审计结果及整改情况作为考核、任免、奖惩领导干部的重要依据，并对审计发现的违法违纪问题线索、提出的审计建议、经济责任审计结果和整改的运用提出具体要求。

二是要求有关部门和单位要推动抓好审计发现问题的整改，加强督促和检查，严格追责问责。

三是要求各级人大常委会要把督促审计查出突出问题整改工作与审查监督政府、部门预算决算工作结合起来，建立听取和审议审计查出突出问题整改情况报告机制。

四是要求审计机关依法依规公告审计结果，被审计单位要公告整改结果。

在党的十八大以来，反腐败与腐败力量从胶着状态到压倒性态势，再到取得压倒性成果的过程中，审计成果的运用，应该是一件都不会浪费掉。

3. 凡责必尽

如何让审计系统出色地完成任务？郭彩云也一一做了解释。

一是强化上级审计机关对下级审计机关领导。

郭彩云说，框架意见关于强化上级审计机关对下级审计机关领导的要求，主要目的是强化全国审计工作统筹，增强审计的整体合力和独立性。规定的具体措施有三个方面：

——干部管理，提出省级审计机关正职、副职领导干部任免须事先征得审计署党组同意或征求意见。

——业务管理，提出加强审计计划的统筹和管理，下级审计机关审计计划报上级备案，强调上级审计机关统筹组织本地区审计机关力量，开展好涉及全局的重大项目审计。

——激励考核，提出健全重大事项报告制度，审计机关的重大事项和审计结果必须向上级审计机关报告，同时抄报同级党委、政府，加强上级审计机关对下级审计机关的考核。

按照框架意见要求，2015 年在江苏、浙江、山东、广东、重庆、贵州、云南等 7 个省市进行改革试点。探索省以下地方审计机关人财物管理改革，主要是针对基层审计机关面临的审计独立性不强、队伍素质不适应、经费保障不足等突出困难和问题，设想将基层审计机关的干部队伍管理、经费预算管理、资产管理、审计业务管理等由省级统筹管理，相应调整地方审计工作的管理体制、运转方式、保障机制等。希望通过改革，保障审计的独立性，优化配置地方审计资源，加强基层审计队伍建设，从根本上提高地方审计工作的层次和水平。

二是推进审计职业化建设。

郭彩云说，随着经济社会发展，审计作为覆盖所有公共资金、国有资产、国有资源的经常性监督制度，涉及国家治理的多个领域，涉及被审计事项的资金流、业务流、物资流、信息流等多个方面，不仅要摸真实情况、揭示风险隐患、查找突出问题，还要深入剖析原因，对症下药地提出建议。这些形势发展变化，对审计人员的专业胜任能力提出了新的更高要求，也对审计队伍的整体能力和水平提出了更高要求。

审计职业化建设就是提升审计队伍的政治素质和专业能力的重要措施。按照框架意见的规定，推进审计职业建设的目标是建立分类科学、权责一致的审计人员管理制度和职业保障机制。

具体措施有：建立适应审计工作需要的审计人员分类管理制度，建立审计专业技术类公务员职务序列；完善审计人员选任机制，审计专业技术类公务员和综合管理类公务员分类招录，对专业性较强的职位可以实行聘任制；健全审计职业岗位责任追究机制；完善审计职业保障机制和职业教育培训体系。

三是加强对审计机关监督。

郭彩云说，打铁还需自身硬。审计署近年采取多项措施强化审计机关内部监督，如制定并实施审计“八不准”工作纪律，构建覆盖审计计划、实施、报告、公告全过程和审计机关人财物管理等重大事项的监督制约机制，引进外部监督力量，署预算执行和财务收支审计结果和绩效报告、预决算向社会公开等。

2016 年 7 月 29 日，审计长刘家义在审计署党组 2016 年第五次专题学习会议上强调“凡责必尽，失责必究”。刘家义从三个方面谈了自己学习《中国共产党问责条例》的体会[1]。

一是要深刻认识问责条例的深远意义。问责条例是不忘初心、继续前进的制度保障，是永葆中国共产党先进性和纯洁性的重要基石。

二是要牢记肩上的责任，为初心不懈奋斗。审计的使命就是审计人员的初心。作为审计机关的党员干部，只知道监督别人，不知道监督自己，就扛不起责任。

三是要勇于担当，无私尽责。全体审计人员要时刻警惕是否存在“要权不担当、行权不担责”等情况，要主动作为、有序作为、有效作为、有力作为，真正做到尽责担当。

---

1 魏尧:《审计署党组举行 2016 年第五次专题学习，刘家义强调：凡责必尽，失责必究》，《中国审计报》2016 年 8 月 1 日。

4. 力量的不足

在十年前，有一个数字让人关注——我国审计事业发展迅速，全国审计人员的需求量在 20 万人上下，实际人才却只有 8 万。

从 2014 年开始，国务院对审计工作提出了更高的要求，对所有公共资金、国有资产、国有资源，要实现审计监督全覆盖，不留盲区、不留死角。而我国审计人员的数量不足，要完成审计全覆盖的任务是非常不容易的[1]。

每一次审计结果公布都会引来亿万人的关注，很多人可能忽略的是每一次审计的背后都意味着会有成千上万的审计人员几个月连轴转的辛劳。

以 2013 年年底公布的全国政府型债务审计结果为例，那是全国审计机关 54400 名审计人员用时两个月，按照见人、见账、见物、逐笔、逐项审核的原则，才完成了对中央 31 个省区市和五个计划单列市，391 个市，2778 个县，33091 个乡镇的政府性债务情况的全面审计。与审计全覆盖的要求相比，调配审计人员非常困难。

审计署人员力量和承担的职能来比还不是很适宜，比如，按照法律的规定，审计署应当直接审计的中央一级单位就有 130 多个，中央金融机构 20 多家，金融企业 100 多家，加上审计政府也是 30 多个，还不包括下边他的所属。仅 74 个中央部门他的所属单位就有 1.5 万个。

1 冯会玲：《审计署：审计人员数量不足，实际审计资金量仅 1/3》，中国广播网，2014 年 7 月 7 日。

虽然审计人员已经在尽心竭力完成各项审计任务，但实际完全的审计资金量依然只有 1/3。

派出机构人均现场审计时间是 200 天已经到了极限，特别是一些特派办，可能在异地审计或者出差的时间很多人都是 200 多天。即使这样的话，可能覆盖面应该来讲 1/3，最多能达到 1/3。这与我的感觉完全一致，完全应该增加特派办与审计力量。

5. 乡镇要不要审?

在乡镇，过去有统计站，现在大都有统计办公室。而说起审计，就没有这么幸运了。这个问题值得讨论[1]。

从实践上来说，随着我国农村改革的不断深入，乡镇经济组织的审计需求已经凸显，为了满足这些审计需求，不少的乡镇政府事实上已经以各种名目设立了审计机构。从制度文本来看，中央、各部委及一些地方政府事实上已经以内部审计的名义设立了乡镇政府审计机构。只是因为 1982 年的宪法中没有规定设立乡镇一级政府审计机关，所以，这些审计机构是以内部审计的名义出现的。

另外，我国已有 30 个省区市以各种形式对农村集体经济审计作出了规定。其中，由审计机关主管各乡镇审计的 2 个；由农业行政部门和乡镇政府主管的 8 个，其中规定审计业务接受国家审计机关指导的 6 个，未规定的 2 个；由农业行政部门主管的 20 个，其中规定审计业务接受国家审计机关指导的 18 个，未规定的 2 个。这表明乡镇审计已经具有

1 王家新、郑石桥、吕君杰、张耀中：《论建立乡镇政府审计机关的必要性——基于审计需求和审计主体的理论框架》，《审计与经济研究》2016 年第 1 期。

国家审计的性质。以这些制度文本为基础，不少的省市已经卓有成效地开展了乡镇审计，例如，山东临沂市、浙江余姚市、广东中山市的乡镇审计都取得了很好的效果，在农村治理中发挥了重要的作用。

关于乡镇审计的研究文献不少，涉及主题包括乡镇审计的必要性、作用、模式、性质等。

关于乡镇审计的必要性，一是农村经济发展巨大，巨额经济活动需要加强审计；二是乡级财政体制逐步建立和完善的需要，乡级财政体制的完成需要本级审计来进行预算执行审计；三是农村稳定的需要，有关资料表明，县级受理的信访案件中，60%以上是乡以下农村经济案件，在农民的上访事件中有 85%是由于财务问题引起的。

关于乡镇审计的作用，主要表现在维护农村集体资产的安全、巩固和发展农村集体经济、完善农村集体经济制度、促进管理水平的提高、加强农村党风廉政建设、维护农村社会经济秩序的稳定、促进国家强农惠农政策的落实等方面，农村审计是“小审计”、大担当。

关于乡镇审计模式有不同的分类方法，一种观点将乡镇审计模式分为农村集体经济审计站审计模式、委托 CPA 审计模式、农村经济审计监督中心模式。另一种观点认为，农村集体经济进行审计监督的模式有两种，一种模式是由上级主管部门设立的农经站对农村集体经济进行审计监督，另一种模式是由村级集体经济组织直接委托会计师事务所进行审计的模式。还有一种观点将乡镇审计模式分为乡镇经管站内部审计模式和国家审计模式。另外有文献将乡镇审计模式分为内部审计模式、国家审计机关派驻审计模式、委托注册会计师审计模式。还有文献介绍了淄博市的村居巡回审计庭审计方式。

关于乡镇审计的性质，一些文献不认同农村合作经济审计是内部审计，认为农村合作经济审计是在乡镇人民政府的领导下，对本乡镇辖区内合作经济组织的经济活动和财务收支实行审计监督，并对乡镇人民政府负责和报告工作。

涉外审计

2011年，审计署发布了审计署绩效报告（2010年度）。其中，提到2010年着眼于服务“走出去”战略，扎实推进中国审计走向世界。强化对政府外债、境外企业和国外贷援款项目审计监督，完成了对联合国14个单位的审计，推动联合国加强了预决算管理。在第20届世界审计组织大会上，中国审计署成为世界审计组织第一副主席，并将在2013年担任世界审计组织执行主席。加强审计援外工作，培训非洲、南太平洋地区最高审计机关审计长143人次，受援国占非洲的90%、南太平洋地区的80%。

1. 国外贷援款审计

国外贷援款项目审计，是指国家审计机关依据《中华人民共和国审计法》规定，对世界银行、亚洲开发银行等国际金融组织和外国政府对我国的贷款项目和无偿援助项目财务收支及项目执行情况的真实、合法和效益，进行审计监督。

按照我国政府同国外贷援款机构签订的项目贷援款协议，向国外贷援款机构出具符合国际审计准则和国内审计准则的审计报告，是我国审计机关实施国外贷援款项目审计的一个显著特点。

为了规范国外贷援款项目的审计监督，保证审计工作质量，根据《中华人民共和国审计法》第二十五条的规定，制定审计机关对国外贷援款项目审计实施办法。于 1997 年 1 月 1 日起施行。

具体内容有：

（1）审查财务收支的真实、合法和有效性

一是对项目的投资完成情况和项目单项工程投资完成情况进行核实。要根据国内基本建设程序，对工程投资完成情况从设计、施工、监理等方面实施符合性和实质性测试，检查其程序和建设内容的合理、合法性，并延伸相关单位，检查其投资的真实性，对设备投资完成情况从采购计划、招投标、供货、设备质量及使用效益等方面进行实质性测试，检查其合规性和有效性，对待摊投资和其他投资完成情况进行实质性测试，检查其合法性和有效性。

二是核实贷款资金报账、拨付和使用情况，有无虚报冒领或骗取贷款资金的问题，检查贷款是否用于本项目规定的建设内容和范围。核实配套资金落实到位情况。

三是对外币资金的收支进行审计，检查项目执行单位是否设立项目外币资金账户。核对外币专用账户收入、支出、结余和利息积累金额是否正确，兑换人民币业务注意兑换日期和利率。

四是对货币资金进行审计。核对银行存款，盘点库存现金。对银行存款总账和明细账、银行对账单进行核对，对现金进行盘点。通过核实现金的真实性，发现是否存在账外账和“小金库”问题。

五是对往来账款进行函证、查询、核实，查阅有关协议、合同，检查有无虚挂债务，隐瞒收入的情况；并进行账龄分析，有无长期挂账（3 年以上）未及时清理而造成呆账、坏账，但未履行审批核销手续。

六是检查项目单位财务报表的正确性和完整性。检查各项目执行单位财务报表和汇总财务报表的正确性和完整性。对财务报表实施符合性测试，判断其在重大方面是否公允地反映了当年度财务状况和项目账户余额，并对其发表审计师意见。

（2）检查项目计划的执行和完成情况

一是对当年度资金来源和资金运用的目标完成情况进行评价。对当年度的投资完成额的真实性进行抽样检查，并运用审计分析工具，与上年度进行比较，以评价项目执行单位总体的工作效率、效果，并按照项目主管主管部门制定的计划要求来衡量项目执行单位的各项进度指标，提出审计处理意见和审计建议。

二是对土建工程和设备投资完成情况进行审计。检查核实土建工程投资设计、概算的批复文件、施工图，设备采购的清单、质量、规格要求等是否符合规定。审查招投标程序是否合规，中标单位是否具备资质要求，必要时可以延伸到施工单位或供应商。根据重要性评估水平，选取部分土建工程和设备进行现场检查核实。

三是对其他相关事项进行审计检查和评价。

（3）重点检查有无重大违纪违规问题

一是检查项目建设资金有无截留、挤占、挪用，私设小金库甚至贪污或私分的重大违纪违规问题。

二是检查项目工程、设备物资的招投标程序是否合规，有无暗箱操作，招投标中是否存在商业贿赂等重大的违纪违规问题。

三是检查项目采购的设备、物资是否为项目建设所需，是否以次充好，是否存在挪用、低价变卖给利益相关人甚至私分国有资产的严重违纪违规问题。

四是检查其他相关事项是否存在违纪违规问题。对上述检查发现的重大违纪违规问题，要及时上报，并及时移送有权处理机关进行处理，并告知处理机关将处理结果要及时函告审计机关。

（4）出具审计报告、下达审计决定及审计意见

根据《审计法》《审计法实施条例》、审计署制定的《审计机关审计报告编审准则》和国外贷援款项目《项目贷（援）款协定》等规定，审计现场工作结束后，审计组要在 30 日内起草审计报告初稿，经主管领导签发后送被审计对象征求意见。意见反馈后，5 天内要送单位审理复核处进行审核，根据复核意见修改后出具代拟审计报告稿，由单位主要领导和业务处室及相关处室负责人组成的审计委员会对代拟稿进行审核后，向审计署和国外贷援款机构出具中英文审计报告，提出审计意见和建议，对违规问题进行处理处罚，下达审计决定。

2004 年 6 月，审计署办公厅发布关于 2004 年度国外贷援款项目审计中若干问题的通知，强调鉴于审计机关每年需对执行期内的国外贷援款项目出具审计公证报告，审计报告形式、审计程序和审计方法应满足国外贷援款机构的要求，执行期内国外贷援款项目的审计暂不执行《审计机关审计项目质量控制办法》中关于审计日记、审计工作底稿、审计报告的有关规定。

国家层面的贷援款审计任务也不少。2017 年度中央层级国外贷援款项目审计工作从 4 月上旬正式展开，包括 38 个审计项目，涉及环保、农业、交通等多个领域，计划于 6 月底结束。审计按照“内资外资一起

审”“项目部分和非项目部分统筹兼顾”的要求，坚持“强化监督、严格执法，如实披露、促进管理，不断深化、提高质量”的原则，认真履行审计监督和公证职责，力求通过揭露项目执行中存在的突出问题，形成高质量的审计报告和有价值的审计信息。

为确保审计质量，将贷援款审计特点规律与国家审计内在要求有效融合，进一步明晰审计工作目标。一是履行审计鉴证职能，对项目财务报表发表审计师意见，为财务报表不存在重大错报提供合理保证；二是聚焦重点项目和事项，揭露项目执行中存在的突出问题，揭示利用外资领域的突出矛盾和风险隐患，反映体制机制制度性问题，推进深化改革和维护国家经济安全；三是围绕促进稳增长等政策措施贯彻落实和服务“三去一降一补”任务目标，关注利用外资实际效果，促进项目实施和资金有效使用，推动利用外资政策措施贯彻落实。

地方也探索出一些有效的办法。2016 年 5 月，湖北省审计厅在开展法援武汉公共建筑节能改造项目审计中，运用“三位一体”审计模式，邀请建设单位内部审计人员和社会中介审计人员定期座谈沟通情况，听取对项目执行情况的建议，共同研讨发现的问题。通过加强协调配合，促使发挥政府审计、内部审计、社会审计合力，确保项目审计取得实效。

曹亮在《外国政府贷款绩效审计探索》一文中强调[1]，在真实性、合法性监督的同时，引入贷款绩效审计。

第一，在确定审计目标时关注绩效。开展外国政府贷款绩效审计，首先要确定审计目标。选择审计目标，总体上应围绕项目的经济、效率

1 曹亮：《外国政府贷款绩效审计探索》，《西部论丛》2006 年 9 月 10 日。

和效果，关注项目决策和执行经营管理各个环节。

第二，在选择审计方法时体现绩效。财务审计注重过去，通过对已经发生的经济行为审核、检查，作出审计结论；绩效审计更面向未来，通过预测、决策、规范、控制、考核、评价经济行为，时间上跨越过去、现在和未来。

第三，在确定审计标准和评价指标时，突出绩效。只有正确选用审计标准和评价指标，才能对项目的经济活动进行客观、准确的评价。因此，我们在选择审计标准和评价指标时，要遵循标准的相关性、全面性、合理性、可比性等总体原则，形成多层次、相互补充的评价体系。

2. 海外投资审计

针对境外国有资产投资、运营和管理情况，我国正在建立健全更为严格的境外国有资产审计监督机制[1]。内容包括重点审计国有企业境外投资、合资合作等国际化经营有关决策机制的建立健全及执行情况，境外国有资产财务管理制度和内部控制制度的建立和执行，境外国有资产安全完整、运营效益、风险管控和保值增值等多个方面。

值得注意的是，特别是涉及境外投资项目的规划、论证、签约、重大变更、处置等重大事项和关键环节的管控情况，境外国有资产财务管理制度和内部控制制度建立健全及执行情况，境外大额资金使用、集中采购和佣金支付等真实合法效益情况，境外国有资产安全完整、运营效益、风险管控和保值增值等情况，都将是下一步境外审计重点。

---

1 《我国建立境外国有资产审计制度》，中国证券网，2017 年 5 月 8 日，http://news.cnstock.com/news, bwkx-201705-4073588. htm。

下一步审计机关对国有企业境外国有资产的审计，主要采取在境内查阅、审核、分析有关资料和询问有关人员等方式。根据审计需要以及国际惯例、所在国（地区）法律规定等情况，可以赴境外进行现场核查和审计取证。

任何投资不可能没有风险，也不可能回避风险。随着中央企业境外资产的增长，境外资产的监管对国资委来说实际上是一个新课题。

近年来，中央企业“走出去”开展国际化经营取得了积极进展，全球资源配置能力和国际竞争力逐步提升，业务分布全球 150 多个国家和地区，境外资产规模超过 5 万亿元人民币。以高铁、核电、特高压为代表，在铁路、电力、通信、装备制造等领域建设了一批在当地具有示范性和带动性的重大项目和标志性工程。

但不容忽视的是，与国际一流跨国公司相比，中央企业国际化经营起步较晚，经验相对不足，对国际规则的熟悉和运用不够，对风险的识别和管控能力有待提高，再加上境外投资市场竞争激烈，国别差异较大，投资监管环境不同，境外投资面临着较大的政治、法律、社会、安全等各类风险。

由于我国企业“走出去”仍处于探索阶段，境外资产投资暴露出的问题非常复杂，涉及文化、人才甚至包括国有企业制度等诸多方面，央企境外资产运营中确实存在风险意识不强、重投资轻管理等问题。而在此前，一些央企曾经在“走出去”失败中付出巨额学费。

更加全面的审计制度，将会使我国境外投资更加规范，同时也将更有理由维护国有资产保值增值。近几年国资委出台了多个文件对国有企业境外投资进行有效监管，加上审计制度的完善，有了明确的责任主体再加上严格的境外资产管理制度作为约束，央企海外投资之路势必得到有效规范。

2015 年 3 月底，审计署发布了华润（集团）有限公司、中国石油天然气集团公司、中国投资有限责任公司等多家央企的 2012 年度财务收支审计结果。

一是华润信托四大违规。

（1）华润信托违规以员工名义设立深圳市众易实业公司，且未将其纳入合并报表。2012 年末，该公司资产共 2.6 亿元。

（2）2012 年，华润信托两个信托项目募集资金共计 15 亿元用于流动资金贷款，存在监管不严问题，其中 13 亿元被借款人挪用于土地一级开发、房地产开发等。一个信托项目募集资金 10 亿元违规用于向地方政府融资平台公司贷款。

（3）华润信托对财务顾问费、投资顾问费等未制定相关规范，无统一标准，随意性较大。2012 年，有 4 个项目未按规定在合同中明确财务顾问费由信托财产承担，最终以自有资金负担财务顾问费 511.06 万元。

（4）2012 年 7 月至 2013 年 4 月，华润信托设立 23 个信托项目募集资金投资银行间债券市场，在交易中涉嫌违规变相开展债券正回购和逆回购业务，涉及资金 40.98 亿元。

二是昆仑“刚兑”曝光。

昆仑信托两大内部管理方面的问题，主要体现在资产、产权、股权管理方面。

2010 年至 2013 年，昆仑信托对其与有关自然人和企业共同设立的合伙企业的财务支出监管不到位，致使合伙企业的执行合伙人虚列咨询费支出 2700 万元。

2011 年和 2012 年，昆仑信托和中油资产管理有限公司在信托计划所投资企业持续亏损的情况下，按原值受让了其中由 15 个自然人认购的信托计划，代为承担了 784.83 万元投资损失风险。

三是中建投信托违背“四三二”要求。

审计署《中国投资有限责任公司 2012 年度资产负债损益审计结果》指出，中投公司对境内机构管控不到位，一些机构存在违规操作问题。其中，中建投信托 2011 年以来，为“四证”不全房地产项目发行信托计划融资 9.49 亿元，其中 2012 年发生 3.49 亿元。

早在 2010 年 11 月，银监会发布的《信托公司房地产信托业务风险提示的通知》中提到，要求各信托公司“自查”房地产信托业务。要严格遵守既有的各项监管规定，开发商必须在办理房地产信托之前拿到《国有土地使用证》《建设用地规划许可证》《建设工程规划许可证》和《建设工程开工许可证》四证，并且一定要取得开发商二级资质和 30% 的项目资本金作为后盾，即“四三二”门槛。

2017 年 6 月 23 日，国家审计署发布了对 20 家央企 2015 年度财务收支审计结果公告[1]。其中，被抽查 20 家央企的 155 项境外业务，竟有 61 项形成风险，合计 384.91 亿元。以中国华能集团公司为例，2011 年 4 月至 2013 年 6 月，华能集团所属境外企业以 103.27 亿元实施的收购项目经营亏损。而在审计署审计的这 20 家央企中，像华能集团这样投资项目出现亏损的还有不少。

这 20 家央企海外投资的境况很有代表性。2015 年，在“完善国有资产监管体制研讨会”会上，全国政协委员、审计署原副审计长董大

1　光明网评论员：《20 家央企海外投资审计显现问题多多》，光明网，2017 年 6 月 26 日，http://guancha.gmw.cn/2017-06/26/content_24893441.htm。

胜指出，截至2013年年底统计，118家中央政府直属企业资产总额达到35万亿元；根据国资委统计的境外经营单位资产在资产总额中占比12.5%计算，央企境外资产总额已超过4.3万亿元。而对央企的这4.3万亿元境外资产，审计部门则“基本上没有进行审计”。

在上述被抽查的20家央企的155项境外业务中的61项形成风险384.91亿元中，审计署审理的10家央企的93项境外业务，有62项不同程度存在论证不充分、未按程序报批等问题，其中仅10起重大违纪违法问题线索，就造成国有权益损失风险142.7亿元。其他典型案例如，中国中化集团公司2007年至2011年投资的4个境外项目，累计损失和亏损36.21亿元；中国五矿集团公司2007年至2012年收购3个境外项目，涉及金额93.04亿元，而到2015年底就已计提减值准备41.71亿元。

截至2014年底，绝大部分央企都在境外（含港澳地区）设立了分支机构，这些机构遍布在世界150余个国家或地区，央企纯境外单位资产总额、营业收入、利润总额分别约占中央企业总体的12.1%、17.9%和9%；央企境外投资额占中国非金融类对外直接投资的70%以上，对外承包工程营业额占我国对外承包工程营业总额的60%左右。央企经营覆盖面的拓宽，需要将审计覆盖面同步扩展至央企在境外投资经营的所有业务范围。

3. 联合国审计

2008年是中国审计走向世界历程中具有里程碑意义的一年[1]。

1 陈方：《章轲：我们审计联合国》，《中华儿女》2009年8月10日。

2008年，审计署增设境外审计司。7月1日，“铁面审计长”李金华成功当选联合国审计委员，这也是联合国成立以来首次将这一职位给予中国人。任期至2014年6月30日。任期间，中国将负责对联合国维和行动（UNPKO）、联合国儿童基金（UNICEF）等10个项目或基金的审计，项目涉及20多个国家和地区。

联合国审计委员会希望中国审计署能够承担联合国非盟达尔富尔混合维和行动和联合国苏丹维和行动项目的审计工作。然而，彼时的达尔富尔是个随时可能燃爆的火药桶。2008年7月，北达尔富尔苏丹反政府武装伏击了联合国维和部队，18人死亡，20多人受伤；8月苏丹反政府武装劫持了达尔富尔的民航。联合国非盟达尔富尔混合行动项目的安全等级已经升到了四级，联合国撤离了达尔富尔的大批工作人员，联合国派往达尔富尔的内部审计人员也已经全部撤离到其他国家等待消息。

当时确实很危险。如果不去，我们看不到10多亿美元的支出，看不到这个维和项目现在的执行情况，无法发表意见。对整个维和项目的财务报表也可能拿不出结论。

尽管预计到了可能遇到的危险和困难，境外审计司副司长章轲和他的团队还是决定接过重担，奔赴达尔富尔。

“每天上下班走的路线要不断变换，时间也要不断调整，以防被摸出规律。另外，大家要随身携带至少400美元以上的现钞，一旦遇劫不要进行任何无谓的抵抗，不然可能危及生命。”

生活上的条件同样异常艰苦。断电、断水，这早已成了达尔富尔的生活常态。要想取得饮用水，只能靠泵井水。

进入角色的中国审计队伍很快查出了联合国机构、项目中存在的不少财务和管理方面的问题。作为联合国维和部队最主要的交通运输和巡逻工具之一，飞机费用预算一直在联合国维和行动中占据比较大的比例。长期以来，联合国审计委员会仅审计这笔钱在使用过程中有没有问题，很少关注需不需要这么多费用。

中国审计团队接手这一审计项目后，将绩效审计模式引进来，对租用飞机的绩效进行审计。在对联合国非盟达尔富尔混合特派团审计时，中国审计人员通过详尽的分析和计算，最终促使联合国核减了两架飞机的预算，一年节省了几百万美元。

此举让联合国很多机构都开始重新审视究竟需不需那么多设备，甚至是需不需要设立那么多的人员岗位。2011 年，刘家义担任联合国审计委员会主席后，力主向联合国建议开展绩效审计。2012 年 7 月，第 66 届联合国大会以大会决议的形式明确了联合国审计委员会开展绩效审计的地位，并决定要对绩效审计进行立法。

类似的案例很多，譬如，联合国从 2010 年起改变维和行动预算审议程序，先听取审计委员会的报告，了解各机构上一年资金使用状况，然后再审议下一年的预算申请。

2013 年是中国参与联合国审计的第五年，也是维和审计收官之年。得益于署党组的正确领导和联合国审计人员的忘我工作，中国的联合国审计工作取得了较好的成绩，得到了联合国各相关机构的充分肯定和高度评价，通过审计推动联合国更加公开透明、廉洁高效，加强问责、提高绩效。

2013 年 7 月 24 日，联合国总部颁发了首个“联合国维持世界和平奖”，获奖者是中国审计长刘家义[1]。

---

1 李绍飞:《中国审计长联合国获奖，称中国审计国际影响力扩大》,《瞭望》新闻周刊 2013 年 8 月 19 日。

联合国副秘书长阿米拉赫·哈吉女士代表联合国为他颁奖时，对过去五年刘家义在联合国审计委员会的工作给予了高度评价：独立客观地履行外部审计职能，建设性地提出审计建议，有效地推动了维持和平行动完善治理、强化管理和提高绩效，展示了卓越的领导才能。

继中国担任联合国审计委员会委员之后，从2013年起，审计长刘家义将担任世界审计组织主席。

特约审计员

1. 特约人员

特约人员是专指那些受政府或司法部门聘请，以特殊身份参政议政的民主党派、无党派人士。聘请民主党派成员、无党派人士担任特约人员工作，是《中共中央关于坚持和完善中国共产党领导的多党合作和政治协商制度的意见》（中发〔1989〕14号）作出的重要规定。

而后，《中共中央关于进一步加强中国共产党领导的多党合作和政治协商制度建设的意见》（中发〔2005〕5号）、《关于巩固和壮大新世纪新阶段统一战线的意见》（中发〔2006〕15号）进一步要求加强特约人员工作。党的十八大及十八届三中全会以来，在发展政党协商的大背景下，作为民主党派三大职能之一的民主监督同样也获得了新的发展契机。2015年，《中国共产党统一战线工作条例（试行）》明确提出"担任司法机关和政府部门的特约人员参加相关监督检查"是民主监督的十种形式之一。

根据中共中央的指示，最高人民检察院、国家教委、监察部、审计署自1989年5月以来，分别聘请一批民主党派成员、无党派人士，担任特约监察员、检察员、审计员和教育督导员，各省、区、市监察厅、人民检察院、教委（教育厅）、审计厅等单位，也聘请民主党派成员和无党派人士担任特邀监察员、特约检察员、特约教育督导员和特约审计员，为民主党派参与国家政治生活、发挥独特作用开辟了一条新途径，对促进我国社会主义民主政治建设起到了积极的作用[1]。

为了保障特约人员工作的顺利开展，国家六部门相继制定了一系列的制度和规定，进一步明确特约人员的职责、权利、义务和组织办法，对特约人员的工作范围、条件、任务、管理和待遇作出比较完备的规定。1989年5月22日监察部印发了《关于聘请特邀监察员的几点意见》，此后，最高人民检察院《关于聘请民主党派同志和无党派人士担任特约检察员的意见》、教育部《关于聘请特约教育督导员的意见》、审计署《关于聘请民主党派成员和无党派人士担任特约审计员的意见》、国家税务总局《特邀监察员工作意见》等文件先后制定下发。

审计署和全国各级审计机关，制定了符合实际的工作制度、协商制度、通报制度、工作例会制度等，为特约审计员工作的开展，奠定了良好的基础。国土资源部指定专门机构和专人负责特邀国土资源监察专员的组织联络工作。国家六部门对特约人员的换届工作极为重视，对于人选的确立，党组专门研究，听取汇报，审批聘请方案，并安排主要领导同志出席特约人员换届大会和讲话，这已形成制度。

2006年9月3日，中央统战部、最高人民检察院、教育部、监察部、国土资源部、审计署、国家税务总局七部门首次联合颁布了《关于

1 蔚力：《特约人员的由来是什么？》，中国网，2014年10月11日，http://guoqing.china.com.cn/2014-10/11/content_33732247.htm。

加强特约人员工作的意见》（统发〔2006〕11 号）。这一文件总结了特约人员工作经验，对特约人员工作作出了具体规定。

各省、区、市也建立和健全了特约人员工作制度。例如，北京市先后三次以市委、市政府办公厅文件的形式，转发关于特约人员工作的有关文件、意见，即《关于聘请民主党派、无党派人士担任政府有关部门特邀工作人员的意见》《北京市聘请特约人员工作的暂行规定》和《北京市聘请特约人员工作规定》。各聘任单位先后建立了领导分管、处室负责、专人联系的制度，以及协商推荐、定期总结交流、工作研讨等制度。这些制度的建立，对于规范和推动特约人员工作，发挥了重要作用。上海市从最初制定的《特约四员工作条例试行意见》，逐步发展到现在的《推荐聘任特约四员工作条例》《特邀监察员工作暂行办法》《特约检察员工作暂行办法》《特约审计员工作管理办法》《聘请特约督导员试行办法》，特约人员队伍正在逐步向区县扩展。

在国家六部门和各地的特约人员，具有视察调研权、咨询建议权、监督反映权、联系沟通权。所在部门需定期向特约人员通报情况，邀请特约人员参加各种会议，组织特约人员进行调研和参加一些重大的执法检查活动，充分发挥了特约人员不可替代的作用。各民主党派、工商联和无党派人士在参政议政、民主监督过程中，也认识到特约人员工作是继政治安排和实职安排之后又一参政监督的有效渠道，因此倍加珍惜。担任特约人员的各民主党派成员、无党派人士，以高度的政治责任感和强烈的事业心，通过自身在特约人员岗位的工作，对政府部门和司法机关的工作有了较全面的了解，能客观公正、实事求是地提出建议，使民主监督更加监之有据，督之有理，促使政府有关部门和司法机关改变工作作风，提高工作效率，密切与人民群众的联系，也使民主党派成员扩大了与社会各界的联系，拓宽了参政议政的渠道。

20多年来，特约人员以高昂的热情，高度的政治责任感，在做好本职工作的同时，积极投身于特约工作的实践，主要有：参与一批重要案件的处理，参与审计项目；处理和接待了大批群众来信来访；参与调查研究，就惩治贪污贿赂犯罪、金融系统经济犯罪趋势和对策、纠正行业不正之风、制止公款吃喝风、减轻农民负担、改革现行招生考试制度、中小学生德育教育、巩固和深化中小学内部管理体制改革等提出意见和措施；参与理论政策和制度建设的研究，提出铁路检察体制改革、民事行政检察制度建设、完备刑事诉讼法立法、加强审计理论研究、加速审计立法、扩大审计范围等有价值的意见和建议，得到有关方面的重视和采纳；参与《中外合资、合作企业审计暂行办法》《中国审计法》《反贪污法》《行政诉讼法》《检察官法》等法律法规的起草和修改工作；参与中共中央、国务院反腐败三项规定落实情况的检查，国务院财税大检查，商贸、财政、金融等重点行业执法情况检查、地方基础教育情况检查、减轻农民负担情况检查等多项检查工作。特约人员充分发挥了参政议政和民主监督作用，为推动国家的各项建设事业作出了积极贡献。

目前，湖北省特约人员整体规模不大[1]。根据中共中央和中央有关部委关于特约人员工作的文件精神，湖北省从1989年陆续开始聘请特约监察员、检察员、审计员、教育督导员、国土资源监察专员、税务监察员以及公安特约监督员、人民法院特约监督员、人事特约监察员、国家环境特约监察员等"十大员"的工作。出台了《关于进一步加强和完善聘请民主党派成员和无党派人士担任特约人员工作试行意见》。此外，

1 湖北省委统战部、省社会主义学院联合课题组：《特约人员工作规范化科学化问题研究》，《统一战线》2017年第1期。

部分工商、交通、住建、农业、林业、信访、监狱、安监、文化、民政、食品药品监督、卫生、邮政、优化办、政务中心等部门也聘请了特约监督员，开展监督工作。有的地方还以市政府的名义专门聘请了政府特约监督员，一些纪委、宣传部、政法委等部门也探索开展了聘请民主党派和无党派人士担任特约监督员。

在 2016 年的最后一天，中共湖北省委办公厅印发了《湖北省特约人员工作实施办法》[1]，自 2016 年 12 月 18 日起施行。

明确了特约人员工作的几个问题：

一是特约人员应当具备哪些基本条件?

（1）坚持中国共产党领导的多党合作和政治协商制度，拥护党的路线、方针、政策，遵守国家法律、法规。

（2）具有较高的科学文化知识、有关法律知识和政策理论水平，有较强的参政议政、民主监督能力。

（3）具有相应的专业技术职务或担任一定行政领导职务，省级司法机关和政府部门特约人员一般应具有副高级专业技术职务或担任副处级以上行政领导职务。

（4）在民主党派、无党派人士中有一定的代表性和社会影响，认真履行工作职责，作风正派。

（5）特约人员在受聘期内一般只担任一个单位的特约工作。

（6）本人自愿应聘，符合聘请单位提出的有关条件。年龄一般不超过 57 周岁，身体健康，能够坚持特约人员工作。

---

1 《年底压轴大作!〈湖北省特约人员工作实施办法〉正式出台》，荆楚统战，2016 年 12 月 31 日，http://www.zytzb.gov.cn/tzb2010/wxwb/201612/9c99320ec6814b87b9b415be41d6e427.shtml。

二是特约人员的职责包括哪些？

（1）参加聘请单位的有关工作，发挥监督、咨询、联络作用，为聘请单位的有关决策和涉及全局性的重大问题、重要工作提供咨询、建议和意见。

（2）协助聘请单位宣传贯彻党的方针、政策和国家的法律、法规以及上级机关的工作部署和决定。

（3）沟通和促进党委、政府以及司法机关同人民群众的联系。

（4）协助聘请单位加强依法行政、公正司法、勤政廉政建设。

三是特约人员的权利一般包括哪些？

（1）阅读聘请单位的有关文件和资料，参加有关会议。

（2）参加聘请单位组织或委派的有关工作和活动时，享有聘请单位同级别人员的待遇。

（3）了解聘请单位的有关工作、计划及执行情况，参加聘请单位组织的有关政策的制定和理论问题的研讨，提出意见建议。

（4）按照聘请单位的有关规定，了解、反映和转递来信来访、检举、举报、申诉和控告，并就所转递、提供的举报线索和控告、申诉的办理结果提出查询。

（5）向党委统战部、聘请单位党委（党组）反映工作情况和问题。

四是特约人员的义务包括哪些？

（1）认真学习并遵守党的方针、政策和国家法律、法规。

（2）接受聘请单位的领导，遵守聘请单位的工作纪律，保守国家及职务秘密。

（3）在做好本职工作的同时，积极参加聘请单位组织的各项特约工作。

（4）反映人民群众的意见建议。

（5）坚持实事求是，公正廉洁，尽职尽责，不谋私利，不徇私情。

（6）以特约人员身份应邀参加其他单位组织的活动时，应事先征得聘请单位的同意，并将有关情况报告聘请单位。

五是有关单位该承担哪些职责？

（1）党委统战部应当加强对特约人员工作的领导，把特约人员工作纳入统战工作的重要内容和目标考核管理体系，明确分管领导、责任处室、年度工作要求，建立特约人员数据库、工作档案；加强与特约人员工作相关单位的沟通与联系，了解和掌握情况，对特约人员工作情况和成绩及时进行宣传报道，定期听取意见建议，完善工作保障措施。

（2）聘请单位应当把特约人员工作纳入本单位年度工作计划和目标考核管理体系，指定分管领导、责任处室，负责特约人员的聘任、管理和考核；组织特约人员阅读有关文件，参加有关会议和活动，保障特约人员的知情权，参与有关法律、法规和理论、政策的研究制定，开展各种调研、巡视、检查和咨询活动；建立健全特约人员工作规章制度，切实有效地发挥特约人员的作用。合理安排特约人员的工作时间，一般每年不少于 10 个工作日。充分考虑特约人员的兼职特点，为其履职提供必要的工作条件和经费保障。

（3）民主党派、有关人民团体、有关社会团体和有关单位应当做好特约人员举荐工作，了解掌握特约人员工作情况，加强对特约人员的教育引导。

（4）特约人员所在单位应当支持特约人员工作，了解掌握特约人员的履职情况，并将其纳入所在单位的年度考核范围，协助做好特约人员的管理。为特约人员参加特约工作提供时间保障，保证其工资、补贴、工作量、职称评定及其他待遇不受影响。

（5）党委统战部、聘请单位应当把特约人员的教育培训纳入年度计划，有步骤地组织开展培训活动，提高特约人员的政治素质、业务素质和履职能力。

（6）各有关方面应当支持特约人员切实履行监督职责、反映真实情况、坚持正确意见，凡侵犯特约人员权利、采取打击报复行为的，一经发现严肃处理。

特约人员工作一直一直延伸到县。

1991 年以来，河南新县县委统战部会同县监察局、检察院、教委、审计局、国税局、地税局，先后从党外人士中聘任了 110 名特约人员参与本县的民主政治和党风廉政勤政建设[1]。

县委领导对做好特约人员工作一直都很重视，经常强调特约人员工作直接关系到全县民主政治建设是否健康，关系到我们的领导干部是否敢于和善于接受党外同志的监督。

县委统战部与各聘任单位共同制定了开展特约人员工作的暂行办法，修订完善了特约人员工作的各项制度。

工作形式多样，注重发挥作用：

（1）一些单位定期召开座谈会、情况通报会，与特约人员交流思想和工作情况，向其通报本单位的工作安排及实施情况。县审计局、监察局对特约人员反映的问题优先研究、优先办理。

（2）组织特约人员参加各种专项检查及重要活动。县教委每年进行教育收费大检查等活动，都邀请特约人员参加。

1 胡良琰、刘时美：《如何开展特约人员工作》，《中州统战》2000 年第 12 期。

(3) 组织特约人员参加重要或有影响案件的查处。近年来，县地税局特约人员参与查处税收要案多起，参与查处干部违法违纪案件 3 起。

(4) 组织特约人员开展调查研究。县监察局特约人员结合党风廉政建设和反腐败工作实际，深入调查研究，参加纪检监察理论研讨活动，撰写研讨文章和专题报告，提供意见和建议 30 余条。

2. 省厅特约审计员

回顾过去的 20 年，我与审计早有不解之缘，为审计事业的发展在不间断地建言献策。审计署是在 1991 年第一批实行特约人员工作制度的部委。1991 年 12 月我加入了中国民主促进会，由于我的研究专业是财政经济，因此我在 1995 年被推荐为湖北省审计厅第二届特约审计员，一直到现在我仍然是审计厅的特约审计员。

除了参加一年一度的全省审计工作会议，我还做了几件事，一是在机构改革中以民主党派人士的身份呼吁不能削弱审计力量。审计是财政资金安全，经济健康发展，行政清明的不可替代的力量。二是研究财政审计史。这是我的强项。三是担任审计厅的特约审计理论研究员，参与一些审计课题的研究。四是当选为湖北省审计学会副会长（2017 年换届终止）。

2003 年 3 月，我参加了第十届一次全国人大会，我的第一个议案就是关于审计体制改革的建议。后来因为改革现有审计体制需要修宪，而修宪又需要 500 名全国人大代表签名而最终放弃，把议案改为建议提交。记得在 2005 年又提出审计体制改革的建议。从现有的条件来看，要动体制确实很难。因此，我现在作为审计署、审计厅两级的特约审计员的工作重点是，在现有审计厅、审计署特派员办事处双轨制的基础上，思考如何壮大审计力量，提高审计效率。在经济规模、财政规模不断扩大的情况下，政治、经济、文化、社会、生态五大事业同步推进的形势下，还是依靠原有的审计力量，是力不从心的，“抓大放小”也是一种无奈之举。不过，看得出来，老百姓对审计工作的满意度在提高。比如，当大家对“社会抚养费”议论纷纷时，就有“社会抚养费”的审计报告出炉，对“社会抚养费”的实际情况分析得清清楚楚。当科技部长对“科研经费”的低效使用痛心疾首时，科研经费的审计报告作出了有力的解读。现在大家还在期待的就是地方债务的最终审计结果，不论是喜是忧，我想全国的审计系统会给出一个真实而满意的答案。在这个答案没有出台之前，所有的关于某个城市的地方债是什么规模的说法，都带有主观猜测的成分。

3. 审计署特约审计员

2013 年 10 月 15 日上午，我很荣幸地在国家审计署的大会议厅接受了由刘家义审计长颁发的第四届特约审计员的聘书。

根据中央统战部推荐，经审计机关考察，聘请了 12 人：

北京市政协第十二届委员会常委，民革北京市第十四届委员会人口资源环境工作委员会副主任，北京市水利规划设计研究院副院长、教授级高级工程师张彤

第十二届全国人大代表，北京市政协第十二届委员会委员，民盟中央经济委员会副主任，民盟北京市委副主委，北京大学光华管理学院

院长、教授蔡洪滨

民盟中央经济委员会委员，海淀区政协常委，中国人民大学中国财政金融政策研究中心主任、教授汪昌云

民建海淀区委委员，中国人民大学法学院环境法教研室主任、能源法中心主任、教授李艳芳

民建中央能源资源专业委员会副主任，国务院发展研究中心资源与环境政策研究所副所长、研究员谷树忠

民进中央委员，民进湖北省委副主委，湖北省统计局副局长、教授叶青

农工党中央委员，北京市政协第十二届委员会委员，北京师范大学社会发展与公共政策学院院长、教授张秀兰

第十二届全国政协委员，九三学社中央委员、北京市委副主委，清华大学生命科学学院细胞与发育生物学研究所所长、教授孟安明

台盟中央联络部副部长潘新洋

全国工商联办公厅副巡视员、副研究员姜建静

无党派代表人士，第十二届全国人大代表、全国人大财经委员会委员，中国证监会机构监管部巡视员、高级经济师欧阳昌琼

无党派代表人士，中央财经大学财经研究院院长、中央财经大学政府预算研究中心主任、教授王雍君

其中 11 位来自北京，就我一人来自京外。看来需要能够反映地方审计机构的情况与收集民众的审计诉求的特约审计员，我的责任特别重大。

审计署审计长刘家义对 12 位特约审计员提出“畅通信息、参谋咨询、建言献策、参与审计、监督促进”的 20 字建议，他希望特约审计

员各自发挥专长，充分发挥民主监督作用，促进审计工作更好地履职尽责，促进审计人员依法审计，文明审计。

到此为止，审计署从 1991 年起开始实行特约审计员制度，已经聘请了四届共 47 名特约审计员。全国范围内也有 5400 余名特约审计员受聘于地方审计机关。现任的特约审计员有 2200 多人，包括我在内。很难得的是，民进中央的刘新成副主席也出席了聘任大会。

2003 年年初，湖北省委组织部在商量我到政府担任实职时，也是优先考虑审计厅，因为当时审计厅还没有过党外副厅长而婉言谢绝。否则的话，就差一点成为审计战线的一员。现在以审计署特约审计员的形式补上，也可以为审计事业做贡献。

作为国家审计署的特约审计员，除了可以参加审计署的会议，还可以参与审计项目现场审计、审计项目的督导调研等。

2009 年，为做好汶川地震灾后恢复重建跟踪审计，审计署邀请特约审计员组成了督导组，赴四川对汶川地震灾后恢复重建跟踪审计工作进行了督导。

2010 年，署特约审计员组成调研组，赴广东对审计信息化、节能减排审计、亚运场馆建设跟踪审计等工作进行了调研；还组织了利用外资项目审计工作调研，水污染防治资金、土地出让金审计调查情况调研。

2011 年，特约审计员组成调研督导组，先后就经济责任审计工作开展情况赴山东进行了调研，对三峡工程竣工财务决算草案审计情况进行了督导。

2012 年，4 位特约审计员分别参加署领导带队的督导组，对全国社会保障资金审计工作进行了督导。

审计署表示，今后将逐步拓宽特约审计员工作领域，推进特约审计员对审计工作的全过程参与和监督。看来审计署这一级的特约审计员不会是一种“摆设”。我可以利用国家审计署特约审计员这个新的平台，为壮大审计力量、提高审计效率作出自己新的贡献。

这里需要介绍一位“老特约审计员”——欧阳昌琼。他曾经是我在中央统战部赴香港培训班的同学。

他已经连续两届被审计署聘为特约审计员。在前一个5年的特约审计员工作中，他参与了汶川地震灾后重建跟踪审计的督导，广州亚运场馆建设跟踪审计的调研[1]。

在欧阳昌琼看来，过去5年间，审计署较为重大的审计项目都邀请了特约审计员进行督导或是调研，而且对特约审计员提出的审计建议也都积极采纳。

让欧阳昌琼觉得难能可贵的是，从2011年起，审计署主动提出，请特约审计员加入到由监察部驻审计署监察局组成的检查组，对审计署的预算执行情况进行审计检查。欧阳昌琼本人也被任命为检查组副组长。

欧阳昌琼连续三年都全程参与了对审计署的财务检查，也以专业人士的身份对审计署加强财务管理提出了意见。

身为特约审计员，欧阳昌琼说，作为一名无党派人士的代表，他不仅可以代表公众参与重大项目的审计，也能参与监督审计署，担负起公众对审计工作监督的重任。

1 刘世昕：《既督导重点审计项目，又监督审计署，12名特约审计员受聘审计署》，《中国青年报》2013年10月16日。

当时，《京华时报》记者赵鹏对我有个采访[1]：

“新人”叶青，民生小问题也应重视

湖北省统计局副局长叶青是国内颇为有名的预算问题专家，这次初任审计署特约审计员一职。

叶青称，目前我国经济还在持续增长，财政收支数额日益巨大，在此基础上，审计人手不足是个必须直面的现实问题。很多情况下，审计部门的“抓大放小”都是被迫所为。而事实上，除预算审计、社保审计和地方债审计等大工程以外，经审计部门披露，受到社会热议的社会抚养费、科研经费被挪用等问题，也都是社会关注度很高的。而一些还未得到充分重视的所谓“小问题”，其实也涉及不少专门群体或者一定地域、领域，也应得到充分的审计。因此他呼吁应尽快直接壮大审计部门的力量，例如增加人员编制、经费，配置更有效的办公手段和设备。

此外，近年来审计效率还不够，国家应该对一些阻碍审计效率提升的制度进行有力度的改革。

另一方面，对于那些还未得到充分重视的所谓“小问题”，尤其是涉及民生方面的问题，也要尽快予以重视。

其实，在“特约审计员”这个岗位上，我也是一个“老人”了。

再说，从2003年起，也担任了统计局副局长。审计与统计都是“盘”数字的。统计是出“活数字”的，通过统计、调查、访问、测评等方式，把政治、经济、文化、社会、生态事业的现状告诉大家。审计

1 赵鹏：《审计署新聘任12名特约审计员》，《京华时报》2013年10月16日。

是分析“过去数字”（不好说“死数字”），以数字为线索，深挖数字背后存在的违规违纪的问题，为反腐败提供线索。审计人员犹如啄木鸟，找出各种肌体中的蛀虫，提高免疫能力。

特约审计员，是“准审计人员”，也是审计战线的一分子。

在有的企业，特约审计人员是一个很吃香的岗位。比如，《中国人寿保险股份有限公司特约审计人员管理办法（试行）》中明确，特约审计人员是从各分公司相关工作岗位中选聘的具备一定素质的专业骨干人员，在其做好本职工作的同时，根据区域审计中心的工作安排配合参加部分审计项目工作。根据特约审计人员的素质及专业水平，特约审计人员分为特约主审和特约审计员。特约审计人员的选聘范围特约审计人员原则上从各省级、地市级分公司财务、业管、客服、信息、内控合规及监督部门经理以下人员中选聘。

“特约”二字，很有含金量。

参考文献

1. 杨肃昌、肖泽忠:《中国国家审计体制问题：实证调查与理论辨析》，中国财经出版社 2008 年版

2. 杨肃昌:《中国国家审计：问题与改革》，中国财政经济出版社 2004 年版

3. 鲁源:《加强审计监督　彰显反腐威力》，《中国纪检监察报》2017 年 4 月 1 日

4. 琚涛:《审计反腐永远在路上》，审计署网站，综合论坛，2016 年 07 月 29 日

5. 张正耀：巡视监督与审计监督如何有机结合，《中国纪检监察报》2016 年 7 月 20 日

6. 安徽省审计学会课题组、刘春华、王羚等:《国家审计与反腐倡廉》，《审计研究》2012 年第 12 期

7. 彭华彰、刘晓靖、黄波:《国家审计推进腐败治理的路径研究》，《审计研究》2013 年第 4 期

8. 李明辉:《政府审计在反腐败中的作用：理论分析与政策建议》，《马克

思主义研究》2014 年第 4 期

9. 吕君杰:《政府审计反腐败效果研究——来自地方审计机关的经验证据》,《中国审计评论》2015 年第 1 期

10. 冯均科:《国家审计新观念:国家审计是国家治理的工具》,《现代审计与经济》2011 年第 6 期

11. 刘成立、纪艺:《政府审计在政府治理中的作用》,《商业会计》2015 年第 23 期

12. 马曙光:《博弈均衡与中国政府审计制度变迁》,中国时代经济出版社 2009 年版

13. 张国芝:《汉代巡视制度研究》,大象出版社 2014 年版

14. 康均、王涛:《秦汉时期的上计制度》,《财会学习》2006 年第 5 期

15. 尹平:《论我国地方审计体制改革》,《审计与经济研究》2002 年第 5 期

16. 郑石桥、尹平:《审计机关地位、审计妥协与审计处理执行效率》,《审计研究》2010 年第 6 期

17. 尹平:《现行国家审计体制的利弊权衡与改革抉择》,《审计研究》2001 年第 4 期

18. 尹平:《有关立法型审计体制改革若干问题的思考》,《审计与经济研究》2006 年第 2 期

19. 马曙光:《政治制度、历史传统与中国政府审计体制选择》,《审计与经济研究》2006 年第 6 期

20. 杨肃昌、肖泽忠:《试论中国国家审计"双轨制"体制改革》,《审计与经济研究》2004 年第 1 期

21. 李金华:《加强我国审计监督工作的若干思考》,《中央财经大学学报》

2003 年第 8 期

22. 尹平、戚振东:《国家治理视角下的中国政府审计特征研究》,《审计与经济研究》2010 年第 3 期

23. 李金华:《对 20 年来审计工作的思考》(上),《中国审计》2003 年第 1 期

24. 秦荣生:《公共受托经济责任理论与我国政府审计改革》,《审计研究》2004 年第 6 期

25. 刘力云:《当前国家审计体制研究中的四个问题》,《审计研究》2002 年第 5 期

26. 叶青、鄢圣鹏:《预算审计体制改革研究:反思与比较》,《审计与经济研究》2006 年第 5 期

27. 刘家义:《国家审计"免疫系统"建设:目标定位与路径选择》,《审计与经济研究》2010 年第 2 期

28. 李齐辉、吕先锫、许道俊等:《试论我国审计制度的构建与创新》,《审计研究》2001 年第 2 期

29. 杨肃昌:《"立法审计":一个新概念的理论诠释与实践思考》,《审计与经济研究》2013 年第 1 期

30. 黎四龙:《国家审计体制理论介评及改革设想》,《经济论坛》2005 年第 16 期

31. 郑石桥、贾云洁:《预算机会主义、预算治理构造和预算审计——国家审计嵌入公共预算的理论架构》,《南京审计学院学报》2012 年第 4 期

32. 宋夏云:《中国国家审计独立性的损害因素及控制机制研究——基于 246 位专家调查的初步证据》,《审计研究》2007 年第 1 期

33. 董大胜:《对司法型审计体制的新认识》,《中国审计》2001 年第 12 期

34. 尹平：《论我国地方审计体制改革》，《审计与经济研究》2002 年第 5 期

35. 刘笑霞：《政府公共受托责任与国家审计》，《审计与经济研究》2010 年第 2 期

36. Blume L, VoigtS. Does organizational design of supreme audit institutions matter? A cross-country assessment, *European Journal of Political Economy*, 2010, 27:1–15

37. 高存弟、史维：《政府审计的发展趋势研究》，《审计研究》2003 年第 3 期

38. 乔・B. 史蒂文斯：《集体选择经济学》，上海三联书店、上海人民出版社 1996 年版

39. 文硕：《世界审计史》，企业管理出版社 1996 年版

40. 黎四龙：《国家审计体制理论介评及改革设想》，《经济论坛》2005 年第 16 期

41. 柯武刚、史漫飞：《制度经济学》，商务印书馆 2000 年版

42. 湖北省审计体制改革课题组：《我国国家审计体制改革研究》，《湖北审计》2003 年第 9 期

43. 杨时展：《杨时展论文集》，企业管理出版社 1997 年版

44. 郭道扬：《中国会计史稿》（上、下册），中国财经出版社 1982、1988 年版

45. 郭道扬：《审计史纲要》，中南财经大学会计学院会计研究所 1995 年印

46. 赵友良：《中国古代会计审计史》，立信会计图书用品社 1992 年版

47. 王华：《从当代国家审计监督制度的本质谈〈审计法〉修改》，《中国审计》2004 年第 12 期

48. 张宏怡:《强化国家审计报告的法律效力》,《经济参考报》2003 年 8 月 20 日

49. 廖洪、张娟、张庆:《监督我国国家审计的基本原则和主要举措》,《审计与经济研究》2004 年第 2 期

50. 陈明坤:《关于国家审计报告制度的问题探讨》,中审网,http://www.iaudit.cn/Article/ShowArticle.asp?ArticleID=150817

51. 殷海荣:《审计报告不能代替审计决定的法律效力》,中审网,http://www.audit.gov.cn/n1992130/n1992150/n1992576/2658085.html

52. 胡国荣、赵拥军:《对〈审计报告不能代替审计决定的法律效力〉一文的补充》,中审网,http://www.audit.gov.cn/n1992130/n1992150/n1992561/2666418.html

53. 案例:《审计机关审计决定书和审计报告及其证据效力》,http://bbs.chinaacc.com/forum–2–28/topic–1713017.html

后 记

在本书完稿之时，恰逢以湖北省审计厅特约审计员的身份，参加了全省审计工作会议。会议反映的三组审计数字，不由得让人肃然起敬！

一是近5年来，全省审计机关共审计和调查4.43万个单位，查出各类违规金额1796.77亿元，已处理上缴财政和减少财政拨款500.19亿元，审减和节省投资363.55亿元，追回被挤占挪用资金166.1亿元，移送违纪违法问题线索3805件。

二是2017年，全省共审计和调查8393个单位，查出各类违规金额391.3亿元，已经处理上缴财政和减少财政拨款111.58亿元；追回被挤占挪用资金39.19亿元，移送违纪违法问题线索1012件，有748个相关责任人被追责问责。

三是2018年，持续开展全省118个地方政府2016年以来落实中央省市重大政策情况跟踪审计，组织对省直110个部门及所属二三级预算单位进行审计，同时对全省37个重点贫困县和60个插花地区扶贫审计全覆盖，并对全省长江干流沿线16个市县水污染治理进行审计。

这些数字的背后，是湖北省审计人员多少个日日夜夜的辛劳。

我们仅以湖北审计战线的工作业绩为例，就足以说明全国审计系统所付出的劳动有多辛苦，这样才能保证中国经济社会的健康发展。

这也就是为什么只要有机会，我都会以特约审计员的身份呼吁加强审计力量的原因。

感谢媒体记者对我的采访，记录了我关于审计问题的一系列观点；感谢审计学者对审计问题的深入研究，使我可以学习借鉴相关观点，并将之与我的代表建议相对接；感谢互联网全面的记录功能，让我们可以不时地回顾过去讨论过的问题。

希望这本通俗的审计方面的书，能给你带来审计学方面的享受。

叶　青

2018 年 1 月 29 日于武汉市南湖津发小区

责任编辑：曹　春
封面设计：汪　莹

图书在版编目（CIP）数据

代表谈审计／叶青 著．—北京：人民出版社，2018.6
ISBN 978－7－01－019147－8

I. ①代…　II. ①叶…　III. ①政府审计－研究－中国　IV. ① F239.44

中国版本图书馆 CIP 数据核字（2018）第 083178 号

代表谈审计

DAIBIAO TAN SHENJI

叶　青　著

人民出版社 出版发行
（100706　北京市东城区隆福寺街 99 号）

北京汇林印务有限公司印刷　新华书店经销

2018 年 6 月第 1 版　2018 年 6 月北京第 1 次印刷
开本：710 毫米 ×1000 毫米 1/16　印张：23.75
字数：295 千字

ISBN 978－7－01－019147－8　定价：76.00 元

邮购地址 100706　北京市东城区隆福寺街 99 号
人民东方图书销售中心　电话（010）65250042　65289539